国家社会科学基金项目"可持续性金融扶贫模式
构建研究"（18BJY160）研究成果

乡村振兴与可持续性
金融减贫研究

周孟亮　著

XIANGCUN ZHENXING YU KECHIXUXING
JINRONG JIANPIN YANJIU

中国财经出版传媒集团
经济科学出版社
Economic Science Press

图书在版编目（CIP）数据

乡村振兴与可持续性金融减贫研究／周孟亮著．--
北京：经济科学出版社，2023.2
ISBN 978 - 7 - 5218 - 4532 - 7

Ⅰ.①乡…　Ⅱ.①周…　Ⅲ.①农村金融 - 经济发展 -
作用 - 扶贫 - 研究 - 中国　Ⅳ.①F832.35

中国国家版本馆 CIP 数据核字（2023）第 029254 号

责任编辑：张　燕
责任校对：王肖楠
责任印制：张佳裕

乡村振兴与可持续性金融减贫研究

周孟亮　著

经济科学出版社出版、发行　新华书店经销
社址：北京市海淀区阜成路甲 28 号　邮编：100142
总编部电话：010 - 88191217　发行部电话：010 - 88191522
网址：www. esp. com. cn
电子邮箱：esp@ esp. com. cn
天猫网店：经济科学出版社旗舰店
网址：http://jjkxcbs. tmall. com
固安华明印业有限公司印装
710 × 1000　16 开　17 印张　270000 字
2023 年 5 月第 1 版　2023 年 5 月第 1 次印刷
ISBN 978 - 7 - 5218 - 4532 - 7　定价：88.00 元
（图书出现印装问题，本社负责调换。电话：010 - 88191545）
（版权所有　侵权必究　打击盗版　举报热线：010 - 88191661
QQ：2242791300　营销中心电话：010 - 88191537
电子邮箱：dbts@ esp. com. cn）

前　言

在过去十年，我国完成了脱贫攻坚、全面建成小康社会的历史任务，党的二十大对我国全面建设社会主义现代化国家作出全面部署，习近平总书记在报告中指出，要加快构建新发展格局，着力助推高质量发展。高质量发展是全面建设社会主义现代化国家的首要任务，而全面推进乡村振兴又是推动高质量发展的重要内容。因此，我国在完成脱贫攻坚、全面建成小康社会以后，要坚持农业农村优先发展，要巩固拓展脱贫攻坚成果。金融减贫在脱贫攻坚中发挥了重要作用，脱贫攻坚取得胜利并不意味着就不需要金融减贫了，贫困是相对的而不是绝对的，减贫永远在路上。全面推进乡村振兴和推动共同富裕需要持续性金融服务，需要继续关注和深入研究金融减贫问题。为了更好地"往前看"，首先需要"回头看"，检视金融减贫中的"短视"行为，认真审视金融减贫的本质，处理好政府与市场的关系，尊重农村金融市场运行规律，实现可持续性金融减贫。本书对改革开放以来的金融减贫进行回顾，总结金融减贫政策，提炼金融减贫思想，深入剖析金融减贫"困境"和"偏差"；结合全面推进乡村振兴总体要求，提出可持续性金融减贫的理论思想；结合金融减贫的主要内容，从小额信贷、政策性金融、基础金融服务和政府融资增信等方面具体研究如何实现可持续性金融减贫，提出相应的创新性对策建议，服务全面推进乡村振兴。

主要研究内容有：（1）我国金融减贫现状研究。研究脱贫攻坚与乡村振兴在内涵和目标等方面的差异，二者有效衔接的重点以及金融减贫在不同时期工作重心的差异，提出乡村振兴时期金融服务要适应"四个方面"的转变。归纳我国金融减贫的基本模式，研究商业性金融减贫、政策性金融减贫、基础金融服务减贫的整体情况。研究脱贫攻坚背景下金融减贫存在的不足，对金融减贫工作进行"回头看"，检视金融减贫中的"短视"行为。（2）可持续性金融减贫的理论研究。从资源配置的角度分析贫困产生的原因，用数理分析法研究金融对贫困缓解的作用机理，分析金融减贫到普惠金融的理论逻辑。在正确理解金融减贫及其内在机制的基础上，用数理分析法，提出可持续性金融减贫的基本内涵，从减贫理念、内在能力、金融服务和融资增信四个方面提出可持续性金融减贫的实现要素。归纳乡村振兴时期可持续性金融减贫的总体目标和四个方面的具体目标。（3）乡村振兴时期接续推进小额信贷发展研究。梳理从扶贫贴息贷款到扶贫小额信贷的政策演变历程，剖析扶贫小额信贷的"特惠"模式，比较扶贫贴息贷款和扶贫小额信贷的政策区别。基于农户创业视角，运用数理分析法研究小额信贷的作用机制；在理论研究基础上，用实证研究法研究小额信贷需求的影响因素；用倾向得分匹配模型（PSM）研究我国小额信贷减贫效应，分析扶贫小额信贷实施中不利于实现可持续性的问题。基于乡村振兴的目标，提出实现我国小额信贷"双线"融合的基本思路和接续发挥小额信贷作用的政策优化建议。（4）政策性金融持续支持全面推进乡村振兴研究。从政策性金融的起因、任务和功能等方面研究政策性金融与减贫开发在理论思想上的一致性。结合政策性金融减贫的主要内容，基于可持续性视角，研究乡村振兴时期政策性金融减贫面临的主要问题。基于"政银合力"的视角，提出可持续性金融减贫模式下政策性金融减贫的对策建议。（5）乡村振兴时期村级金融服务站高质量发展研究。基于我国全面推进乡村振兴的时代背景，对村级金融服务站高质量发展进行逻辑归纳，分析基本运行模式，用调查研究方法研究服务现状和问题。提出村级金融服务站高质量发展的"四位一体"路径及其内在关联，提出相应的对策建议。（6）实现可持续性金融减贫的融资增信研究。归纳总结我国主要融资增信模式，基于金融供需双方和政府的"三维"视角研究融资增信对可持续性金融减贫的作用。以"农村信用体系建设"的融资增信模式为例，提出了"普惠金融+社区治理"的融资增信新思路。基于政策性农业信贷担保（以下简称"农担"）视角研究新型农业经营主体融资增信问题，对现有政策性农担体系中各层级机构的担保现状进行深入研究，结合乡村振兴的目标要求，从多维度对完善政策性农担增信模式提出对策建议。

主要观点有：（1）当前金融减贫理念、方法和手段尚不完全适应乡村振兴的要求，在服务重点上要从"针对性"向"整体性"转变，在减贫手段上要从"特惠性"向"普惠性"转变，在作用期限上要从"短期性"向"长期性"转变，在减贫目标上要从"福利性"向"效率性"转变。金融减贫要适应乡村振兴的新需求、新特征，要对现有金融减贫组织和体系进行"供给侧"改革，为全面推进乡村振兴和实现共同富裕提供可持续性金融支持。（2）可持续性金融减贫是"持久性"减贫而不是"临时性"减贫，要遵循普惠金融发展的基本原则，不只是实现金融机构财务层面的可持续性，更要注重发挥金融机制作用。是"原因"减贫而不是"症状"减贫。要实现可持续性金融减贫，正确的理念是前提，内在能力提升是基础，健全普惠金融服务是内容，政府融资增信是保障。可持续性金融减贫模式构建不是"另起炉灶"，主要是在原有基础上"补短板"，总结金融减贫的经验和不足，考虑"三农"工作重心转移的趋势，补上乡村振兴所需的"新元素"。（3）实现全面乡村振兴需要接续推进小额信贷发展，小额信贷在实践中应该注重发挥农户创业能力，重点支持具有自然、区域优势的项目，要以"有效需求"为基础。脱贫攻坚时期我国小额信贷减贫效应显著，乡村振兴时期应该接续推进小额信贷减贫，实现小额信贷"双线"融合，把"特惠"扶贫小额信贷在政策层面进一步优化。（4）要按照党的二十大提出的重要思想指引，深化金融体制改革，健全农村金融服务，政策性金融要着重支持乡村振兴产业体系建设、基础设施提质升级和公共服务可及性、均衡性建设，要实现由追求规模、速度的外延式增长向实现质量、效益的高质量发展转变，要以"政策"为基础、以"合规"为底线、以"创新"为动力、加强"政银"合作，促进脱贫地区全面实现乡村振兴。（5）全面推进乡村振兴时期，要把村级金融服务站建设成为集普惠金融服务、金融信息采集、金融知识教育、金融电商融合的"四位一体"的金融服务中心，将金融服务融入普惠金融高质量发展总体战略，明确目标定位，增强自我发展能力，融入数字金融元素，更好地服务乡村振兴。

主要对策建议有：（1）全面推进乡村振兴时期，实现可持续性金融减贫，要在全社会加强金融可持续性的思想教育，正确理解金融减贫本质，提高金融素养。加强可持续性金融减贫中的知农、爱农金融管理、服务人才培养。金融机构要树立可持续发展的综合金融服务理念，坚持感情为先、服务为基、盈利可靠，将"人本主义"嵌入金融服务，把金融服务融入农村基层治理，加强与地方的沟通联系，但不依赖地方政府。（2）优化信用机制建设，解决金融减贫中"信用"难点问题，顺应乡村振兴战略与推进国家治理体系和治理能力现代化的要求，采取"普惠金融＋社区治理"新思路。"政银"合力构建"互信"机制，加强二者对信用建设的共性认识，发挥各自优势，实现资源共享，构建包括政治、文化、生态和社会等信息在内的完备的农村信用数据库。（3）完善担保机制建设，解决金融减贫中的"后顾之忧"，通过"政府＋金融机构＋担保机构"的深度合作，加强农担机构与地方政府合作，落实国家税收优惠政策，对担保费和履行代偿义务进行补助，政府"牵线搭桥"加强金融机构与担保机构的战略合作。（4）完善财政补贴和风险补偿政策，改变小额信贷的财政全额贴息政策，将单纯的利息全补改为利息奖励政策，缓解财政压力，增强贴息政策的可持续性。各级财政将风险补偿资金纳入年度预算，中央财政提高在财政困难地区的负担比例。简化风险补偿程序，确保补偿真正落实。拓宽补偿资金来源渠道，增强风险补偿政策的可持续性。明确风险补偿适用范围，强化主体责任，避免道德风险。（5）协调发挥不同金融形式在可持续性金融减贫中的作用。在国家层面建立金融服务乡村振兴和共同富裕的协调机制，加强金融需求和供给信息沟通，引导金融机构明确定位，找准服务点，在政策上达成共识，开展合作，避免无序竞争和资源浪费。

本书是在本人主持完成的国家社会科学基金项目"可持续性金融扶贫模式构建研究"（18BJY160）研究成果的基础上修改而成的。感谢全国哲学社科工作办和湖南农业大学经济学院对本书出版的资助，感谢学院党委书记李明贤教授、院长刘辉教授对课题研究的支持，感谢学院老师对本人教学、科研以及生活方面的关心，感谢课题组成员罗荷花、李向伟、彭雅婷、李雪健、袁玲玲、王立聪等的共同努力，感谢经济科学出版社张燕老师为本书出版所做出的高效率工作，感谢所有关心指导本人的各位专家、学者和同仁，感谢我的家人。本书的出版也是这些年在农村金融特别是在金融减贫领域开展科学研究的阶段性总结，不足之处，还请不吝赐教。

周孟亮

2023 年 2 月

目　　录

第一章　导论 ……………………………………………………………… 1

　　第一节　选题背景和意义 …………………………………………… 1

　　第二节　研究目标和研究范围界定 ………………………………… 4

　　第三节　国内外研究动态 …………………………………………… 8

　　第四节　研究方法与思路 ………………………………………… 18

　　第五节　研究内容与可能的创新之处 …………………………… 23

第二章　理论基础述评及其启示 ……………………………………… 29

　　第一节　资本形成与反贫困理论及其启示 ……………………… 30

　　第二节　金融发展理论及其启示 ………………………………… 35

　　第三节　农村金融理论及其启示 ………………………………… 42

　　第四节　本章小结 ………………………………………………… 47

第三章　我国金融减贫的历程与效应研究 …………………………… 48

　　第一节　我国金融减贫的历程 …………………………………… 48

　　第二节　普惠金融发展减贫效应的实证研究：GMM 模型 …… 60

　　第三节　本章小结 ………………………………………………… 74

第四章　全面推进乡村振兴需要可持续性金融减贫 ………………… 75

　　第一节　脱贫攻坚与乡村振兴的关联性与内涵差异 …………… 75

　　第二节　金融减贫要适应全面推进乡村振兴的新形势 ………… 81

　　第三节　脱贫攻坚时期金融减贫的基本模式与类型 …………… 85

　　第四节　脱贫攻坚时期金融减贫存在的不足：基于可持续性视角 …… 93

　　第五节　本章小结 ………………………………………………… 98

第五章　可持续性金融减贫的理论分析 ················· 99

　　第一节　实现可持续性金融减贫的基础：正确认识金融减贫 ·········· 99

　　第二节　可持续性金融减贫的内涵和实现要素 ··········· 104

　　第三节　乡村振兴时期可持续性金融减贫的目标和优势 ········· 109

　　第四节　本章小结 ················· 117

第六章　乡村振兴时期接续推进小额信贷发展研究 ·············· 120

　　第一节　从扶贫贴息贷款到扶贫小额信贷 ············· 121

　　第二节　小额信贷的作用机制与需求影响因素研究 ············ 128

　　第三节　我国小额信贷减贫效应的实证研究：基于 PSM 模型 ········· 137

　　第四节　乡村振兴时期接续推进小额信贷的难点与对策 ········· 148

　　第五节　本章小结 ················· 154

第七章　政策性金融持续支持全面推进乡村振兴研究 ·············· 155

　　第一节　政策性金融与减贫在理论逻辑上的一致性 ············ 156

　　第二节　乡村振兴需要政策性金融可持续性发挥作用 ·········· 159

　　第三节　乡村振兴时期政策性金融减贫面临的问题 ············ 164

　　第四节　实现可持续性减贫的政策性金融发展对策 ············ 170

　　第五节　本章小结 ················· 174

第八章　乡村振兴时期村级金融服务站高质量发展研究 ············· 176

　　第一节　村级金融服务站高质量发展的思想逻辑 ············· 177

　　第二节　乡村振兴时期村级金融服务站高质量发展面临的问题 ····· 180

　　第三节　乡村振兴时期村级金融服务站"四位一体"发展路径 ····· 184

　　第四节　乡村振兴时期村级金融服务站高质量发展对策 ········· 189

　　第五节　本章小结 ················· 193

第九章　实现可持续性金融减贫的融资增信研究 ··············· 195

　　第一节　融资增信是可持续性金融减贫的基本保障 ············ 196

　　第二节　农户融资增信的新思路："普惠金融 + 社区治理" ········ 201

　　第三节　新型农业经营主体可持续性融资增信研究：
　　　　　　政策性农业信贷担保视角 ··············· 215

第四节　本章小结 ··· 228

第十章　研究结论与政策建议 ································· 230

第一节　研究结论 ··· 230

第二节　政策建议 ··· 233

参考文献 ··· 239

第一章 导 论

第一节 选题背景和意义

一、选题背景

1. 我国正处于脱贫攻坚与乡村振兴的衔接过渡时期

新中国成立以后，我国就开始向贫困宣战，社会主义制度的建立奠定了消除贫困的制度基础。改革开放以后，我国进入有计划、有组织的大规模减贫开发阶段，使 7 亿农村贫困人口摆脱了贫困。党的十八大开启全面建成小康社会的新征程，我国进一步重视减贫开发工作。截至 2012 年底，按照 2011 年的贫困标准，我国仍有 9899 万贫困人口。2013 年 11 月习近平总书记在湖南湘西考察时首次作出"实事求是、因地制宜、分类指导、精准扶贫"的重要指示，提出"精准扶贫"的重要思想论述。[①] 2015 年 11 月，中央扶贫开发工作会议召开并发布《中共中央 国务院关于打赢脱贫攻坚战的决定》，吹响全面脱贫攻坚战的冲锋号。在党中央的坚强领导下，各级政府、社会各界积极参与到脱贫攻坚战中来，通过近 8 年的超常规举措，扶贫开发事业取得举世瞩目的成就。2021 年 2 月，脱贫攻坚取得全面胜利，但脱贫地区经济基础依然较弱，产业发展面临较大风险，一些脱贫户存在返贫风险，一些易地搬迁户虽然外部环境改善了，但要实现"搬得出""稳得住"，直至实现

---

① 习近平的"扶贫观"：因地制宜"真扶贫，扶真贫"［N/OL］. 人民网，2014 - 10 - 17.

"能致富"的目标，还有很多后续工作要做。目前我国正处于脱贫攻坚与乡村振兴的 5 年衔接过渡时期，当前和今后一段时期的主要任务是巩固脱贫成果，实现全面脱贫和农业农村现代化，全面推进乡村振兴。

2. 金融减贫在脱贫攻坚中发挥了重要作用，仍然需要继续发挥作用

2015 年 11 月，习近平总书记指出"要做好金融扶贫这篇文章"①。"扶贫开发、金融先行"，无论在哪个阶段和时期，扶贫开发都离不开足够的资金支撑和相应的金融服务。从 20 世纪 80 年代起，我国就开始实施扶贫贴息贷款制度，历经不断的改革至今仍然使用，成为我国政府主导的规模最大、持续时间最长的政策性金融减贫工具。在脱贫攻坚战中，金融业围绕精准扶贫基本要求，将金融资源配置到贫困地区的基础设施或者产业项目方面，或者直接配置到贫困人口手中，为贫困人口脱贫增收提供了良好的环境和相应的机会，金融减贫与产业减贫、易地搬迁减贫、教育减贫等叠加发挥作用，为打赢脱贫攻坚战发挥了重要作用。不同金融机构在脱贫攻坚战中发挥了各自的作用，中国农业发展银行等政策性金融机构是金融减贫的"先锋"，中国农业银行、中国邮政储蓄银行和农村信用社是金融减贫的主力军，村镇银行等新型农村金融组织在金融减贫中发挥了补充作用。除了银行业金融机构以外，证券业对于实现精准脱贫目标也发挥了重要作用，保险业降低了农户脆弱性，增强了其风险抵御能力。金融机构在贫困地区开设网点，创新业务，提升金融服务广度和深度，为扶贫工作的顺利开展提供了强有力的支持。当前，脱贫攻坚取得胜利并不意味着金融减贫就结束了，贫困是相对的而不是绝对的，扶贫开发永远在路上。绝对贫困已经消除，但金融服务相对低收入人群和弱势群体这个话题是将一直存在，实现全面脱贫和乡村振兴需要持续性金融服务，扎实推动共同富裕需要继续关注和深入研究金融减缓相对贫困问题。

3. 全面推进乡村振兴需要接续推进金融减贫

金融减贫与我国一直以来所重视的金融服务"三农"在理论逻辑上是一致的，但二者也存在较大区别。金融服务"三农"涉及范围更广，包括农户、中

---

① 中共中央文献研究室．十八大以来重要文献选编（下）［M］．北京：中央文献出版社，2018：49．

小微企业在内的低收入弱势群体都是"三农"金融的服务对象,"三农"金融体现的是一种社会责任,政府通过政策支持有效处理好金融机构的社会责任与自身发展之间的矛盾,构建普惠金融体系是"三农"金融的目标。脱贫攻坚战以来,金融精准扶贫成为"三农"金融的服务重心,让建档立卡的贫困人口精准脱贫是直接目标,金融减贫是社会责任,也成了政治使命。从社会责任到政治使命,体现的不仅是"三农"金融的责任担当更重了,更体现着"三农"金融的"政策性"更浓了。在脱贫攻坚时期、衔接过渡时期还有全面乡村振兴时期,"三农"金融有不同的服务重心,最终都是为了实现共同富裕。"三农"金融不是完全政策性金融,应该更多地体现金融市场的基本原则。为扶贫开发事业服务,这是金融机构的任务和责任,但也应该将服务扶贫开发融入机构发展战略之中,将服务贫困人口内化于普惠金融发展过程中。党的二十大报告指出,我国在完成脱贫攻坚、全面建成小康社会以后,全面推进乡村振兴是推动高质量发展的重要内容,要巩固拓展脱贫攻坚成果,增强脱贫地区和脱贫群众内生发展动力,要深化金融体制改革,健全农村金融服务体系。因此,需要"回头看",认真审视金融减贫的本质、内涵和不足,处理好政府与市场的关系,尊重农村金融市场运行规律,避免短视行为损害农村金融市场可持续发展,实现可持续性金融减贫,推进乡村振兴和农业农村现代化,实现共同富裕。

二、研究意义

通过为贫困人口提供金融服务,增加贫困人口摆脱贫困的机会,金融为我国扶贫开发和打赢脱贫攻坚战作出了重要贡献,巩固脱贫效果和全面推进乡村振兴更离不开金融服务。与此同时,金融减贫从广义上属于"三农"金融范畴,需要处理好金融业"自身发展"和"减贫服务"的关系。在全面推进乡村振兴和实现共同富裕目标指引下,实现减缓相对贫困的可持续性金融减贫,既关系到全面脱贫效果和乡村振兴实施进程,也是我国农村金融发展的重要问题。

(1)理论意义。本书以金融发展理论、农村金融理论和金融减贫理论为基础,深入剖析这些理论与本书研究的思想关联;全面梳理我国金融减贫政策,归纳出改革开放以来金融减贫三个方面的内容,提炼金融减贫在广义和狭义两个层面的内涵；将金融减贫置于农村金融改革和普惠金融发展的逻辑框架下，通过理论逻辑总结发现，我国农村金融面临着自身改革发展和服务扶贫开发的"双重目标"；本书提出构建可持续性金融减缓相对贫困的理论思想体系，总结归纳出金融减贫所需要的"可持续性"不等同于金融机构"财务可持续性"，也不仅是促进农户"收入增长"，更主要是依托农村金融市场化作用机制，在提升脱贫能力的基础上实现持续增收，同时又要有利于农村普惠金融可持续发展。这些研究丰富和发展了农村金融和金融减贫等理论在我国的具体应用，具有重要的学术价值。

（2）现实意义。我国取得脱贫攻坚胜利以后，巩固脱贫效果和全面推进乡村振兴还需要持续性金融服务。本书研究基于我国经济转型时期发展中国家的基本国情，在认真审视金融减贫理论内涵的基础上，总结金融减贫基本模式。基于"双重目标"的视角，从政府、机构和贫困人口多个角度深入剖析金融减贫实践中存在的问题，特别是对影响全面推进乡村振兴可持续性金融服务和农村普惠金融发展的问题进行了深入分析。重点从扶贫小额信贷、政策性金融减贫、基础金融服务、政府融资增信等方面具体研究如何实现可持续性金融减贫，提出相应的创新性对策建议。这有利于纠正社会上对于金融减贫的思想认识误区，促进金融减贫本质回归，帮助政府、农户等经济主体树立正确的金融理念。本书在提出可持续性金融减贫理论思想体系的基础上，研究可持续性金融减贫的实现路径，为政府部门在推进金融减贫中正确履行职责提供参考建议，能更好地激发金融机构参与金融减贫的积极性，实现真正脱贫的目标，为持续性服务全面推进乡村振兴打下基础，对于建立多层次、广覆盖、可持续、适度竞争、有序创新、风险可控的农村金融体系也具有重要的应用价值。

第二节 研究目标和研究范围界定

一、研究目标

总体研究目标为，总结过去，剖析现在，展望未来，基于我国扶贫开发特别是脱贫攻坚以来的金融减贫实践，全面总结金融减贫成就，深入剖析金融减贫"困境"和"偏差"，结合全面推进乡村振兴和实现共同富裕的总体要求，提出可持续性金融减贫的理论框架，研究具体的实现路径和对策。

具体研究目标为：（1）梳理可持续性金融减贫的理论基础，主要包括扶贫开发理论、金融发展理论和农村金融理论，总结归纳这些理论思想对于本书研究的启示，为全面推进乡村振兴时期可持续性金融减贫提供理论依据。（2）对改革开放以来特别是脱贫攻坚时期的金融减贫历程进行回顾，总结金融减贫政策，提炼金融减贫思想。总结金融减贫的主要模式和存在的不足，结合脱贫攻坚与乡村振兴衔接时期及其以后时期的新形势，特别是在金融需求方面出现的新情况，形成构建可持续性金融减贫模式的现实依据。（3）可持续性金融减贫的基本思想和理论体系研究，主要回答以下几个基本问题：可持续性金融减贫的内涵是什么？可持续性金融减贫的实现要素有哪些？可持续性金融减贫模式对于全面脱贫和推进乡村振兴有什么优势？重点应该如何推进可持续性金融减贫？（4）结合当前金融减贫的主要内容，从扶贫小额信贷、政策性金融减贫、基础金融服务、政府融资增信等方面具体研究如何实现可持续性金融减贫，提出相应的创新性对策建议，服务全面脱贫和推进乡村振兴。

二、关于研究范围的几点解释

1. 关于广义和狭义的金融减贫解释

从理论上说，金融减贫是通过提供金融服务，为贫困人口创造脱贫条件，提高贫困人口脱贫的能力和机会，或者为贫困人口脱贫创造更好的外部环境，让他们有机会摆脱贫困。金融减贫有广义和狭义两个层面的理解：（1）从广义上说，改革开放以来，我国一直致力于改善贫困和低收入人口的金融服务，努力构建完备的农村金融体系，开展农村信用社股份制改革，积极促进小额信贷发展完善。特别是进入21世纪以后，"三农"问题成为党和政府高度关注的问题，2006年开启增量式农村金融改革以来，以服务"三农"为导向的农村金融改革进展很快。通过不断的农村金融改革探索，我国普惠金融发展取得了显著成效，有力缓解了农村融资难、融资贵的局面，农村金融问题也一直备受社会各界广泛关注。因此，从广义上说，致力于为"三农"发展的各项金融服务都可以视为金融减贫的范围，金融减贫从本质上说属于农村金融支持"三农"的重要内容。（2）从狭义上说，金融减贫特指我国实施精准扶贫战略以来，特别是 2015 年脱贫攻坚战打响以后，金融行业对建档立卡贫困人口实施的精准金融扶贫行为。脱贫攻坚战时期的"减贫"被赋予特别的含义，"金融扶贫"的说法也得到了广泛应用。各行业、各部门都参与到精准扶贫中来，产业扶贫、教育扶贫、金融扶贫、生态扶贫等说法也被提出并被广泛知晓，在这个特定的任务环境下，各行各业的扶贫潜能都被充分利用起来。金融减贫是在脱贫攻坚这个特定时期金融"支农"的"主题"，帮助建档立卡贫困人口摆脱绝对贫困是这个时期金融"支农"的中心工作，金融扶贫成为整个精准扶贫战略的一个重要部分。由此可见，金融减贫在我国既是老事物，也可以说是新事物。金融减贫属于金融"支农"的范畴，但又不同于金融"支农"，金融减贫在脱贫攻坚时代被赋予了新的任务和特定含义。自 20 世纪 80 年代以来，我国对于"扶贫"一词的用法比较多，"扶贫开发""扶贫贴息贷款""精准扶贫""扶贫小额信贷"等使用广泛。因此，在本书中，涉及上述词语的时候，依然使用"扶贫"一词。另外，在阐述精准扶贫时期的一些情况时，也使用"扶贫"一词。在其他地方一般使用"减贫"一词。

2. 关于金融减贫手段的解释

金融是包括银行、证券和保险在内的多维范畴，金融对贫困人口的金融服务除信贷或者贷款以外，也包括储蓄、结算和保险等多个方面。因此，金融减贫不仅指银行类金融机构减贫，还应该包括证券行业和保险行业减贫，而且不同金融机构和金融服务对于不同的贫困类型发挥的作用也存在差异。本书重点研究"银行类"金融减贫，也就是狭义范围的金融减贫，这主要有以下考虑：（1）从理论逻辑上说，贫困问题是人类社会发展过程中必须要解决的问题，一直是世界各国特别是发展中国家面临的重大问题。在减贫实践过程中，世界各国也非常重视金融在帮助贫困地区发展和贫困人口收入增长中的作用。金融减贫理论起源于早期发展经济学的反贫困理论，早期的反贫困理论主要包括纳克斯提出的"贫困恶性循环理论"，纳尔逊提出的"低水平均衡陷阱论"等，这些理论认为贫困的根源在于储蓄、投资不足，资本形成不足直接导致了贫困的产生，缓解贫困问题需要大幅度增加资本投入，银行类金融机构的信贷投入对于贫困缓解的作用一直受到很大的关注。（2）从我国实际情况来看，目前银行、证券和保险业市场中，银行业资产占比高达80%，银行类金融机构不仅种类繁多，数量也很多。证券减贫的重点在于解决贫困地区龙头企业融资问题，然后通过特色、优势产业发展，发挥带动作用。脱贫攻坚时期的证券减贫虽然有绿色通道，但贫困地区龙头企业进入证券市场融资难度依然很大，不具有普遍性。农业保险主要在于缓解农业生产过程中的脆弱性，确保农业生产收入的稳定性，农业信贷保险对于缓解银行借贷风险也十分重要①。我国农业保险发展整体还处于起步阶段，主要以政策性农业保险为主，对于解决贫困地区企业和贫困户资金短缺问题作用有限。总体来说，银行类金融机构对于贫困人口来说具有更强的"可接近性"，另外，我国贫困人口对象识别主要以家庭人均收入水平是否低于国家贫困线标准来判定，实施的是"货币"标准的反贫困政策。银行类金融机构为贫困人口发放贷款，对于贫困人口收入增加具有更加直接的效应。基于以上分析，本书研究的金融减贫是一般所指的银行类金融机构减贫，但并非否定证券、保险减贫的作用，只是囿于研究精力的限制，主要研究银行类金融机构减贫，以便突出研究重点。

3. 关于贫困地区和贫困人口的解释

我国脱贫攻坚战已经取得全面胜利，从严格意义上说，已不存在一般意义上的"贫困地区"，也没有国家级贫困县或者省级贫困县的说法，在现行贫困国标线下也不存在"贫困人口"，甚至可以说也不需要金融再去扶贫了。但无论是过去、现在还是未来，金融服务实体经济的本质和宗旨不会变，相

---

① 农业信贷保险和农业信贷担保对于银行类金融减贫很重要，是金融减贫的重要保障，农业信贷担保是本书研究的部分内容。

对贫困或者低收入群体依然存在，他们依然需要金融服务。已经摘帽的贫困地区目前依然是欠发达地区，已经脱贫的贫困人口依然是相对贫困人口，收入水平相对较低，生产、生活有着较大的脆弱性，这些脱贫地区和脱贫人口依然是我国全面推进乡村振兴和社会主义现代化需要重点关注的地区和群体，依然需要金融去扶持，"金融减贫"的说法也不会过时。本书在研究脱贫攻坚战以前的金融减贫时，使用贫困地区和贫困人口这个提法，在研究当前巩固脱贫攻坚成果时期和乡村振兴时期的金融减贫问题时，使用脱贫地区、脱贫人口或者农户这个提法。脱贫攻坚任务完成以后，已经脱贫的人群和原来处于贫困边缘的人群，都属于相对低收入群体，是全面推进乡村振兴中的相对贫困人群，是可持续性金融减贫的对象。本书基于我国经济转型和社会主义市场经济发展的总体背景要求，对我国过去扶贫开发特别是脱贫攻坚战以来的金融减贫进行剖析，对取得的成就和存在的问题进行全面总结，结合当前全面巩固脱贫效果和推进乡村振兴的总体要求，总结过去，剖析现在，展望未来，提出可持续性金融减贫的基本理论框架，提出具体的实现路径和对策。因此，本书中所研究的金融减贫既包括过去扶贫开发和脱贫攻坚时期对绝对贫困人口的金融减贫，也包括全面推进乡村振兴时期对相对贫困和低收入群体的金融支持。

第三节　国内外研究动态

一、国外研究动态

1. 关于资本、金融对于贫困地区经济增长的相关论断

从理论上说，金融减贫主要是指要通过金融服务特别是信贷服务帮助农村低收入人群增加收入，摆脱贫困，这涉及资本在贫困地区经济发展中的作用问题。在经典西方经济学理论中存在很多关于资本在经济增长中作用问题的研究论断，特别是在不同阶段的经济增长理论中，对于资本的作用进行了

深入探讨。但这些研究主要是以发达经济体为研究对象，随着发展经济学的诞生，在聚焦欠发达、贫困落后地区经济增长的时候，资本的作用问题也开始引起关注。资本形成与反贫困理论开始认识到资本在贫困落后地区减贫中的作用。纳克斯（Nurkse，1953）认为，资本缺乏是贫困的根源，贫困落后地区存在一个收入低下和资本不足的恶性循环。为解决这个恶性循环问题，利本斯坦（Leibenstein，1957）提出的临界最小努力理论，提出通过在贫困地区开展大规模投资，加大对于贫困落后地区的资本投入，只有跨越了"临界最小努力"点，才能摆脱贫困实现经济增长。

资本形成与反贫困理论主要强调"资本"这种生产要素在经济增长和减贫中的作用，金融发展理论则从发展中国家宏观视角关注金融减贫问题，认为金融发展在减贫中有至关重要的作用。格利与肖（Gurley & Shaw，1960）提出了以金融资产和金融机构多元化为主要内容的货币金融理论，把货币经济学理论拓展到货币金融理论，把银行理论拓宽到金融机构理论，关注金融机构在把全社会的储蓄转化为投资中的作用，从而促进经济增长这个过程中所发挥的作用；戈德史密斯（Goldsmith，1969）指出，金融现象包括金融工具、金融机构和金融结构，金融发展本质是金融结构变化，金融结构、金融工具存量、金融交易流量是经济增长的重要因素，他提出的金融结构理论为金融发展理论奠定了基础；麦金农（Mckinnon，1973）认为，当时发展中国家普遍存在"金融抑制"，提出通过金融深化促进经济增长的具体途径。斯蒂格利茨（Stiglitz，1990）、汤森（Townsend，1993）等的研究充分肯定了金融发展对"减贫"的作用。科利尔和多拉尔（Collier & Dollar，2002）、霍诺汉（Honohan，2004）发现，金融促进经济增长，经济增长通过"涓流效应"减缓贫困，此观点为金融减贫问题的后续研究打造了良好根基。

金融发展理论认为，金融在发展中国家整体经济增长中具有非常重要的作用，金融应该支持农业经济发展。但当时很多发展中国家采取优先发展战略，将大量的资金投入工业化过程中去，农业虽然是发展中国家的基础产业，但是农业地位低，风险大，产出与投入不成正比，农业被边缘化，难以获得资金支持。在金融发展理论的不同阶段，农村金融领域衍生了农业信贷补贴论、不完全竞争市场论和农村金融市场论，关注通过不同手段向贫困地区投入资金解决贫困问题。农业信贷补贴论主要是在 20 世纪 80 年代以前，认为农民缺乏储蓄能力，农村资本形成能力低下，主张通过创设政府性金融机构向农村投入资金，过于强调农村资金投入的政策性，但发展中国家的实践证明，完全政府性主导的资金投入模式导致"寻租"行为严重，资金被某些特权阶层获得，金融机构不良率高，缺乏财务可持续性，没有获得应有的效果；农村金融市场论强调通过市场手段向农村投入资金，把市场利率完全交给市场来决定，鼓励多元化市场竞争，该论断强调农村金融服务中的市场机制作用，但却走入另一个极端，实践证明该论断不完全符合农村实际情况；进入 90 年代以后，随着不完全竞争理论和信息经济学的发展，农村金融不完全竞争市场论由此出现，该理论主张政府行为介入农村金融发展，加强农村资金的投入。

2. 关于小额信贷减贫及其可持续性的研究

从 20 世纪 80 年代开始，亚洲、拉丁美洲的发展中国家不断地探索出了多种符合贫困人口需求的信贷制度与方法，小额信贷的发展逐渐引起国际社会关注，小额信贷不仅是小规模的信贷，更主要的是针对贫困人口的信贷服务。通过小组联保、动态激励等机制，小额信贷成为金融减贫的创新模式。不完全竞争市场理论的相关研究表明，借款人的组织模式对解决信息不对称问题很重要。伽塔克（Ghatak，1999）、伽塔克和吉内恩（Ghatak & Guinnane，1999）、塔塞尔（Tassel，1999）研究发现，小组联保模式有利于解决逆向选择。伽塔克和潘迪（Ghatak & Pandey，2000）、拉丰和恩古埃桑（Laffont & N'Guessan，2000）研究发现，小组联保贷款模式能够提高市场效率。贝斯利和科特（Besley & Coate，1995）研究发现，商业银行无法控制借款者行为，在小组联保贷款模式下，同伴间相互监督可以约束个人行为，有利于解决道德风险。小额信贷分为福利主义小额信贷和制度主义小额信贷两个阶段。但向贫困人口贷款风险较高，正规金融机构不愿意向他们贷款（Khatib et al.，2004），福利主义注重将小额信贷目标定位于改善贫困人口生活状况，也会对利润有追求，但整体来说会对政府补贴产生依赖，财务上可持续性不强。缺乏可持续发展能力阻碍了小额信贷组织进一步更好地为贫困人口提供服务。因此福利学派受到了很多批评。制度主义注重财务可持续性，认为财务可持续是实现减贫目标的保障（Cornée & Thenet，2007）。但也有批评认为制度学派将目标客户定位于农村微小企业，贷款利率较高。因此，关于小额信贷财务可持续性的研究主要围绕社会绩效与财务绩效的协调问题展开。康宁（Conning，1999）、拉佩努等（Lapenu et al.，2002）认为，微型金融减贫服务的广度和深度与机构自身的可持续发展是相互平衡的；纳瓦哈斯等（Navajas et al.，1998）、帕克斯（Paxon，2002）、哈德等（Harder et al.，2002）、纳迪亚等（Nadiya et al.，2005）、克拉克等（Clarke et al.，2006）研究发现，社会业绩与财务业绩存在冲突关系；贝戈尼亚（Begoña，2005）、卢齐和韦伯（Luzzi & Weber，2006）、康宁和西讷德（Cornée & Thenet，2007）研究发现，社会业绩与财务业绩存在冲突，同时也存在相互补充之处。

　　20 世纪 90 年代以后，小额信贷发展进入微型金融阶段，此阶段强调为贫困人口提供包括储蓄、信贷、保险等在内的多种农村金融服务，同时更加注重金融服务的可持续性，在机制设计上微型金融注重通过构建长效减贫机制来服务贫困人口。古利（Gulli，1998）研究了微型金融缓解贫困的主要途径；贝克尔（Becker，1991）、贝斯利和科特（Belsey & Coate，1995）、泰塞尔（Tassel，1999）、戈什等（Ghosh et al.，2002）认为，微型金融可利用小组联保和动态激励机制等方式使客户之间互相监督，在一定程度上缓解逆向选择和道德风险，使得贫困人口更易获得信贷资金。一些学者通过研究发现，微型金融可以缓解贫困人口面临的融资约束问题，为贫困人口收入的增加提供"驱动力"（Sarma & Pais，2011；Kodan & Chhikara，2013；Helms，2006；Donou-Adonsou & Sylwester，2016；Blattman & Rolston，2015）。另外，微型金融通过提供支付、信贷、保险等服务提高减贫效果的可持续性（Klapper et al.，2016；Demirguc-Kunt et al.，2017）。

3. 关于普惠金融理念下金融减贫可持续性的研究

　　普惠金融指以可负担的成本、费用向弱势群体提供多元金融服务（Leeladhar，2006；Ravichandran & Alkhathlan，2009），又称为包容性金融，最早由联合国在 2005 年提出。普惠金融的出发点在于解决低收入群体一直存在的金融排斥问题，实现金融包容。金融排斥和金融包容往往被同时提及。金融排斥的概念最早由莱申和思里夫特（Leyshon & Thrift，1993）提出，是指由于贫困人口自身低收入、低储蓄、缺乏知识和所处地理位置偏远等原因，导致他们无法通过正规途径获得金融服务，从而被排斥在传统金融体系之外（Regan & Paxton，2003；Kempson & Whyley，1993；Sarma，2010）。普惠金融让贫困人口有尊严地获得优质金融服务，不增加贫困人口的负担（Rangarajan，2008）。政府应高度重视普惠金融的发展，以此缓解发展中国家金融排斥问题（Mitton，2008）。越来越多的研究认为，传统金融只能解决一部分的贫困问题，但不足以应对现代世界的许多挑战和难题，普惠金融为解决发展中国家贫困问题，促进实现整个包容性经济增长提供了有效的解决方案（Chibba，2006；Cnaan et al.，2011；Schwittay，2011；Sahay et al.，2015）。普惠金融通过金融服务达到减贫效果，它不仅注重经济增长的包容性，同时也注重金融减贫的可持续性（Sarma，2010；Leeladhar，2006）。克莱森斯等（Claessens et al.，2008）认为，普惠金融要提高金融产品与服务的可得性，但仍要保证金融供给的质量，金融机构提供金融服务的价格要能够弥补经营成本，否则，普惠金融发展是难以持续的，在长期内自然无法有效减缓贫困（Sarma，2010）。在一些发展中国家，由于普惠金融机构难以实现自身财务可持续性，很多金融机构通过从农村地区吸取资金转移到城市，以此促进自身财务效益的提升，部分微型金融已远离贫困地区，偏离减贫初始轨道，对减贫没起到积极影响（Bateman，2012）。由此可以看出，普惠金融发展中如果没有适当监管，金融机构易出现道德风险问题，对普惠金融发展可持续性造成威胁（Kiiru，2018）。巴苏（Basu，2006）指出，要通过扩大金融范围、促进市场竞争、改善金融制度来实现普惠金融发展的可持续性。

二、国内研究动态

1. 反思传统扶贫模式的弊端，提出金融减贫的重要性

张红宇（2004）、姚耀军（2006）、王曙光和郭欣（2006）、王国良和褚

利明（2009）认为，我国传统财政扶贫模式单一，瞄准机制不完善，应完善金融减贫机制，充分发挥它的作用。随着我国农村金融改革的不断推进，张立军和湛泳（2006）研究发现，农村金融资源流入不断增加，贫困人口合理利用金融资源改善自身情况，收入水平随之提高，从而金融发展对贫穷起到了一定的减缓作用。通过金融的手段减贫可以改善收入分配格局，减少贫困发生的概率（郑长德，2008）。金融中介也随着金融的发展改善了金融城乡二元结构，增加了贫困人口收入（彭建刚和李关政，2006）。宁爱照和杜晓山（2013）认为，我国农村金融服务整体发展滞后，城乡二元金融结构状况没有根本改变，要进一步发挥金融服务低收入群体的作用。

金融减贫和财政减贫是我国主要的减贫手段，我国改革开放之初主要以财政减贫为主，随着农村金融改革不断深入，金融减贫的作用逐渐得以重视，在金融减贫和财政减贫协调推进方面，学者进行了诸多探索。黄承伟等（2009）认为，用金融手段减贫和用财政手段减贫均属于"公共服务"，但是财政减贫与金融减贫的本质区别在于是否有偿，为了金融机构的可持续发展，应在实践中充分发挥金融减贫功能，利用财政杠杆作用促进金融服务。高远东等（2013）指出，金融支农政策对农村减缓贫困问题具有显著作用，但是其空间外溢效应不够显著，财政与金融应该在减贫过程中相互协同，同步推进。林建和廖杉杉（2014）认为，发挥财政政策与金融政策联动效应能有效减缓民族地区贫困状况。赵洪丹和朱显平（2015）认为，随着我国改革的不断深入推进，金融减贫和财政支农对农村经济社会发展的正向影响逐步显现，且影响力不断提升。

2. 普惠金融概念被引入国内以后，关于普惠金融减贫的研究逐渐增加

杜晓山（2006）、何广文（2008）、焦瑾璞和陈瑾（2010）、曹凤岐（2011）、周立和李萌（2014）、马九杰和沈杰（2010）等研究提出，普惠金融发展是服务弱势群体、实现社会经济和谐发展的有力手段。我国金融服务分配不均衡，贫困人口享受到的金融资源有限（李扬，2017），包括金融基础设施的匮乏、供给能力的不足、体制机制的缺失等（孟飞，2009）。发展普惠金融能使广大弱势群体同等享受金融服务和产品，是对已有金融体系的改进（焦瑾璞，2010；王曙光和王东宾，2011）。杜晓山（2006）认为，普惠金融是金融体系的重要组成部分，它通过减少金融供给端和需求端的双成本效应，来满足弱势群体对金融产品和服务的需求。普惠金融是引领、规范和实现共享金融的发展方式（白钦先和张坤，2017）。普惠金融的重要性在于金融可以产生和分配财富，涉及广泛的社会经济的变革（高建平和曹占涛，2014；李涛等，2016），而对于普惠金融作用的研究大致主要有以下三类：一是普惠金融发展对经济增长有促进效果，并呈现地区差异性（杜莉和潘晓健，2017；杜强和潘怡，2016；付莎和王军，2018；武丽娟和徐璋勇，2018）；二是普惠金融可以促进贫困减缓（卢盼盼和张长全，2017；谭燕芝和彭千芮，2018；邵汉华和王凯月，2017；马彧菲和杜朝运，2017），降低农村家庭贫困脆弱性（张栋浩和尹志超，2018）；三是普惠金融能缩小城乡收入差距（张建波，2018；李建伟，2017；温茜茜，2017；黄燕辉，2018；李建军和韩珣，2019；尹志超等，2019），并存在一定的空间集聚效应（蔡四平和李莉，2018）。

董晓林等（2010）、马九杰等（2013）、杨婷怡和罗剑朝（2014）、何德旭和苗文龙（2015）、何学松和孔荣（2017）对金融减贫的途径与对策进行了研究，提出应创新金融业务、因户制宜设计金融产品、降低弱势群体金融服务成本，从而实现金融减贫目标。顾宁和刘扬（2018）指出，普惠金融应重点关注女性、老年人、低收入者、低学历者，改善普惠金融生态有利于普惠金融发展。王颖和曾康霖（2016）则从经济伦理的角度研究认为，普惠金融应该让贫困人群积极参与经济循环过程，并随之增强自身禀赋。普惠金融的落脚点应是在普惠金融的理念下调整现有金融体系，使得金融发展兼具效率和公平（何德旭和苗文龙，2015；晏海运，2013）。杜晓山（2006）认为，普惠金融发展的前提是国家政策的支持和体制机制的完善，必须要调整现有的金融制度安排才能实现普惠金融目标（何德旭和苗文龙，2015；粟勤和孟娜娜，2018；杜莉和潘晓健，2017）。

3. 精准扶贫战略实施以后，普惠金融视角下精准扶贫问题引起广泛关注

2013 年以后，普惠金融视角下的精准扶贫问题引起学者的关注。黄琦和陶建平（2016）研究发现，我国多数县（市）金融减贫效率不足，整体处于中等水平，且存在逐渐扩大的区域差异，需要以普惠金融为指导，加强金融减贫"精准性"。周孟亮（2018）认为，普惠金融与精准扶贫在思想内涵上存在一致性。精准扶贫应该成为传统金融减贫的"升级版"，它是为了强化减贫效应而必须采取的措施（何仁伟，2018）。新时期金融减贫须以普惠性金融为指导，切实增强精准性和实效性，普惠金融为精准扶贫提供金融支撑（李万峰，2016；洪晓成，2016；王茜，2016；龚霖丹等，2017；曹平辉，2018；陈建伟和陈银娥，2017）。谈勇贤和郭颂（2017）认为，普惠金融与精准扶贫可以形成政策合力推动农村经济发展。方莹等（2018）研究发现，普惠金融减贫可显著降低贫困率。

而在具体落实方面，贫困县和非贫困县在推进普惠金融发展时，应实施不同的瞄准机制，避免出现"瞄准性偏误"，以提高金融资源配置效率和减贫的精准性（洪晓成，2016；朱一鸣和王伟，2017）。应该增加落后地区的金融服务网点建设，扩大普惠金融服务广度和深度，大力开展普惠金融产品和服务创新，以普惠金融发展促进我国金融精准减贫体系的不断完善（蔡军，2019）。另外，也要充分发挥政府的作用，加强政府监督管理，构建政府、市场、社会协同推进的"三位一体"格局，在金融支持项目的选择上要严格把关，持续推进农村金融信用体系和生态环境建设（杜金富和张红地，2019）。要发挥财政杠杆作用，优化财政、金融资源配置，随着互联网金融的发展，也要创新金融科技在精准扶贫中的作用，协同推进农业农村现代化和乡村振兴（申云和陈劲莉，2020）。

4. 随着脱贫攻坚的推进，越来越多的研究关注金融减贫的长期效果

脱贫攻坚战打响以后，金融减贫实践中出现的问题逐渐引起关注。为了完成减贫任务，我国金融减贫中一些地方政府具体干预过多，农户的思想意识存在偏差，这不利于体现金融减贫的长期作用，所以应该建立金融减贫的长效机制（施其武，2017）。一些学者多从农户能力提升、改革创新金融减贫产品、构造良好外部支持环境等方面来研究如何提升金融减贫的长期效果。第一，金融减贫的落脚点是能力建设，要注重金融减贫的有效性（郭利华，

2016）。金融减贫不是简单地给贫困人口提供贷款，实现"造血"功能才是关键（罗煜和贝多广，2016）。要通过构建适当的利益诱导机制和政策激励机制，鼓励农户通过努力奋斗获得自我的可持续发展（吴海涛和陈强，2019）。要挖掘弱势群体脱贫致富的内生动力，将扶智、扶志与扶贫有机结合（刘玉丽和马正兵，2019）。第二，要以乡村振兴目标为指引，通过对普惠金融产品和服务的系统分析，构建长效机制，以此提升金融的可持续发展能力（姜长云，2019；张帆，2019）。充分发挥金融工具优势，激活农村市场经济活力，增强乡村地区经济"造血"能力（郭亚婷，2019）。普惠保险可充分发挥经济损失补偿和风险保障功能，能作为反贫困长效机制（张栋浩和蒋佳融，2021）。数字金融有利于贫困群体数字普惠金融能力长效机制的建立（汪亚楠等，2020）。第三，在构造良好外部支持环境方面，为实现金融减贫效果可持续性，郭利华等（2017）研究认为，建立减贫生态圈可以给贫困人口就业机会，减少项目投资风险。王琳和李珂珂（2020）、胡月和田志宏（2019）认为，在金融减贫过程中，不仅要加强农村基础设施建设，更要加大对农村地区产业、教育等方面的投入，确保减贫资金用到实处且有可持续性。王海净等（2020）认为，要建立金融支持易地搬迁移民可持续生计的长效机制。岳崴和张强（2020）提出，要完善政府责任认定，确保金融减贫长期效果。

5. 脱贫攻坚与乡村振兴衔接时期金融减贫政策调整与创新的研究开始出现

在脱贫攻坚与乡村振兴衔接时期，随着一些农村经济新业态的出现，对金融服务的需求越来越具有综合性（何广文和何婧，2018）。当前，我国农村金融体制改革面临农村金融供给机制不完善、金融资源配置不均衡等困境（陈放，2018）。综合考虑巩固脱贫攻坚成果任务以及国民经济和社会发展的政策节点安排，我国将脱贫攻坚与乡村振兴衔接时期确定为五年的过渡期，在过渡期内要抓紧研究将减贫资金投入乡村振兴的具体方案，加强涉农资金的统筹整合，研究现行倾斜性金融支持政策的延续时限、内容与脱钩方法（高强，2019）。对于如何开展衔接时期金融减贫政策调整与创新，有不少学者提出自己的观点。

左停（2020）提出，坚持以人为本的理念，以问题为导向，以机制化为目标，以补短板为重点，在巩固脱贫攻坚成果的基础上，完善乡村振兴金融政策体系。曾福生和蔡保忠（2018）提出，要做好顶层设计，实现农业农村基础设施优先发展，进一步深化农村改革，健全金融政策支持体系。黄蕊等（2019）指出，要充分利用互联网金融、优化信贷模式、充分发挥政府的作用。张洁妍和陈玉梅（2018）认为，要构建农村金融创新体系、培育农村金融信用生态环境、完善农村金融管理及配套机制等。王志刚等（2019）认为，要完善目标价格和保险金融等政策工具、强化农业科技补贴、建立负面清单与交叉遵守机制以及构建统一协调机制等破解策略。杨皖宁（2019）认为，农村金融法律的完善应当注重整体统筹，促进立法取向的协调稳定，为金融支农、服务乡村振兴提供法治保障。蒋远胜和徐光顺（2019）认为，要结合农村产权改革制度，创新农村信贷的担保和抵押手段。杨晶（2019）认为，因地制宜、富足美丽、诚实守信是金融支持乡村振兴的政策着力点。张栋浩和尹志超（2018）认为，政府在减贫过程中除了关注贫困现状以外，还需要以动态视角增加对农村具有脆弱性家庭的关注，从而避免出现新的贫困家庭和返贫现象。

三、文献述评与研究展望

综上所述，可以得出以下三点：（1）资本形成与反贫困理论、金融发展理论、农村金融理论和普惠金融理论为本书研究提供了重要思想基础，强调资本对于发展中国家经济增长和摆脱贫困的作用，特别是要加强农村地区资金投入，金融发展有利于提高信贷可获得性，带动经济增长实现脱贫增收。20 世纪 80 年代以后，随着国际小额信贷发展引起广泛关注，有不少研究关注小额信贷的创新机制是如何实现机构财务可持续性的，小额信贷发展经过微型金融阶段进入普惠金融阶段以后，普惠金融理念强调金融减贫要注重财务可持续性，此时，对于普惠金融减贫的意义、对策以及金融减贫与财务可持续性协调等方面有较多研究。（2）我国对于金融减贫的研究较晚，主要结合我国金融减贫的具体过程来进行研究，分析我国金融减贫的必要性和金融减贫实践中的不足之处。在我国精准扶贫战略背景下，有学术研究和一些来自报纸、网站的观点提出要通过发展普惠金融来服务精准扶贫，并开始关注我国金融减贫可持续问题。脱贫攻坚结束以后，也有研究认为应该进行金融政策调整，但缺乏从操作层面落实的对策建议。（3）脱贫攻坚已经结束，但金融减贫的任务依然存在，要防止脱贫的绝对贫困人口返贫，也要继续支持相对贫困人口走向共同富裕。当前，全面推进乡村振兴和共同富裕需要实现可持续性金融减贫，金融减贫既要在持久性脱贫上下功夫，避免脱贫后出现返贫，又要遵循农村普惠金融发展的基本原则与要求，还要兼顾金融机构自身可持续发展。可持续性金融减贫需要总结过去，剖析现在，利用好我国金融减贫的已有经验，也要在已有基础上"补短板"，结合推进乡村振兴和实现共同富裕的要求，补上当前脱贫攻坚与乡村振兴衔接及至以后时期所需要的"新元素"。

第四节　研究方法与思路

一、研究方法

1. 逻辑与历史相统一的研究方法

逻辑与历史相统一是马克思主义唯物辩证思维方法，该方法主要是在对事物历史进程考察的基础上结合事物内部逻辑分析来研究事物的发展规律。"以史为鉴，开创未来"，本书研究回顾了我国改革开放以来金融减贫的历程，分析各项金融减贫政策，提炼金融减贫思想，总结出我国金融减贫可以分为三个方面的内容；在本书研究中，把金融减贫置于我国农村金融改革发展的大背景下进行逻辑分析，形成我国金融减贫的基本规律，我国一直在开展金融减贫工作，精准金融减贫是脱贫攻坚时期面对特定贫困人群实施的金融服务，脱贫攻坚也让我国农村金融改革发展有了新内容、新任务；对金融减贫的逻辑分析以历史考察为基础，基于我国由计划经济向市场经济转轨的基本国情，深入剖析我国金融减贫过程中特别是在"可持续性"方面存在的不足，为实现可持续性金融减贫寻求现实依据。另外，在研究扶贫小额信贷和政策性金融减贫等具体金融减贫内容时，也采取了逻辑与历史相统一的研究方法。

2. 规范分析与实证分析相结合

规范分析基于一定的主观价值判断来进行，主要回答"应该是什么、不应该是什么"的问题。实证分析只对"是什么"的客观问题进行研究，不考虑主观价值判断。规范分析与实证分析相结合是经济学的一贯原则，二者不能割裂。实证分析要以规范分析为基础，否则实证分析就会脱离现实或者变得无意义，规范分析也要通过实证分析来进一步验证。（1）本书研究全面乡村振兴时期的可持续性金融减贫问题，应该属于规范经济学的范畴，基于脱贫攻坚与乡村振兴有效衔接及全面推进乡村振兴的大背景，研究金融减贫应该在服务重点、减贫手段、减贫目标等方面实现"四个方面"的转变，适应脱贫攻坚以后的新需求、新形势；在对金融减贫模式和类型进行归纳的基础上，从政府与市场的关系等角度研究金融减贫中的不足；运用规范分析法研究可持续性金融减贫的基础，以及可持续性金融减贫的理论内涵、实现要素和具体目标等问题，特别是对于如何处理好金融减贫中的政府与市场关系这个关键问题进行研究。（2）本书研究运用广义矩估计法（GMM）对我国普惠金融发展的总体减贫效应进行实证分析；在研究小额信贷扶贫效应发挥的理论机制的基础上，为了使规范分析更加具有说服力和精确性，对小额信贷需求的影响因素和小额信贷的减贫增收效应等问题，运用二值选择模型、倾向得分匹配（PSM）等方法进行实证分析。通过实证分析发现问题，更好地接续推进小额信贷发展服务乡村振兴，实现可持续性金融减贫。

3. 定性判断与定量分析相结合

科学研究需要定性判断和定量分析的相互结合，定性判断对获得材料和信息进行加工，体现"质"的规定性，是科学研究的前提，定量分析体现"量"的精准性，使定性判断更加科学。在本书研究中，运用定性判断分析我国不同方面的金融减贫实践创新，归纳出一般规律的金融减贫基本模式，对商业性金融、政策性金融等主要金融减贫类型在脱贫攻坚中的贡献进行基本判断，运用详细的数据进行定量分析。对于小额信贷、政策性金融和基础金融服务在我国扶贫开发中的作用进行定性判断，扶贫小额信贷是金融减贫的"生动抓手"，有助于缓解金融排斥，实现收入增长；政策性金融在金融减贫中充分发挥先锋作用；村级金融服务站等基础金融服务打通贫困村金融服务的"最后一公里"，在这些定性判断的基础上，运用具体的数据进行定量分析。另外，在研究实现可持续性金融减贫的融资增信问题时，也运用了定性判断与定量分析相结合的方法。两种方法有机结合，统一到实现可持续性金融减贫，全面推进乡村振兴的目标任务中来。

4. 数理分析方法

为了使科学研究中的理论分析更加条理化，逻辑推理更加直观、易懂，可以运用数理分析方法，引入数学符号、数字算式来表示和推导经济过程与经济现象进行研究。在本书研究中，有多处用到数理分析法：为正确理解和认识金融减贫，运用数理分析法研究金融服务在反贫困中的作用；将个人收入分为"先天"和"后天"两部分，引入"个人努力"因素，运用数理分析法研究可持续性金融减贫的基本内涵；在全面推进乡村振兴时期，实现可持续性金融减贫要总结过去金融减贫的经验和不足，要考虑"三农"工作重心向乡村振兴转移的整体趋势，运用数理分析法研究共同富裕的核心内容以及实现路径，研究可持续性金融减贫与共同富裕之间的内在逻辑关联；可持续性金融减贫要有效处理好金融减贫中政府与市场的关系，运用数理分析法研究应该如何体现和规范政府在金融减贫中的作用问题；在研究我国小额信贷减贫问题时，基于农业创业视角，运用数理分析法研究小额信贷的作用机制。

5. 调查研究方法

为更好地了解我国农村金融发展和金融减贫等方面的客观情况，更好地开展定量研究，为实证研究搜集相关数据，课题组成员在研究过程中大量开展了调查研究。2018 年 8 月，以湖北省为例，选择十堰市、恩施州进行实地调研，了解金融减贫的基本状况以及存在的问题，对农户扶贫小额信贷需求的影响因素进行研究；为进一步研究我国小额信贷的农户增收效应，于 2020 年 5 ~ 6 月深入农村开展问卷调查，发现我国扶贫小额信贷在实施中的难点问题，特别是对不利于实现可持续性金融减贫的问题进行深入剖析；为研究政策性金融减贫的作用，2020 年 7 ~ 8 月，去中国农业发展银行湖南省分行进行访谈，对中国农业发展银行邵阳分行、宜章支行、祁阳支行等进行问卷调研，获取政策性金融减贫的基本资料，深入了解当前存在的问题，结合 2017 年以来中央对地方债务规范和治理政策要求，对政策性金融减贫可持续性问题进行研究；2019 年 6 ~ 12 月，先后对湖南湘西、邵阳、益阳、常德、怀化、娄底以及贵州铜仁等地的村级金融服务站进行了实地调研，研究村级金融服务站运行情况和基础金融服务问题。2020 年 12 月和 2021 年 6 月，先后去湖南省农业信贷融资担保公司开展座谈和调研，了解政策性农业信贷担保发展中的问题，为实现可持续性金融减贫的融资增信寻求对策建议。

二、研究思路

本书研究按照以下思路进行：（1）金融减贫历程回顾、逻辑归纳与总体效应研究。总结出我国改革开放以来金融减贫三个方面的内容，从农村金融发展的视角对金融减贫进行逻辑归纳，研究金融减贫与普惠金融发展、脱贫攻坚之间的内在联系，基于普惠金融视角研究金融减贫的总体效应，从逻辑思想层面提出"我国应该实现可持续性金融减贫"。（2）现实依据研究。当前我国已经完成脱贫攻坚任务，正处于脱贫攻坚与乡村振兴衔接时期，金融既要服务脱贫攻坚成效的巩固，也要持续服务全面推进乡村振兴。研究脱贫攻坚与乡村振兴在内涵和目标等方面的差异，归纳金融减贫在不同时期工作重心的差异，研究金融减贫应该如何适应脱贫攻坚以后全面推进乡村振兴时期的金融新形势和新需求，对金融减贫的基本模式和主要类型进行归纳，深入剖析我国金融减贫过程中特别是在"可持续性"方面存在的不足，为实现可持续性金融减贫提供现实依据。以上逻辑思想和现实依据两个方面的研究主要解决"为什么要实现可持续性金融减贫"的问题。（3）在逻辑思想和现实依据的基础上，提出"可持续性金融减贫"的理论分析框架，主要解决"可持续性金融减贫是什么"的问题。对贫困的产生原因进行归纳，基于宏观视角的间接作用和基于微观视角的直接作用两个方面研究金融对于贫困人口脱贫增收的作用机制，提出可持续性金融减贫的基本内涵、优势，从正确的理念是前提，内在能力提升是基础，健全普惠金融服务是内容，政府融资增信是保障这四个方面提出可持续性金融减贫的基本要素。基于实现全面推进乡村振兴和实现共同富裕的需要，研究可持续性金融减贫的总体目标和具体目标。（4）在后续的研究中，主要解决"如何具体落实可持续性金融减贫"的问题。结合全面推进乡村振兴的要求，将所提出的实现可持续性金融减贫的四个方面的基本要素融合进去，从金融减贫"具体内容"角度，对商业银行的扶贫小额信贷、政策性金融减贫、基础金融服务减贫以及实现可持续性金融减贫的融资增信等问题进行研究。（5）对整个研究进行总结，提出政策建议。具体的研究技术路线如图 1-1 所示。

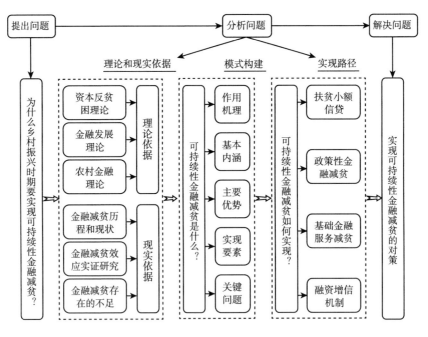

图 1-1　研究技术路线

第五节　研究内容与可能的创新之处

一、研究内容

1. 我国金融减贫历程回顾与现状研究

（1）将改革开放以来我国金融减贫历程分为政策性扶贫贴息贷款形成、小额信贷模式引入减贫领域、多元化组织参与小额信贷减贫、综合性金融精准扶贫以及金融服务乡村振兴五个阶段。收集每个阶段的金融减贫政策，提炼金融减贫思想，将五个阶段金融减贫总结为三个方面内容：改革开放以来到党的十八大以前的金融减贫，党的十八大以后精准扶贫战略和脱贫攻坚战以来的金融减贫，脱贫攻坚与乡村振兴的衔接时期及以后全面实现乡村振兴时期的金融减贫。（2）运用 GMM 模型进行实证研究发现，我国金融减贫效应得到较好发挥，对打赢脱贫攻坚战发挥了很大的作用。（3）脱贫攻坚任务完成以后，金融减贫在对象、目标等方面都不同于以前，应该结合新任务，适应新形势，实现可持续性金融减贫。我国如期完成脱贫攻坚目标任务，无论是当前还是今后哪个时期都离不开金融的作用，金融既要服务脱贫攻坚成效的巩固，也要持续服务乡村振兴战略的实施。研究脱贫攻坚与乡村振兴在内涵和目标等方面的差异，研究脱贫攻坚与乡村振兴有效衔接的重点以及金融减贫在不同时期工作重心的差异。提出乡村振兴时期金融服务要适应"四个方面"的转变，研究金融减贫如何适应脱贫攻坚以后的新需求。（4）归纳我国金融减贫的基本模式，研究商业性金融减贫、政策性金融减贫，以及支付、结算等基础金融服务减贫的整体情况。研究脱贫攻坚背景下金融减贫存在的不足，对过去的金融减贫工作进行"回头看"，检视金融减贫中的"短视"行为。因此，需要在已有金融减贫成就和不足的基础上，结合衔接时期的任务和乡村振兴新形势，实现可持续性金融减贫，为全面推进乡村振兴，加快农业农村现代化，实现共同富裕提供可持续性资金支持。

2. 可持续性金融减贫的理论思想研究

（1）从资源配置的角度介绍贫困产生的原因，用数理分析法研究金融对贫困缓解的作用机理，分析金融减贫到普惠金融的理论逻辑。根据金融发展理论，可以从间接效应和直接效应两方面研究金融减贫的作用机理。（2）在正确理解金融减贫及其内在机制的基础上，用数理分析法，提出可持续性金融减贫的基本内涵，从减贫理念、内在能力、金融服务和融资增信四个方面提出可持续性金融减贫的实现要素。（3）可持续性金融减贫要总结过去金融减贫的经验和不足，也要考虑"三农"工作重心向乡村振兴转移的整体趋势，研究乡村振兴时期可持续性金融减贫的总体目标和四个方面的具体目标，从政府与市场协同发力、供给与需求双向协调、财务绩效与社会绩效协调三个方面研究可持续性金融减贫模式的优势。以上研究主要解决"可持续性金融减贫是什么"的问题。

3. 实现可持续性金融减贫的小额信贷发展研究

小额信贷是我国金融减贫的生动体现，坚持和完善小额信贷是实现可持续性金融减贫的重要内容。（1）梳理从扶贫贴息贷款到扶贫小额信贷的政策演变历程，比较扶贫贴息贷款和扶贫小额信贷的政策区别。（2）基于农户开展农业创业的视角，运用数理分析法研究小额信贷的作用机制，研究发现小额信贷有助于缓解金融排斥，实现收入增长，在总体方向上是正确和有理论依据的，但应该注重发挥农户创业能力，小额信贷应支持能体现自然优势和区域优势的创业项目，农业创业应优化产品结构，提高产品质量，提高市场竞争力，小额信贷发放应该以"有效需求"为基础。（3）在理论研究的基础上，运用实证研究方法研究小额信贷需求的影响因素。收集实地调研数据，利用倾向得分匹配模型（PSM）实证研究我国小额信贷的减贫效应，分析小额信贷实施过程中存在的不利于实现可持续性的问题。（4）基于巩固精准扶贫效果和实现乡村振兴的目标，提出实现我国小额信贷的"双线"融合，接续发挥小额信贷作用的政策优化建议。

4. 实现可持续性金融减贫的政策性金融发展研究

政策性金融在精准扶贫中充分发挥了先锋作用，全面推进乡村振兴需要政策性金融持续、有效地发挥作用。（1）从政策性金融的起因、任务和功能等方面研究政策性金融与减贫开发在理论思想上的一致性。从政策性金融与商业性金融的特征比较出发，分析全面推进乡村振兴离不开政策性金融的可持续性作用，巩固脱贫效果、服务乡村振兴是政策性金融的持久性任务。（2）结合政策性金融减贫的主要内容，对易地搬迁、基础设施减贫贷款可持续性进行分析。（3）基于"政银合力"的视角，提出可持续性金融减贫模式下政策性金融减贫的对策建议，要坚持以"政策"为基础、以"市场"为主导、以"客户"为中心、以"合规"为底线、以"创新"为动力。

5. 实现可持续性金融减贫的基础金融服务研究

金融减贫除了体现在金融机构的信贷支持以外，也体现为支付、结算等方面的基础金融服务，基础金融减贫也是金融减贫的重要内容。（1）基于我国普惠金融发展和精准扶贫、脱贫攻坚的时代背景，对村级金融服务发展历程进行逻辑归纳，分析其基本的运行模式，运用调查研究方法研究村级金融服务站的使用现状和存在的问题。（2）基于村级金融服务站已有条件和基础，提出其可持续发展的方向目标，把村级金融服务站建设成为服务乡村振兴的普惠金融服务点、金融信息采集点、金融知识教育点、金融电商融合点，研究构建村级金融服务站服务乡村振兴的"四位一体"发展目标及其内在机理。（3）在调查研究的基础上，分析当前村级金融服务站实现"四位一体"发展目标还存在的差距和需要解决的关键问题，提出相应的对策建议。

6. 实现可持续性金融减贫的融资增信研究

有效的融资增信机制是实现可持续性金融减贫的基本保障，基于我国全面脱贫和乡村振兴的需要，探讨可持续金融减贫模式中政府为农户和新型农业经营主体的融资增信问题。（1）归纳总结我国代表性的融资增信模式，基于金融供需双方和政府的"三维"视角研究融资增信对于实现可持续金融减贫的作用。（2）以"农村信用体系建设"的整体增信模式为例，提出了"普惠金融+社区治理"的融资增信新思路，为全面脱贫和乡村振兴提供持续性金融服务。从我国普惠金融发展的"信用"难点出发，基于社区治理的实际需要，研究"信用建设"联结普惠金融与社区治理的理论机理，形成"普惠金融＋社区治理"的新思路，分析"普惠金融＋社区治理"的内涵、优势以及缓解信息不对称的具体路径，提出持续推进"普惠金融＋社区治理"的对策建议。（3）政策性农业信贷担保（以下简称"农担"）的增信模式研究。对现有政策性农担体系中各层级机构的担保现状进行深入研究，全面总结实施过程中的经验和不足，结合全面推进乡村振兴战略的目标要求，从多维度对完善政策性农业担保融资增信模式提出政策建议。

二、可能的创新之处

1. 研究视角的创新

目前，关于金融减贫的研究主要集中在金融减贫意义和对策，金融机构参与减贫时的财务绩效与社会绩效协调等方面，在精准扶贫时期，有不少观点提出要关注扶贫可持续性，但缺乏从操作层面落实的对策建议。特别是当前我国脱贫攻坚已经结束，但并不意味着金融减贫的任务已经结束，金融减贫被赋予新的目标和任务，金融减贫既要在持久性脱贫上下功夫，避免脱贫后出现返贫，又要遵循农村金融发展的基本原则与要求，为全面推进乡村振兴提供可持续性支持。本书回顾金融减贫历程，分析金融减贫政策，提炼金融减贫思想，总结出改革开放以来金融减贫的三个方面内容，以我国扶贫开发与农村金融发展两大目标为基础，以实现可持续性金融减贫为突破口，达到实现"双重目标"协调的目的，希望在充分发挥金融减贫功能的基础上推动农村金融体系完善和又好又快发展，这在研究视角上具有创新性。

2. 提出"可持续性金融减贫"的创新性理论分析框架

对贫困的产生原因进行归纳，基于宏观视角的间接作用和基于微观视角的直接作用两个方面研究金融对脱贫增收的作用机制。提出可持续性金融减贫的基本内涵，认为可持续性金融减贫是"持久性"减贫而不是"临时性"减贫，是"原因"减贫而不是"症状"减贫，要遵循普惠金融发展的基本原则，不仅要实现金融机构财务可持续性，还要注重发挥金融减贫中的金融机制作用。从正确的理念是前提、内在能力提升是基础、健全普惠金融服务是内容、政府融资增信是保障四个方面提出可持续性金融减贫的基本要素。基于实现全面推进乡村振兴和实现共同富裕的需要，研究可持续性金融减贫的总体目标和具体目标，基于政府与市场关系的视角研究可持续性金融减贫的关键问题。这些研究主要解决"可持续性金融减贫是什么"的问题，具有理论上的创新性。

3. 在一些具体研究内容上的创新

（1）通过分析我国金融减贫政策，提炼金融减贫思想，总结出我国改革开放以来金融减贫的三个方面内容，从"双重目标"视角对金融减贫进行逻辑归纳，研究金融减贫与农村金融发展、脱贫攻坚之间的内在联系。（2）基于农户开展农业创业的视角，运用数理分析法研究小额信贷的作用机制，在此基础上对小额信贷需求的影响因素进行实证研究，运用倾向得分匹配模型（PSM）实证研究我国小额信贷的减贫效应。（3）提出村级金融服务站可持续发展的方向和目标，研究构建村级金融服务站服务乡村振兴的"四位一体"发展目标及其内在机理。（4）研究"信用建设"联结普惠金融与社区治理的理论机理，形成"普惠金融＋社区治理"的新思路，分析"普惠金融＋社区治理"的内涵、优势以及缓解信息不对称的具体路径。

4. 提出一些有创新性思想的对策建议

（1）基于巩固减贫效果和实现乡村振兴的目标，提出了接续推进小额信贷作用的政策建议，要妥善处理好扶贫小额信贷当前"存量"与后续"增量"问题，实现小额信贷的"双线"融合，把"特惠"模式的扶贫小额信贷引导到以市场力量为主的小额信贷道路上来。（2）基于"政银合力"的视角，提出实现可持续性金融减贫的政策性金融减贫的对策建议，要坚持以"政策"为基础、以"市场"为主导、以"客户"为中心、以"合规"为底线、以"创新"为动力，在创新中强化政策性金融功能发挥，构建合规化、市场化的新型"政银"关系。（3）为实现基础金融服务更好地服务乡村振兴，要将村级金融服务站融入我国发展普惠金融的整体战略，通过政府、金融机构和全社会的共同努力，明确目标定位，增强自我发展能力，融入数字金融元素，完善政策支持和激励措施。（4）为有效推进实现可持续性金融减贫的融资增信，要通过"普惠金融＋社区治理"的新思路，将普惠金融发展与乡村振兴战略目标相结合，推动国家治理体系和治理能力现代化，政府与金融机构共同努力，加强农村信用体系建设。

第二章　理论基础述评及其启示

　　本书研究的理论基础主要包含资本形成与反贫困理论、金融发展理论和农村金融理论，主要是基于以下三点考虑：（1）本书的主题是"金融减贫"，金融减贫是通过为贫困地区和贫困人口提供金融服务，缓解贫困地区经济发展和贫困人口生产、生活过程中的金融服务缺失问题，为贫困人口提供"脱贫增收"的机会，金融减贫是"金融"与"减贫"的结合。发展经济学起源于 20 世纪 50 年代，关注发展中国家经济发展问题，充分肯定"资本"对贫穷落后地区发展的作用，形成了"资本形成与反贫困理论"，它是本书研究的理论基础之一。（2）在"资本形成与反贫困理论"的基础上，从 20 世纪 60 年代开始，金融发展理论重点研究金融对于发展中国家经济发展的作用问题，重点解决了"金融为什么能够对贫困减缓发挥作用"的问题。我国是处于经济转轨时期的发展中国家，金融减贫工作是在"经济转轨"和"发展中国家"的大背景下进行，金融发展理论对于研究我国金融减贫问题具有很好的借鉴作用。（3）农村金融理论在发展经济学理论基础上产生，聚焦研究发展中国家农村地区的金融服务问题，以政府与市场这两股"力量"在农村金融服务中的"作用变更"为主线。我国要实现可持续性金融减贫，就要处理好政府与市场的关系，改变政府主导的金融减贫模式，注重发挥金融服务对象的内在作用，培育农村金融市场化作用机制。因此，农村金融理论对研究可持续性金融减贫提供了直接理论基础。

第一节 资本形成与反贫困理论及其启示

在社会经济发展过程中，资本是重要的生产要素，亚当·斯密论述了资本与经济增长的关系，指出社会分工对劳动生产率的提高具有重要意义。而资本形成又是促进社会分工的基础，没有一定的资本存量，资本家就不能购买厂房、设备以及支付工人工资，社会分工就无法进行。马克思的劳动价值论更加具体地阐述了资本对于扩大再生产的重要性。西方经济增长理论对于资本在经济增长中的作用也很重视，例如哈罗德—多马模型强调资本的重要性。20世纪40年代后期逐渐形成发展经济学，发展经济学主要关注这些贫穷、落后的农业国家如何摆脱贫困，加快工业化进程和促进经济发展。自然资源、劳动力、技术、资本等是助推工业化和经济发展不可或缺的生产要素，其中"资本"是核心要素，资本形成与反贫困理论主要关注解决农业国家经济发展中资金匮乏问题。

一、"贫困恶性循环"理论

1953年纳克斯（Nurske，1953）提出贫困恶性循环理论，认为发展中国家贫穷的表现是经济发展水平低下，国民收入水平低，透过贫穷的表象，背后存在一个收入低下和资本不足的恶性循环，可以从两方面解释。（1）供给层面。由于经济发展水平低，导致收入水平低，消费完以后所剩无几，几乎没有可用于储蓄的资金，仅能甚至不能满足温饱。这样就会导致国家整体储蓄水平低，缺乏资本积累，资本积累缺乏使该国的生产水平只能停留在简单再生产阶段，不仅生产规模难以扩大，而且技术进步也非常困难，生产效率低下使得后续阶段又处于低水平阶段，低水平产出又造成更后一阶段的国民收入低下，这样就形成了"一个阶段的低收入导致资本积累不足再到下阶段的低收入"的恶性循环。（2）需求层面。收入水平低，导致消费能力低，从投资角度来看，投资前景不被看好，即使存在有限的资本也因为动力不足而无法转化为现实的投资，造成投资国家整体投资规模难以扩大，又带来下一阶段的国民低收入，这样就形成了"从一个阶段的收入不足导致消费、投资不足再到下阶段的低收入"的恶性循环。贫困恶性循环理论突出强调资本形成不足是发展中国家经济落后的主要原因，该理论偏重于从宏观角度分析国家贫穷的原因，认为国家穷是因为这个国家的每个国民收入都低，但对于这个国家的个人为什么贫穷的问题没有具体的分析。

二、"低水平均衡陷阱"理论

1956 年纳尔逊（Nelson，1956）提出低水平均衡陷阱理论，该理论研究不发达地区人口、资本和产出如何影响人均收入增长。在不发达地区，第一产业是主要收入来源，在经济机构上以传统农业为主，大部分人从事传统农业，长期处于低水平均衡状态，主要原因是人口增长对人均收入变化很敏感。由于人均收入水平低下同时人口死亡率高，导致人口缓慢增长，收入水平低，拉低了国民储蓄总值。此时，如果以增加收入作为代价来促进人口增长，人均收入又不能增加，那么就会形成"低水平均衡陷阱"。该理论认为，人均收入低、投资量小导致资本不足。从另一个角度来说，人均收入低恰恰在于资本形成不足，从而陷入死循环。要摆脱这个陷阱，该国必须进行全方面、大规模的资本投资，通过投资规模大幅度增长，使国家产出增长率快于人口的增长率，这样就可能冲出陷阱。资本不足是经济落后的原因，摆脱经济落后的关键点在于加速资本形成。

三、"大推进"理论

1943 年罗森斯坦·罗丹（Rosenstein-Rodan，1943）提出关于解释资本形成如何在经济发展中发挥作用的"大推进"理论。罗森斯坦·罗丹认为，发展中国家基本是以农业生产为主的国家，其劳动力和收入水平均较为低下，只有大力发展工业，发展中国家才能摆脱贫穷落后的状态。然而，由于发展中国家基础设施落后，难以支撑工业发展，所以其发展工业的首要任务就是要大规模地进行基础设施建设。因为基础设施投资与社会各类分摊投资存在密不可分的关系，如果仅是其中某个部门进行小规模投资改造，就无法提高整个经济社会的生产率，更无法走出困境。只有在配套设施同时达到一定规模且共同发挥作用时，才能很好地发挥作用，提高民众的生活水平。要同时完善各类基础设施，所需投资必须达到一定规模，否则工业化建设进程也会受到影响。发展中国家的储蓄问题同样与经济发展紧密相关。一般来说，储蓄的持续增长并不与收入的连续增长成正比，而是存在阶段性和跳跃性。这就要求发展中国家在进行经济建设时投资规模必须大，且能保证收入增长不仅能够持续还能够达到一定水平，以突破储蓄增长的阶段性和跳跃性对经济增长的限制。同时，因为投资规模较小，相应的企业投资额较低，彼此之间能够提供的外部效应有限，导致企业不仅可获利空间小，继续生产和投资的欲望也会降低。那么，如果仅对某个部门或者某个产业投资，也可能会因为单一部门或者单一企业的市场需求有限，使得企业生产成本高昂但效益低下而导致投资失败。罗森斯坦·罗丹认为，"大推进"理论的理论基础和论据是建立在储蓄供给、需求以及生产函数三者"不可分性"特征上的，具有科学依据。随着发展中国家的工业化发展，没有一个国家是仅凭全面的、大规模的基础设施投资来推进工业化以及经济发展的，所以人们开始对"大推进"理论产生了疑问，认为资本的形成应该是逐步积累的而不是通过大规模投资促进的，并且大规模具体是多少"规模"也难以确定。例如，在一个工业化刚起步的国家，如果不考虑实际，一开始就大规模建设电厂、学校、医院等基础设施，有可能会导致供给过剩，产生浪费，倒不如随着经济发展，人民生活水平和生活需求提高后，按照实际生产生活需要慢慢增加供给更合理。在现实生活中，收入与投资是相互促进的，基础设施的建设也不是大规模推进的，三者均是循序渐进、相互依存的。因此，发展中国家与其进行大规模的设施投资，不如利用有限的资本对有带动性的产业进行投资，以此带动国民经济发展。

四、"临界最小努力"理论

1957 年莱布斯坦（Leibenstein, 1957）提出"临界最小努力"理论，认为不发达地区人均收入水平低的主要原因是人口基数大且增长率高，打破低收入和恶性循环的困境需要提高投资率，使收入增长高于人口增长，才能显著提高人均收入水平，这个投资水平就是"临界最小努力"。首先，作为投资方的企业要克服生产要素不可分性导致的规模不经济问题，保持一个最低生产规模，要克服投资缺乏规模导致的外部不经济问题。企业在投资生产时，因购买材料及销售产品会与其他企业产生关联，从而产生外部效益。由于收入仅够满足最低消费需求，所以虽然收入增加会改善生活条件，降低出生人口死亡率，但实际收入并未提高。因此为在经济体制中形成一种长效机制，促使经济持续发展，初期的投资就必须超过某一个最低水平，需要大规模投资提高生产水平，冲破贫困恶性循环的障碍。但要形成"临界最小努力"也不是很容易的，特别是长期处于低收入循环中的发展中国家自身经济的内在推动力太小，资本形成的规模难以达到"临界最小努力"，最终使得他们难以冲破低收入循环的约束。为什么发展中国家会如此难以摆脱低收入均衡陷阱呢？莱布斯坦指出，经济增长发展过程中存在增加收入的力量与抑制收入的力量之间的冲突，并表示这两种经济增长力量受不同因素的支配，既相互依赖又相互对抗，不可消除。从基期水平和当期水平来看，增加收入的力量由基期收入水平和投资水平共同决定，抑制收入的力量由基期人口增长和投资规模共同决定，只有在收入水平增长速度高于人口增长速度时，增加收入的力量才能大于抑制收入的力量，人均收入水平才能有所提高。然而发展中国家的现实情况往往是抑制收入的力量大于增加收入的力量，故而人口增长率往往高于收入增长率，导致他们难以冲破低收入循环的约束。因此，在经济发展初期，通过大规模的投资来拉动经济发展，提高增加收入增长的力量是很有必要的。莱布斯坦还指出，临界最小努力的实现同时还需要一些制度和人文条件，比如人们思想观念的更新，形成追求利润的意识、能够承担风险的意识、适合企业成长的社会营利环境等。

五、"起飞"理论

1960年，罗斯托（Rostow）因《经济增长的阶段》一书而闻名于世。他在此书中将人类社会经济的发展分为传统社会、创造起飞基础、起飞、成熟、高额消费和追求生活品质六个阶段。其中，第一个起飞阶段是指发展中国家向发达国家过渡的环节。他认为在此环节首要任务就是要摆脱经济低迷的状态，尽快转变发展中国家的基本经济结构和生产方法，使其经济社会迅速发展。在第二个起飞阶段要实现由落后阶段向先进阶段的过渡，此时需要四个必要条件：一是投资增长率要达到 GDP 的 10% 以上；二是需要树立一个主导产业以推动其他产业同时发展；三是要有创新制度的勇气和提升科技水平的积极性；四是要有一个合适的政治环境和社会环境。四个条件中第一个条件是首先要完成的且不可或缺的。一国在国际贸易中出口产品从农产品为主转为劳动密集型产品为主是该国完成"起飞"阶段的标志，每个国家"起飞"阶段都不尽相同，资本主义国家普遍较早，例如，英国是 1783 ~ 1802 年，美国是 1843 ~ 1860 年，德国是 1850 ~ 1873 年；中国"起飞"阶段较晚，在 1977 ~ 1987 年。部分发展中国家将罗斯托理论用于指导本国经济发展并取得了巨大成就，推进了本国的现代化进程。

六、资本形成与反贫困理论的启示

本书的研究主题是"反贫困"问题，西方经济学理论主要是基于市场经济背景下，提出资本形成的一些思想，并在发展经济学领域，围绕贫穷落后的农业国家经济发展问题，形成系统的资本形成理论。资本形成理论强调资本形成对"反贫困"的重要性，提出要跨越"临界最小努力"点，需要加大对于贫困落后地区的资本投入，这一论断对于我国当前和今后金融减贫工作都具有重要的启发意义。（1）由于自然环境、地理位置、教育资源等多方面的原因，贫困落后地区自身资源禀赋条件差，导致资源获取能力低下，上一阶段的资源获取能力低下也导致下一阶段的自身资源禀赋条件越来越差，这种"马太效应"使贫困落后地区在市场资源配置过程中越来越处于不利的地位，在经济发展过程中越来越落后。减贫工作要在物质、人力、科技和金融等各方面加强投入，改变贫困落后地区的"先天不足"，发挥它的"后发优势"，形成经济发展的"加速度"。（2）在各种资源投入中，金融资本是基础性的资本，金融资本是物质、人力等其他资本形成的基础，特别是在当前市场经济条件下，不发达地区的各种生产要素不能简单采取政府配置，要通过市场交易实现流动和配置，此时金融资本的作用更加得以体现，同时对实现我国金融减贫可持续性有重要意义。金融减贫通过资金投入在不发达地区实现各种资源的有效整合，依托良好的外部制度，形成经济发展的内生动力，推动经济社会发展；或是给予贫困人口直接的信贷支持，解决贫困人口生产过程中的资金短缺问题，增加贫困人口脱贫增收的机会。（3）扶贫开发中"资金"投入很重要，但金融减贫不是简单的"资金"输血，资金投进了不发达地区或者给了贫困人口，并不意味着就一定能够实现资金与其他生产要素的有机整合，也并不一定就能够达到脱贫效果。金融减贫是一个系统性工程，不仅事关金融行业或者金融机构，还离不开政府的规范和有效介入，不仅需要依托良好的外部制度环境，也需要减贫对象具有良好的自身条件。我国全面脱贫和乡村振兴要注重发挥市场机制作用，构建可持续性的金融减贫模式，让资金能够与其他生产要素实现有机整合，形成脱贫致富的"动力源泉"。

第二节　金融发展理论及其启示

金融发展理论主要研究发展中国家的金融中介和金融市场在经济发展中的作用，金融发展理论的形成经历了一个较长时期的过程，经历了起源、形成和拓展阶段。

一、金融发展理论的起源

经济学的发展经历了一个很长的过程，18 世纪中期古典经济学产生，在其后的数百年内一直是西方主流的经济学思想。从历史的视角来看，17 ~ 18 世纪正值西方资本主义发展较快的时期，资本主义制度逐渐取代封建制度，而资本主义崇尚自由、竞争，在资本主义自由竞争体制逐渐建立时期，货币、信用是当时经济发展必不可少的重要内容，商业银行等金融中介的快速发展大大加速了资本的积累与流通，对经济发展和生产力水平提升发挥了重要作用。当时尚未出现独立的金融学理论，理论思想主要聚焦于货币的本质、职能等方面，而后开始关注银行业在经济发展中的作用，这形成了金融发展理论的起源。

古典经济学崇尚"看不见的手"的作用，对于货币的起源、本质和职能等问题有相关论断，认为货币主要职能是价值尺度和流通手段，银行的存在对一个国家的经济发展有推动作用，但前提是银行必须"谨慎活动"。促进经济发展的方法不能只是增加资本，更重要的是要使原来处于无用状态的资本变为有用状态，使原本不能生利的资本变成生利资本。关于货币作用的论断涉及货币到底是中性的还是非中性的问题，古典经济学信奉"萨伊定律"，认为货币是中性的，除了在瞬间起交换媒介作用外，不起实质性作用，形成了货币"面纱"论。但这个问题也存在不少争论，资本主义经济发展到19世纪下半叶，经济危机和市场失灵现象逐渐增加，此时，传统"萨伊定律"对经济现实缺乏有效的解释和说服力。瑞典经济学家维克塞尔提出"累积过程理论"，该理论从"货币均衡"和"商品世界均衡"两个角度进行分析，认为货币对利率产生影响，利率变动也会影响物价，货币利率与自然利率的背离影响相对价格，继而影响物价水平。维克塞尔的理论思想逐渐形成了货币经济理论，货币经济理论结束了在此之前主导西方经济学界的"两分法"局面，直接挑战传统的货币数量论和"萨伊定律"，认为市场机制并不是完美的，市场失灵是会出现的，经济发展离不开政府干预，这些观点形成了凯恩斯宏观经济理论思想基础。

20世纪初期，关于金融的作用，熊彼特首次强调了金融中介在经济增长中的重要性，将银行放在一国经济发展的中心位置。熊彼特提出的金融创新理论认为，社会上既有想要形成生产要素新组合和进行创新的企业家，也有具有生产手段的个人，在企业家和个人之间存在银行这个中介主体。银行虽然不能直接主导生产要素组合，但可以使新组合的实现成为可能，金融创新具有很大的作用。熊彼特强调银行的信用创造功能，信用创造为社会提供货币，是推动经济发展的重要因素。熊彼特在事实上阐明了金融在经济发展中的重要性，为金融发展理论的正式形成奠定了思想基础。

凯恩斯的宏观经济理论思想认为，市场交易中不存在完全对称信息，普遍会存在市场摩擦。凯恩斯将利率置于理论思想中的核心位置，认为货币供给是由中央银行完全控制的"外生变量"，货币供给是"外生"和非中性的，政府宏观调控引起货币供给量的变化直至引起利率变化，利率变化又会影响实体经济，利率和货币供给量是货币调控的主要工具。在货币与经济关系认识过程中，凯恩斯的货币非中性论是一个质的飞跃。而后，从20世纪40年代到70年代早期，凯恩斯宏观经济理论思想一直成为世界主流思想，受凯恩斯政府干预经济思想的影响，无论是发达国家还是发展中国家，都在政府主导下大力发展本国经济。此时，货币政策理论研究成为经济学研究的重要内容。

在20世纪50年代以前，银行业取得很大发展，股票、债券市场也逐步发展，但在经济学理论界一直没有形成系统的金融学理论，更多的是货币经济学理论，研究重点是货币、银行等方面，货币成为宏观经济学领域的金融变量，货币经济学也被视为宏观经济学的分支。

二、金融发展理论的形成

从20世纪40年代开始，逐渐形成了发展经济学。发展经济学重点研究如何促进发展中国家的经济发展问题，特别对于经济发展所需要的包括劳动力、资金、技术等方面的生产要素都有涉及。由于贫穷和收入低下，资金短缺是发展中国家普遍面临的问题，逐渐形成金融发展理论。

格利与肖在1955～1967年先后出版三本重要著作，代表性的是1960年出版的《金融理论中的货币》，提出了"内在货币"和"外在货币"两个核心概念，对金融资产、金融机构和金融政策进行了系统的研究，建立了包括货币理论的金融理论。该理论拓展了原有的货币经济学研究范围，以金融资产和金融机构为主要研究内容，将货币理论拓宽到金融理论，将银行理论拓宽到金融机构理论。进入60年代以后，金融体系快速拓展，金融工具不断创新，金融的核心地位越来越突出，金融发展中的金融结构问题越来越成为备受关注的问题。基于这个背景，戈德史密斯在1969年出版《金融机构与金融发展》，提出金融结构理论，金融结构理论是研究金融发展问题最有影响的理论之一，奠定了金融发展理论的基础。该理论认为，金融现象不仅包括金融工具、金融机构，还包含金融结构，金融结构的差异体现为不同的金融现象，金融发展在本质层面上讲就是金融结构的变化。不同的国家金融工具、金融机构的外在表现形式具有很大相似性，但从内在层面来看，不同国家金融工具和金融机构的密集度、相对规模不一样，这就形成了不同的金融结构，不同的金融结构决定了不同国家金融发展特征和经济发展水平的差异。戈德史密斯对比世界上35个国家百余年的金融史料与数据后，发现了决定一个国家金融结构、金融工具存量和金融交易流量的主要经济因素。戈德史密斯还提出了用金融相关率、金融中介比率等指标衡量金融结构和金融发展水平，为后来的金融研究提供了重要参考方法。

从20世纪50~60年代各个国家金融发展的手段和具体路径来看，由于当时世界主流经济学思想是凯恩斯宏观经济思想，强调政府对经济的干预，特别是在很多的发展中国家，认为经济发展的根本动力在于资本集聚。例如，著名的哈罗德—多马模型和刘易斯二元经济结构理论，都把资本积累视为经济增长的重要动力。但发展中国家自身贫穷落后，社会储蓄率低下，难以形成大规模投资所需要的资本，而且要引进外资难度也很大。为了更好地聚集本国有限的资金，很多国家通过金融管制建立由政府控制的金融机构，实施低利率政策和指导性信贷政策。但从实际效果来看，政府对金融业的普遍和深度干预，导致金融发展滞后，金融体系效率低下，不利于经济增长，遭受到很多诟病，此时迫切需要新的金融发展理论来指导金融实践。在这种背景下，1973年，麦金农和肖同时分别出版《经济发展中的金融深化》和《经济发展中的货币与资本》，提出了"金融抑制""金融深化"理论，至此，金融发展理论取得重大突破。金融抑制理论认为，过去不少发展中国家的金融政策和金融制度存在错误，对金融业实施过度的干预，政府实施利率管制，压低利率，从而使利率不能反映社会资金供求状况，对经济增长产生严重的消极后果。特别是很多发展中国家存在严重的通货膨胀，依然设置利率上限，实施低利率政策，导致实际储蓄利率为负，民众储蓄意愿不强，全社会缺乏资金聚集的渠道，无法满足不断增长的资金需求。在全国资金短缺情况下，政府实施信贷指导或者信贷配给，少数享有特权的政府控制企业通过"寻租"能够低成本使用资金，但资金使用效率低下。大多数企业无法从金融机构获得贷款，只能去寻求"地下"金融市场或者高利贷，实际上不利于国内投资规模扩大，广大农民和小工商业者的贷款需求更是难以满足，使人们生活水平一直处于困苦状态。金融抑制导致国内金融市场扭曲，不利于资本形成，也不利于有限资金的利率效率提升，严重阻碍经济增长。而且，很多发展中国家还对外汇市场实施严格管制，高估本国货币汇率，实际上阻止国外资金流入，这也是金融抑制的另一个重要方面，发展中国家不仅国内资金短缺，而且也不能有效利用国际市场。

麦金农和肖提出，通过金融深化改变扭曲的金融机制，发挥金融体系有效配置资源的功能，主张适当提高甚至取消利率上限，刺激储蓄和投资。提高经济中融资的机构化程度，加强金融机构的竞争，国家不对信贷投向作行政干预以便促进储蓄有效转化为投资。发展中国家应该在严格财经纪律，控制政府赤字的前提下实施金融自由化，要放宽政府对金融市场的管制，改变扭曲的外贸体制，政府要尽力控制通货膨胀。系统的金融改革和金融深化有利于改变金融抑制产生的严重后果，促进发展中国家经济增长，但应该注意的是，金融体系与整个经济体系配套运作，财政、外贸、汇率等政策体系要与金融深化改革协调推进。

三、金融发展理论的拓展

从理论基础来看，金融深化理论以新古典经济学为理论基础，认为市场处于始终出清状态，经济主体是实现行为最优化的理性经济人。金融深化理论主张自由竞争，保护个人利益，重视市场作用发挥。20世纪70～80年代以来，金融深化理论成为很多发展中国家制定金融政策的重要依据，发展中国家纷纷实施金融自由化，取消利率、汇率管制，虽然带来了一定时期内的经济增长，但金融发展和整个经济发展层面都暴露出很多问题，特别是很多拉丁美洲国家的金融自由化失败，甚至出现了金融危机。从80年代开始，新凯恩斯主义经济学重构了凯恩斯宏观经济学的微观基础，在

"市场非出清"和"工资粘性"的假设之上重构经济学理论，内生经济增长理论和新制度金融学也先后出现。很多学者在麦金农和肖提出的金融深化理论基础上进行了大量理论拓展和实证研究，这些研究改变了原有的完全市场和理性经济人假设，引入了市场流动性、信息不对称、产权保护和法律制度等因素，使金融发展理论不断得以拓展。在政策上认为金融发展重点在于通过政府合理干预来修正金融市场失灵状态，达到实现金融资源的最佳配置效果。

受新凯恩斯经济学、内生经济增长理论和制度金融学等理论思想的影响，赫尔曼、穆尔多克、斯蒂格利茨提出金融约束理论，认为在从金融抑制向金融自由化的过渡期内需要实施金融约束，因为发展中国家市场不健全，信息不对称会导致市场失灵，使市场化、自由化的金融政策难以取得效果。此时政府应该有效发挥作用，但政府的作用不是简单推行自由化政策，而是要实施约束政策，为银行部门创造租金。金融约束下的租金创造不同于金融抑制下的租金转移，并不是政府部门直接从老百姓手中攫取资源，而是政府为民间部门特别是银行等中介机构创造租金机会，由此促进金融深化实现。金融约束理论主张政府对金融市场实施间接控制，控制利率，限制资产替代和保持银行业的适度竞争，保持国家宏观经济的稳定，通过政策和制度保证市场作用机制的发挥，使整个金融业处于稳健状态。虽然政府的管制会造成一定的效率损失，但会给整个金融体系带来收益。要在自由放任和政府作用之间达成均衡，但这种均衡也不是静态不变的，而应该是随着时间动态均衡的。

四、金融发展理论的启示

不同阶段的金融发展理论研究的侧重点不一样，也是基于不同的时代背景和解决现实问题的需要，提出了不同的政策主张，这些政策主张围绕一个主题，就是如何发挥金融在发展中国家或者贫困落后地区经济增长中的作用。不同阶段的金融发展理论实际上是建立在不同假设条件的基础上，有些假设条件甚至是非常严格的。金融发展理论是金融减贫研究的重要理论基础。

（1）从理论层面看，金融发展理论在资本形成与反贫困理论的基础上，不仅强调资金对于贫困、落后地区或者发展中国家经济发展的重要性，更从内在机理层面剖析了"金融为什么能够对经济发展发挥作用"的问题，回答了"金融能够在经济发展中发挥哪些作用"的问题，这是研究金融减贫问题的核心理论依托。金融对贫困人口发挥作用有两条途径：直接途径就是通过让贫困人口获得储蓄、信贷、保险等金融服务，平滑贫困人口跨期的生产和消费，让贫困人口顺利开展农业生产，降低生产、生活中的风险，增加增收脱贫的机会；间接途径就是一个国家或者地区的金融发展促进当地整体经济发展，通过溢出效应的发挥，惠及贫困人口，带动贫困人口增收脱贫。（2）从实践层面看，金融减贫就是要充分发挥金融业在减贫工作中的作用，但这个作用的有效发挥也不是单纯的金融机构层面的问题，不仅需要政府及其相关部门合理发挥作用，还离不开被减贫对象自身的努力。特别是在我国市场经济发展的"大浪潮"中，在我国脱贫攻坚结束以后，要实现全面脱贫和乡村振兴，实现可持续性金融减贫，更加需要有效处理政府与市场的关系，不能依靠政府的"短期突击"来解决相对贫困问题，本书研究是基于这样的背景和思路展开的。改革开放以来，我国一直在破除金融抑制，开展市场经济改革，但也不是通过简单的自由化和放任竞争来实施金融深化，我国农村金融改革发展也是采取"渐进式"逻辑。金融约束论主张政府的有限、适度参与，为我国实现可持续性金融减贫提供了较好的思路，但租金创造到底能在多大程度上促进金融功能的发挥，特别是在金融体系不够健全的条件下，这个问题在理论界尚存疑问。为金融机构和企业、居民创造"租金"机会，要具体落实到金融减贫过程中也是比较抽象和困难的。但金融约束理论也给实现可持续性金融减贫提供了方向性思路，金融减贫中政府是市场的补充，不能完全替代市场，要尊重市场本身的规律和原则。特定时期的特殊性金融减贫政策也是过渡性的，从长远角度来看还是要回到市场来解决。因此，金融发展理论的具体政策落实需要结合我国国情来展开，金融减贫是经济与社会、微观与宏观结合的综合性问题，金融减贫研究需要吸收金融发展理论的基础精髓，结合农村金融领域的相关理论展开研究。

第三节　农村金融理论及其启示

在很长时期内一直没有专门的农村金融理论，西方主流的经济学思想都是以完善的市场经济体制为研究对象，对于农村金融的理解也是与高利贷、非正规金融联系在一起，农村金融理论随着发展经济学和金融发展理论的出现而产生。发展经济学研究发展中国家整个国民经济发展问题，涉及农业、工业、金融业、贸易等多方面问题和各个环节，金融发展理论主要研究发展中国家的金融如何促进经济增长的问题，也涉及股票、债券、财政、外汇等多个方面。由于发展中国家大多数是农业国家，经济发展贫穷落后，因此，农村金融理论可以理解为金融发展理论中聚焦贫穷落后农村地区的相关理论思想。本书的研究主题是"金融减贫"，基于实现全面脱贫和乡村振兴的需要，寻求我国可持续性金融减贫模式，农村金融理论具有重要借鉴意义。

一、农业信贷补贴论

在20世纪80年代以前，农业信贷补贴论居于主导地位。农业信贷补贴论认为，农村特别是贫困落后地区的经济发展需要大量资本投入，但农村贫穷落后，人均收入水平很低，甚至无法解决温饱问题，缺乏储蓄能力，自我积累能力差。而且，农业生产条件差，农业生产自身面临着很大风险，只能承受低成本的贷款，商业性金融机构以营利为目的，不愿意为农业生产提供信贷支持。农村地区的资本匮乏问题不可能依靠市场力量来解决，依靠市场力量反而会导致越来越多的农村资金外流，使农村的资本越来越短缺，陷入一种恶性循环境地。农业信贷补贴论认为，解决农村经济发展的资金问题，必须依靠政府力量从外部注入政策性资金，主张政府成立专门的金融机构来为农村提供低利率资金，这些金融机构不应该以营利为目的，要由政府提供补贴弥补经营过程中的亏损。农业补贴论是金融抑制论的观点之一，作为一种政府主导型信贷支持模式，主张资金供给先行，主张通过政府来解决市场失灵，但却容易陷入政府失灵境地。后来也被实践证明是存在很多缺陷的，如贷款的目标精准性差，偿还率低，也不利于金融机构可持续性发展。因为低利率不能够弥补高昂的运营成本，金融机构的官僚气氛浓厚，对农村缺乏贷款积极性，所以很多资金被少数特权阶层人士获得，农民很难获得贷款。加上思想认识、法制建设不健全等问题，很多借款者故意拖欠贷款，导致金融机构坏账严重，财务可持续性很差。而且，农业信贷补贴论的前提观点也存在错误之处，完全忽视自我储蓄激励，过于信奉政府外部资金注入，实际上不利于形成国民的储蓄意识，导致农村长期缺乏资本的自我积累能力，只能完全依赖财政资金。

二、农村金融市场论

农村金融市场论产生于20世纪80年代，它的理论假设与农业信贷补贴论相反，是金融自由化的观点之一。农村金融市场论认为，只要激励措施得当，即使是很贫穷的人也能够积累大量储蓄，没必要由政府来注入资金，政府的低利率政策实际上不利于金融机构贷款发放，应该取消利率管制，利率由市场自由化决定，依靠市场的作用可以解决农村资金短缺问题。而且应该鼓励市场竞争，由多种金融机构提供农村金融服务，即使是非正规金融机构的高利贷也是合理的。农村金融市场论过于强调利率自由化的作用，主张放弃直接的信贷配给，改变了政府"包办一切"的做法，但在避免政府过度干预的同时恰恰又难以解决市场失灵问题。农村金融市场论建立在新古典经济学一般均衡分析的基础上，实际上忽视了发展中国家普遍存在甚至较为严重的信息不对称问题，也忽略了发展中国家缺乏完全竞争市场的客观事实。农业生产不但面临自然风险，还面临价格变动的经济风险，农业生产规模小，产业化程度低，农村平均资本实力弱。完美的市场化建设遇到了农村经济和农业生产的特殊性，使农村金融市场论遭遇了现实尴尬。完全商业性的金融机构难以解决农村资金短缺问题，商业性金融机构即使在收取经过风险调整的利率以后，也缺乏向农民提供信贷的积极性，农村金融市场论的功效没有想象中那么大。

三、农村金融不完全竞争市场论

20 世纪 90 年代以后，随着信息经济学的形成和不断发展，金融市场的信息不对称问题受到越来越多的关注。无论是发达国家还是发展中国家，信息不对称在金融市场中都会不同程度地存在，发展中国家或者农村地区会更加突出。农村金融市场不是完全竞争市场，资金借贷双方存在信息不对称，贷款方对借款人和投资项目等相关情况无法充分掌握，借款方可能利用拥有的信息优势损害贷款方利益，导致农村金融交易成本高昂，贷款方缺乏交易积极性，这不利于农村金融市场正常发展。由此可见，信息不对称理论是农村金融不完全竞争市场论的理论基础，但不完全竞争市场论也不同于农业信贷补贴论，农业信贷补贴论是不承认市场机制作用的，完全采取政府管制行为来主导农村金融发展。不完全竞争论认为，农村金融市场机制不完善，单独依靠市场的力量无法培育有效的农村金融市场，主张政府应该适度、规范介入农村金融市场而不是实施完全管制，其目的在于克服农村金融市场的缺陷，补救市场失灵，排除市场有效运行障碍。另外，不完全竞争市场论认为，借款人的组织化程度对解决农村金融信息不对称有较大作用，把同样类型的借款者组织到一起有利于解决逆向选择和道德风险问题，这为小额信贷发展提供了理论支撑。小额信贷通过采取小组联保等组织方式来解决信息不对称问题，成为不同于传统商业性金融的新型信贷模式。

四、农村普惠金融论

农村普惠金融理念的产生经历了小额信贷、微型金融和普惠金融三个阶段：（1）由于传统商业性金融在服务贫困弱势群体时不可回避地面临信息不对称、抵押担保物缺失和高昂的交易成本问题，指导发展中国家农村金融发展的农业信贷补贴论和农村金融市场论先后遇到政府失灵和市场失灵，农村金融服务经济增长效果较差。此时，小额信贷在亚非拉等发展中国家获得长足发展，逐渐成为缓解贫困的重要手段。小额信贷作为不同于一般商业性金融的制度和组织创新，经历了福利主义和制度主义两个阶段，福利主义强调资金运用的"慈善性"，实施低利率贷款，导致机构的资金来源难以为继，缺乏可持续发展性，制度主义主张实施市场化利率，注重加强自身的能力建设，从而实现长期为低收入人群服务的目的。（2）在20世纪90年代以后小额信贷发展进入微型金融时代，微型金融重视为低收入人群提供多元化金融服务，包括小额信贷、储蓄、汇款和微型保险等方面。在小额信贷产生再往前推几百年，早期的合会和信用合作社是微型金融之源，更是普惠金融的先驱。贫困家庭通过合会实现资金互助，可在短期内获得大额资金，摆脱原来只能依靠资金自我积累购买不可分割耐用品的情况，有利于提高消费和生产状况。后来，一些合会开始转型为储蓄和信贷协会，对贫困家庭开展资金借贷，朝着微型金融往前走了一大步。信用合作社的制度设计能鼓励贫困家庭在接受的贷款同时还能够监督同伴，这成为微型金融联保贷款制度设计的理论之源。综观当代微型金融图景可以发现，在微型金融变成全球性运动之前的一百多年前，信用合作社就在德国农村广泛发展，19世纪末期传播到爱尔兰、法国、意大利和日本，然后向韩国、加拿大和美国等全世界许多国家传播。微型金融与小额信贷相比，不仅在于多元化的金融服务，更重要的是二者在"理念"上存在差异，更加注重提供可持续性金融"服务"，将低收入人群享受金融服务看作非单纯的资金行为，而更是一种人格化权利。微型金融的实践发展为普惠金融理念的形成提供了很好的素材，普惠金融理念也借助微型金融发展实践逐渐丰富。（3）普惠金融思想直接来源于2000年的联合国千年首脑会议，该会议就消除贫穷、饥饿、疾病、文盲、环境恶化和对妇女的歧视等进行广泛磋商，决定通过设定一套有时限的目标和指标，全力以赴来满足贫困人口的需求，并确定目标完成时间是2015年。这一目标被称为"千年发展目标"，主题是"减贫"，联合国也将普惠金融发展作为实现"千年发展目标"的重要手段。2005年国际小额信贷年正式提出普惠金融的概念。普惠金融的目标是使社会各阶层能够以合理的成本可持续性地获得储蓄、信贷、支付、保险等较为广泛的金融服务，要求金融机构内控机制完善，接受市场监督，能够稳健经营，为客户提供多样化的金融服务，而且能够长期提供金融服务，具有财务和机构可持续发展能力。

五、农村金融理论的启示

围绕如何加强对农村地区信贷资金投入的问题，不同阶段的农村金融理论形成了不同的观点，不同阶段的观点具有明显的时代印记，都与当时的时代背景和主流经济思想有关。如果基于今天的视角去看过去的理论观点，就会发现过去的理论观点存在不足，也不符合目前农村金融改革实际。因此应该辩证地去看待这些理论观点，通过这些理论指导实践，避免重犯过去的错误。改革开放以来，我国农村金融改革市场化程度越来越高，在整个过程中一直没有忽视对于不发达地区和贫困人口的金融服务供给，20 世纪 80 年代开始的扶贫贴息贷款具有很强的政策性，由专门的金融机构承担，面对特定的贫困地区发放贷款，政府干预行为比较严重，导致发放过程中"寻租"行为严重，资金到达贫困人口手中比例低，金融机构坏账率高，金融减贫可持续性弱，这类似于农业信贷补贴理论时期的观点和实际情况。随着市场经济改革的深入推进，我国扶贫贴息贷款不断地进行市场化改革，逐渐引入小额信贷机制，提高贷款的"到户率"，允许不同金融机构相互竞争承担贷款发放。我国这些金融减贫改革批判性吸收农村金融市场论、农村金融不完全竞争论观点，努力处理金融减贫中政府与市场行为，特别是国际普惠金融理念被引入国内以后，对我国农村金融改革发展影响很大，也为金融减贫提供了一个全新的理念和指导方向。2013 年 11 月，党的十八届三中全会正式做出发展普惠金融的决定，发展普惠金融进入了国家顶层设计视野，当前和未来一段时期内"发展普惠金融"将是党和政府重点关注的问题，构建普惠金融体系是我国农村金融改革发展的中长期目标。因此，在农村金融改革过程中，一方面要做好普惠金融发展工作，另一方面也要做好金融减贫工作，可谓面临着"双重目标"。普惠金融发展是中长期目标，在这个过程中要注重市场机制的培育，金融减贫也是服务于全面脱贫和乡村振兴的一项持久性工作。本书在农村金融理论特别是普惠金融理论体系下研究可持续性金融减贫问题，反思过去和当前金融减贫中在"可持续性"方面的不足，提出实现金融减贫可持续性的基本思路。

第四节　本章小结

本书的研究对象是金融减贫，贫困现象的存在是金融减贫的前提，贫困问题自古存在，早期的减贫工作大多被视为一种救济行为，早期的金融业自身发展还不成熟，金融业在减贫工作中的作用也无从体现。20世纪50年代以后，金融业发展迅速，资金作为一种重要的生产要素，逐渐得到理论界和实务界的重视，在西方经济学的理论体系内，发展经济学理论开始重视资金在欠发达地区经济增长中的作用，资金作为重要的生产要素被纳入经济增长理论模型中，形成了早期的反贫困理论。进入60年代以后，金融发展理论开始出现，专门研究发展中国家的金融发展问题，金融之于缓解贫困的问题也引起更多的关注。早期金融发展理论重点从宏观视角研究金融发展对经济增长的作用，后期金融发展理论开始从微观视角研究不同形式的金融服务功能对收入增长的作用，这些都为金融减贫研究提供了很重要的理论基础。对于金融如何缓解贫困的问题，在理论界形成了专门的农村金融理论，农村金融理论经历了农业信贷补贴论、农村金融市场论、农村金融不完全竞争市场论和农村普惠金融论。农业信贷补贴论以农村不具备发挥市场机制作用的空间为前提，主张政府控制信贷活动，结果导致政府失灵。农村金融市场论为避免政府失灵却又陷入市场失灵的境地。农村金融不完全竞争市场论强调政府不仅应该避免原始的市场失灵，还应该将干预的重点放在缓解信息不对称问题上。农村普惠金融论强调通过机制创新，树立服务低收入人群的理念，让每个人都享有平等的信贷权。普惠金融在思想理念上起源于贫困的存在，贫困问题是普惠金融发展的理论渊源，普惠金融发展实践是"减贫"的重要手段，普惠金融发展的目的是更好地实现金融减贫。

第三章　我国金融减贫的历程与效应研究

为更好地服务乡村振兴，扎实推进共同富裕，应该推进可持续性金融减贫。这是回顾改革开放以来金融减贫历程，总结金融政策，对金融减贫思想进行提炼的结果，特别是对脱贫攻坚以来金融精准扶贫中存在的问题进行总结得出的结论。我国金融减贫与农村金融改革发展一直紧密相联，服务低收入人口和弱势群体一直是农村金融的主要任务。我国农村金融一直处在不断的改革发展过程中，构建普惠金融体系是农村金融发展的"战略性"目标，与此同时，助推精准扶贫和服务乡村振兴成为农村金融改革中的"新任务"。本章的研究将归纳我国金融减贫的历程，对整体金融减贫效应进行实证研究，以形成构建可持续性金融减贫模式的现实依据之一。

第一节　我国金融减贫的历程

1986 年开始有组织、大规模开发式扶贫以来，国家就非常重视金融在扶贫开发中的作用，我国金融减贫思路和政策的演变大致经历了政策性扶贫贴息贷款形成、小额信贷模式被引入减贫领域、多元化组织参与小额信贷减贫、综合性金融精准扶贫与金融服务全面脱贫和乡村振兴五个阶段。

一、政策性扶贫贴息贷款形成阶段（1986～1993 年）

1978～1985 年，我国的扶贫工作主要是国家民政部门牵头对贫困人口开展救济，农村贫困人口从 1978 年的 2.5 亿人降至 1.25 亿人，[①] 农村减贫取得显著成效，主要得益于家庭联产承包责任制为主体的农村经济体制改革推进，激发了农民的劳动积极性，提高了生产效率。但救济式扶贫只能短期内缓解农户生活困难，一旦救济中断，将重新陷入贫困，要彻底摆脱贫困还得让农户自身具有"造血功能"。1986 年 5 月，我国设立国务院贫困地区开发领导小组作为专门扶贫机构，对贫困地区拨出专项资金，制定优惠政策。同时对一直使用的救济式扶贫进行改革，确定了变"救济"为"开发"、变"输血"为"造血"的总体扶贫方针。为贫困户提供政府贴息贷款是我国开发式扶贫的一项重要内容，是金融减贫工作的开端。

从 1986 年起，我国每年安排扶贫专项贴息贷款 10 亿元，由中国农业银行和各级扶贫办发放和管理，中国农业银行作为承贷银行，贷款本金由中国人民银行专项安排，由财政补贴利息资金。[②] 扶贫贴息贷款的主要目的是扶持贫困县经济发展，解决居民温饱问题，使其尽快脱贫。贷款对象是由国务院贫困地区经济开发领导小组核定的贫困县，当时为了尽快解决贫困户的温饱问题，扶贫贴息贷款主要用在投资较少、见效较快、进入门槛较低的农业生产项目，如养禽、水产、农产品加工等。贷款的期限一般为 1 ~ 3 年，最长不超过 5 年。当时我国扶贫活动以县为对象，扶贫贴息贷款资金使用的基本原则是"资金跟着项目走"，由县级政府来确定项目。县政府及有关部门一般认为，贫困户缺乏生产技术和管理能力，农户获得的贷款往往得不到有效利用，只能通过企业发展产业，带领贫困人口利用贷款资金。这样一来，县级政府成为资金使用的代理人，国家财政是资金使用的最初委托人，中间还存在省、市级层面的委托、代理人，而且这种委托—代理关系缺乏强有力的关于资金使用规范的合约。因此，一些县级政府出于自身政绩和相关利益考虑，往往选择县域工业企业或者高回报项目投放贷款，真正流向农村的资金少。

扶贫贴息贷款的政策初衷是让穷人尽快以低成本进入金融市场，但由于

---

① 资料来源：《1978 ~ 2000 年农村居民贫困状况》。

② 资料来源：《中国人民银行、中国农业银行扶持贫困地区专项贴息贷款管理暂行办法》，1986 年 11 月 7 日。

扶贫贴息贷款发放过程中存在较严重的"寻租"现象，导致资金漏损严重，真正的贫困户获得贷款的比例低，而且由于普遍存在的认识偏差，认为扶贫贴息贷款是政府救济，不需要偿还，导致银行坏账率高，扶贫贴息贷款的质量效果不佳甚至有恶化趋势，对银行、农户的行为都产生了一定的扭曲作用，不利于农村金融市场发育，贫困户始终被外化于金融市场之外，迫切需要通过金融制度和组织模式创新，开拓贫困户进入金融市场的新路径。

二、小额信贷模式被引入减贫领域阶段（1994~2000年）

1994年我国出台《国家八七扶贫攻坚计划》，该计划提出要在2000年前基本解决农村8000万贫困人口温饱问题，并把乡、村作为扶贫开发的主战场，把贫困户作为减贫对象，要求资金安排到村，措施到户，这与原来的减贫重点在县发生了很大的变化。与此同时，国家对于扶贫贴息贷款的使用范围进行了改革，"资金跟着项目走"的基本原则不变，重点要使有生产项目的贫困户作为单独的市场主体有机会进入农村金融市场，能够真正享受金融减贫带来的好处，能够提高金融减贫资金的针对性和使用效率。我国当时正面临着政策性扶贫贴息贷款出现的使用效率不高和社会效益不佳等系列问题，恰逢国际小额信贷发展迅速，国际小额信贷的灵活、创新机制以及在国外良好的实践效果，开始在中国引起关注。从1993年开始，孟加拉国格莱珉银行的成功案例开始被引进我国，经过几年的探索，这种公益性小额信贷模式在我国的影响力逐渐增大，特别是它的小组联保、团体贷款和动态激励等创新性贷款模式得到了政府的认可。因此，小额信贷模式被逐渐引入我国金融减贫中来，来自国外具有"草根"性质的小额信贷开始与我国体制内的减贫资金进行结合。

1997年我国开始引入小额信贷模式解决扶贫贴息贷款瞄准性差、偿还率低的问题，1998年2月，我国召开全国扶贫到户工作座谈会，会议提出要做好我国小额信贷的试点和推广。同年，党的十五届三中全会提出，要总结推广小额信贷等减贫资金到户的有效做法，这从中央层面充分肯定了小额信贷模式对我国金融减贫工作的积极作用。1999年4月，我国出台《中国农业银

行"小额信贷"扶贫到户贷款管理办法》，中国农业银行作为当时扶贫贴息
贷款的发放主体，在国家政策要求下，到户的小额信用贷款业务也全面铺开。
1999 年和 2001 年，我国先后出台《中国农村信用社小额信用贷款管理办法》
《农村信用合作社农户小额信贷贷款管理指导意见》，自此以后，我国农村信
用社积极开展农户小额信贷解决"农户贷款难"问题。农村信用社、中国农
业银行结合小额信贷机制优势开展工作，提高我国资金的使用效率。毋庸置
疑，这些正规金融机构的小额贷款对我国"三农"经济发展有着较大的作
用，提高了农户信贷的可获得性，在一定程度上解决了贫困农户面临的金融
排斥，但信贷机制、委托代理等方面的问题依然存在。

另外，在这个时期，扶贫贴息贷款的承贷银行经历了从商业性银行转向
政策性银行，后又转回商业银行的过程。扶贫贴息贷款在 1994 年以前由中国
农业银行承担，由于扶贫贴息贷款政策性业务和中国农业银行自身的商业性
业务难以分开，银行对经济利益的追求与减贫目标存在冲突，导致扶贫贴息
贷款的目标瞄准性差，贷款偿还率低。90 年代以后，为了满足国有专业银行
商业化转型的要求，从 1994 年开始扶贫贴息贷款转由政策性金融机构中国农
业发展银行承担，但中国农业发展银行在基层网点少，缺乏足够的人员来发
放贷款以及跟踪、监督贷款的使用和回收，不利于实现扶贫贴息贷款"到
户"发放。1998 年 3 月，国家对中国农业发展银行实施重大改革，中国农业
发展银行集中精力做好粮、棉、油收购资金的供应和管理，扶贫贴息贷款重
新转由中国农业银行承担发放①。

总之，扶贫贴息贷款政策自出台以后，国家对承贷银行、信贷模式、贷
款用途等具体实施政策开展了多次改革，成为政府主导的规模最大、持续时
间最长的政策性金融减贫工具。

---

① 2008 年 4 月国务院扶贫办、财政部等部门印发《关于全面改革扶贫贴息贷款管理体制的通
知》，对我国扶贫贴息贷款政策进行了制度性改革，扶贫贴息贷款的承贷机构也扩大到各家银行业金
融机构，只要有意愿参与扶贫开发，银行业金融机构通过公平竞争都可以成为扶贫贴息贷款发放主
体。同时下放管理权限，将贷款和贴息资金的管理权限由中央下放到省，其中到户贷款以及贴息资金
管理权限直接下放到县。此项制度性改革大幅调动了地方和金融机构参与积极性，扶贫贴息贷款发放
额度有大幅度增加，2008～2010 年我国扶贫贴息贷款实际发放 910 亿元，接近 2001～2007 年的总和。

三、多元化组织参与小额信贷减贫阶段（2001～2012 年）

2001 年国家出台《中国农村扶贫开发纲要（2001～2010 年）》，提出我国 21 世纪第一个十年的扶贫目标，在实现目标的路径上提出要在强调支持企业和产业发展的同时，积极稳妥推广到户小额信贷，继续提高金融减贫资金的到户率，支持贫困农户通过发展农业生产摆脱贫困。2004～2010 年，每年中央"一号文件"都提出要加大对"三农"的信贷投放支持力度。另外，从 1998 年开始，我国农村基金会被清理整顿，中国农业银行逐渐撤并基层乡镇网点，贷款权限上收，农村金融市场竞争严重不足，农村信用社几乎成为贫困地区唯一的金融机构，而且当时农村信用社也普遍经营效益不佳，亏损严重，开展金融减贫的能力不足，贫困地区乡镇基础金融服务空白的情况较为严重。面对这种情况，从 2003 年开始，我国一方面在总结前期试点经验的基础上，积极推进农村信用社产权制度和管理体制改革，大力发展农户小额信用贷款和农户联保贷款；另一方面，推动农村金融"增量式"改革，积极解决贫困地区基础金融服务空白，增加贫困地区金融市场竞争力，提升金融服务"三农"的效率。

2006 年 12 月，我国放宽农村地区（国定和省定的贫困县）银行业金融机构准入门槛，开始设立村镇银行、贷款公司和资金互助社，政策的初衷是希望这些新型农村金融机构定位服务农村，通过在农村地区开展小额信贷业务，支持服务"三农"发展。2008 年 12 月国务院办公厅出台《关于当前金融促进经济发展的若干意见》，在强调发挥农村信用社的支农主力军作用的同时，提出要扩大村镇银行等新型农村金融机构和小额贷款公司的试点范围，2010 年中国人民银行、银监会、证监会、保监会联合出台《关于全面推进农村金融产品和服务方式创新的指导意见》，提出继续鼓励和引导设立村镇银行、贷款公司、农村资金互助社，这些新型农村金融机构主要是开展小额贷款业务，为我国的扶贫开发做出了一定贡献。

从小额信贷减贫的情况来看，进入 21 世纪以后，我国进一步推动小额信贷组织多元化发展，努力发挥小额信贷在金融减贫中的作用。最初的小额信贷机构主要以非政府组织（NGO）小额信贷机构为主，但 NGO 小额信贷机构在进入 21 世纪以后面临诸多困境，如内部治理不完善、资金来源不足等问题，我国开始探索发展多样化的小额信贷组织。2004 年中央"一号文件"提出，在继续扩大农户小额贷款的同时，首次提出通过吸引社会资本和外资，积极兴办多种所有制的金融组织，这实际上表明国家对当时已蓬勃发展的小额信贷组织给予了认可。2005 年中央"一号文件"再次提出，要在有条件的地方探索建立小额信贷组织，对小额信贷组织的法律地位给予明确。自此以后，连续多年的中央"一号文件"提出要发展小额信贷组织。小额信贷在金融减贫中的地位逐渐引起重视，随后国家有关部门多次提出要支持小额信贷服务"三农"。2005 年，在中国人民银行的积极推动下，在四川、陕西等五省份试点发展商业性小额贷款公司，希望引导民间资本服务"三农"，一方面解决当时小额信贷的资金短缺问题，壮大小额信贷整体行业力量，另一方面也是为当时活跃的民间资本寻找出路。2008 年 5 月中国银监会、中国人民银行出台《关于小额贷款公司试点的指导意见》，商业性小额贷款公司步入快速发展阶段，发展数量在几年后迅速增加至近万家。但从商业性小额贷款公司后面几年的发展情况来看，出于风险防范的考虑，金融监管部门对小额贷款公司的法律定位为"公司法人"，实施"只贷不存"，导致融资渠道狭窄，使小额贷款公司的可持续发展性不强。再加上民间资本的逐利性，小额贷款公司发展出现了"目标偏移"，绝大多数小额贷款公司把精力集中在为城市或者县域中小企业贷款上面，"垒大户"现象普遍，贷款规模较大，真正为农村小微企业或者低收入人群服务的不多，逐渐偏离了国际小额信贷的基本性质。随着我国整体经济发展步入"新常态"，经济增长势头减缓，加上互联网金融的冲击，小额贷款公司整体发展势头出现逆转，在公司数量、整体贷款额度和从业人员等方面都出现下降趋势。

在这个阶段，我国也越来越重视非银业和信用体系建设在扶贫开发中的作用，逐渐扩大农业保险覆盖范围，并鼓励债券市场、股票市场、期货市场在贫困地区开展业务，鼓励保险机构建立基层服务网点，鼓励发展特色农业保险，开发农业、农村小额保险及产品质量保险，积极探索涉农贷款保证保险，完善中央财政农业保险保费补贴政策。将农村信用体系建设作为提升金融减贫效果的先决条件，从 2008 年开始，我国大力推动农村信用体系建设，加强对贫困地区的金融知识普及教育和诚信教育，构建信用激励与约束机制，营造诚实守信的信用环境。

改革开放以来到党的十八大之前，通过近 30 年的不懈努力，数亿中国人甩掉了贫困帽子，扶贫开发工作取得举世瞩目的成就，为全世界减贫事业做出了重大贡献，但中国的减贫任务依然艰巨。按照 2011 年我国新制定的人均年收入 2300 元的贫困标准，截至 2012 年底，我国有 9898 万贫困人口，但这些贫困人口是国家统计局通过抽样调查得出来的结果，这些贫困人口具体分布在哪里还不得而知。而且过去"大水漫灌"式的扶贫开发工作，针对性不强，就金融减贫工作而言，过去的金融减贫更多地是在"支农"而不是在"减贫"，以扶贫贴息贷款资金为主要内容的金融减贫资金漏损严重，真正用在贫困人口身上的资金比例不大。因此，如何提高金融减贫资金使用精准性成为重要问题，要解决钱用在谁身上、怎么用、用得怎么样等问题，应该对原有的金融减贫体制进行完善，金融减贫要有"精准度"。

四、综合性金融精准扶贫阶段（2013～2020 年）

2013 年 11 月，习近平总书记在湖南湘西考察时首次提出"精准扶贫"重要思想论述；2014 年 2 月中共中央、国务院出台《关于创新机制扎实推进农村扶贫开发工作的意见》，提出要建立精准扶贫工作机制，拉开了我国精准扶贫工作的序幕。2015 年 10 月，习近平总书记在国际"2015 减贫与发展高层论坛"上提出"六个精准"，其中之一是"资金使用精准"，表明了金融精准扶贫的总体要求。2015 年 11 月，习近平总书记在中央扶贫开发工作会议上提出"要做好金融扶贫这篇文章"，会后出台了《中共中央　国务院关于打赢脱贫攻坚战的决定》，把金融减贫作为脱贫攻坚支撑体系的重要内容列入其中。自此以后，我国脱贫攻坚的冲锋号全面吹响，金融减贫也正式进入了金融精准扶贫阶段。

（一）强调"精准扶贫"理念

精准扶贫序幕拉开以后，2014 年 3 月，我国出台了《关于全面做好扶贫开发金融服务工作的指导意见》，提出我国扶贫开发的总体要求，提出以集中连片特困地区为主战场，以在扶贫标准以下具备劳动能力的农村人口为主要对象。从解决多维贫困的视角，充分发挥政府、市场、社会多方的扶贫资源和力量，在逐步推进基本公共服务均等化基础上，注重增强扶贫对象自我发展能力，通过发展农村普惠金融，鼓励和帮助有劳动能力的扶贫对象通过自身努力摆脱贫困，这也是我国首个全面系统的金融减贫政策文件。2016 年 3 月，我国中国人民银行等七部门联合出台《关于金融助推脱贫攻坚的实施意见》，提出 22 项具体的金融减贫政策措施，突出了党中央、国务院"精准扶贫"的重要思想精神，体现了金融行业全力服务 2020 年打赢脱贫攻坚的政治使命，为全国金融系统做好金融精准扶贫工作明确了重点、强化了保障。2016 年 6 月，国务院专门召开金融减贫工作专题电话会议，提出金融减贫要把握和坚持精准扶贫的基本方略，金融减贫是脱贫攻坚的关键举措。2017 年 6 月以后，脱贫攻坚进一步聚焦"两高、一低、一差、三重"的深度贫困地区；同年 11 月中共中央办公厅、国务院办公厅《关于支持深度贫困地区脱贫攻坚的实施意见》出台，强调加大金融减贫支持力度；随后的 12 月中国人民银行等四部门联合出台《关于金融支持深度贫困地区脱贫攻坚的意见》，为我国深度贫困地区的金融减贫工作明确了方向和措施。

自此以后，为全面贯彻落实好中央扶贫开发战略，中国人民银行、银监会等部门也相继出台了具体政策意见，为脱贫攻坚提供资金保障。这些金融政策和意见的基本思想主要体现在以下方面：创设扶贫再贷款，为脱贫攻坚提供资金保障；以金融机构主体多元化实现空白乡镇的金融服务全覆盖，全面改善贫困地区的金融服务水平；支持面向建档立卡的贫困人口创业担保贷款，支持服务脱贫攻坚的金融产品创新；针对精准扶贫对象开展扶贫小额信贷，提升贫困人口的内在脱贫能力；建立金融精准扶贫的信息对接和共享，建立金融减贫贷款专项统计制度；与此同时，各金融机构和监管部门也在贫困地区企业实施差异化政策，实施"奖优惩劣"的激励政策，督促金融服务脱贫攻坚的落实，提高金融减贫效果，助推了脱贫攻坚目标实现。党的十八大以后的金融减贫以脱贫攻坚为指引，改变过去的"大水漫灌"模式，强调"精准扶贫"理念。

（二）证券、保险积极参与脱贫攻坚

在我国脱贫攻坚战中，银行、证券和保险共同构成了金融减贫的"三驾马车"，除了银行业金融机构直接定向地将资金配置到贫困地区和贫困人口以外，证券和保险行业也为打赢脱贫攻坚战发挥了重要的服务作用。2016 年5 月和12 月，保监会先后印发《关于做好保险业助推脱贫攻坚工作的意见》和《关于加快贫困地区保险市场体系建设 提升保险业保障服务能力的指导意见》，提出要充分发挥保险行业的优势，支持在贫困地区设立专业性保险公司，充分对接贫困地区农业、健康、民生、产业等方面的保险需求，全面加强和提升保险助推脱贫攻坚的能力。2016 年9 月，《中国证监会关于发挥资本市场作用服务国家脱贫攻坚战略的意见》对资本市场在脱贫攻坚中的作用提出实施意见，要求对贫困地区的企业进入资本市场开辟"绿色通道"，倡导上市公司和证券经营机构承担社会责任，履行服务国家脱贫攻坚的政治使命。党的十九大以后，《关于支持深度贫困地区脱贫攻坚的实施意见》提出，要进一步发挥资本市场服务脱贫攻坚的作用，继续开辟直接融资"绿色通道"，加大创新力度开发保险产品。2018 年3 月，中国保监会印发的《关于保险业支持深度贫困地区脱贫攻坚的意见》，从健全保险服务网络、降低保费和加大健康保险等方面明确了支持深度贫困地区脱贫攻坚的具体措施。2018 年6 月，《中共中央 国务院关于打赢脱贫攻坚战三年行动的指导意见》更是对证券和保险服务脱贫攻坚提出了明确的要求。除此以外，银监会、保监会还印发了专项领域的指导意见，指导证券、保险行业进一步对接贫困地区的相关需求，发挥证券、保险在帮助贫困人口降低脆弱性、增强资产收益能力等方面的作用，提倡积极开展产业链金融服务模式，支持贫困地区企业利用多层次资本市场融资。

（三）扶贫小额信贷成为金融减贫的重要抓手

扶贫贴息贷款一直是我国金融减贫政策的重要内容，有关扶贫贴息贷款政策也从 20 世纪 80 年代以来不断进行修订，2008 年以后国家不再指定扶贫贴息贷款的承贷银行，引入竞争机制，各银行业金融机构都可以申请承担扶贫贴息贷款，由承贷银行自行筹集贷款本金，财政按照一定比例贴息。随着精准扶贫政策的落实推行，2014 年 12 月，我国出台《关于创新发展扶贫小额信贷的指导意见》（以下简称《指导意见》），对扶贫贴息贷款进行继续创新，在政府引导下发挥市场作用，实现金融减贫与财政支持的相互协调。该《指导意见》主要从宏观层面出台了意见，具体由各地方和部门根据自身情况落实执行。2015 年脱贫攻坚战全面打响以后，扶贫小额信贷被赋予政治责任进一步落实推广，各地方政府和金融监管部门也就创新发展扶贫小额信贷提出具体意见，对有意愿且有偿还能力的贫困户提供 5 万元以下，期限 3 年以内，由财政全额贴息的"530 模式"贷款。扶贫小额信贷在随后两年的实施过程中，不同地方对前述的《指导意见》落实情况差别较大，后来经过政府的进一步推动，各地积极性得以提升，同时也有很多地方存在许多资金发放和使用不规范之处，风险暴露问题比较严重，一些地方对于扶贫小额信贷的"创新发展"偏离了《指导意见》的初衷。2017 年 8 月，中国银监会等部门联合出台《关于促进扶贫小额信贷健康发展的通知》，在贷款对象、资金使用以及风险管理等方面做出了进一步规范。随后，围绕扶贫小额信贷资金的偿还、续贷、展期以及风险等问题，包括国务院扶贫办、银监会在内的相关部门也多次提出规范发展的意见或通知，各地方政府也进一步落实风险补偿政策，建立由财政处置的风险准备金，我国扶贫小额信贷政策体系不断完善。2020 年 3 月召开决战决胜脱贫攻坚座谈会，习近平总书记充分肯定了扶贫小额信贷的作用，提出要继续坚持该政策。为了克服新冠肺炎疫情带来的影响，2020 年 7 月，中国银保监会等四部门印发的《关于进一步完善扶贫小额信贷有关政策的通知》提出坚持发展扶贫小额信贷。扶贫小额信贷是在扶贫贴息贷款政策基础上的创新，进一步体现精准扶贫的思想精神，成为金融精准扶贫的重要

"抓手"，为打赢脱贫攻坚战发挥了重要的作用。2021 年 3 月，银保监会联合国家乡村振兴局等部门发布《关于深入扎实做好过渡期脱贫人口小额信贷工作的通知》。由此可见，扶贫小额信贷无论在脱贫攻坚期内，还是当前的过渡衔接时期，乃至乡村振兴时期，都将发挥很大的作用，需要长期、稳定坚持发展。

（四）"发展普惠金融"成为助推精准脱贫的根本途径

自从 2005 年"国际小额信贷年"首次提出普惠金融概念以后，普惠金融逐渐被引入国内，经过中国人民银行等机构的积极推动，普惠金融理念在我国逐渐深入人心并成为我国金融领域的热点话题，2013 年普惠金融发展开始上升到国家战略层面。普惠金融理念与我国扶贫开发理念是高度一致的。2015 年 12 月，我国出台《推进普惠金融发展规划（2016～2020 年)》，阐述普惠金融发展总体目标、基本原则，提出了体系建设、产品创新、基础设施、法律法规、政策激励、金融教育、组织保障七个方面的具体举措。2016 年 3 月印发的《关于金融助推脱贫攻坚的实施意见》中也把发展普惠金融作为助推脱贫攻坚的"根基"，要促进贫困地区普惠金融发展，加强贫困地区支付环境、信用体系建设以及金融知识普及和教育。2016 年 9 月 G20 峰会在中国召开，数字普惠金融是重要议题之一，会议通过《G20 数字普惠金融高级原则》《G20 普惠金融指标体系》和《G20 中小企业融资行动计划落实框架》三个文件，成为全球普惠金融发展里程碑。我国也积极运用 G20 峰会普惠金融成果，借助数字普惠金融提高贫困地区金融服务广度和深度，打通"最后一公里"的金融服务，助推打赢脱贫攻坚战。金融减贫实际上不再局限于信贷服务，不再停留在为贫困户提供扶贫小额信贷层面，而是进入了包括转账、支付服务在内的综合金融服务阶段。2018 年，银监会发布的《关于做好 2018 年三农和扶贫金融服务工作的通知》要求把普惠金融重点放在乡村；2019 年，中国人民银行印发的《关于切实做好 2019 年～2020 年金融精准扶贫工作的指导意见》指出，要进一步提升金融体系普惠性，优化贫困地区金融生态环境。

五、金融服务全面脱贫和乡村振兴阶段（2021 年以后）

2020 年是一个最具历史性意义的关键时点，我国完成了脱贫攻坚目标任务，是我国实现全面建成小康社会目标之年。脱贫攻坚为乡村振兴奠定基础，乡村振兴也为巩固脱贫攻坚成果、缓解相对贫困提供政策推力与制度保障。此后我国进入脱贫攻坚与乡村振兴衔接时期。2020 年 12 月，在中央农村工作会议上党中央设立了脱贫攻坚与乡村振兴衔接的五年过渡期，既立足当前巩固脱贫攻坚成果，又着眼长远推动乡村振兴战略，遵循客观规律，坚持实事求是，讲究循序渐进，是我国脱贫攻坚伟大历程中具有原创性、独特性的又一重大创举。

金融减贫作为打赢脱贫攻坚战的重要力量，完成了其在特定时期内的历史使命，但并不意味着金融减贫将不再需要。在脱贫攻坚任务完成之前，我国就开始布局反贫困战略的转换。"绝对"扶贫任务已经完成，"相对"扶贫任务将持续存在，金融减贫"永远在路上"，应该实现金融减贫的可持续性。另外，脱贫攻坚以后面临着防止重新返贫，巩固脱贫效果，实现全面乡村振兴的重要任务，这些都离不开相应的金融服务。2020 年 12 月，中央提出要做好金融服务政策衔接，进一步完善小额信贷政策。2021 年中央"一号文件"提出，要加强全面乡村振兴的资金投入保障，持续深化农村金融改革。2021 年 6 月，中国人民银行等部门发布《关于金融支持巩固拓展脱贫攻坚成果　全面推进乡村振兴的意见》（以下简称《意见》），对金融机构如何巩固脱贫攻坚成果，服务乡村振兴提出了具体要求。该《意见》同时提出，要实施市场化运作和政策扶持相结合，要推动形成市场化、可持续的金融服务模式。由此可见，我国金融减贫将面临新的目标任务和重点转换，需要在新的历史条件下实现创新和可持续发展。

综上所述可以总结，改革开放以来，我国金融减贫包含以下三个方面的内容：（1）党的十八大以前，我国通过农村金融改革和普惠金融发展缓解农村融资难，为贫困人口和"三农"经济发展提供金融服务，可以视为金融减贫。该阶段的金融减贫也是伴随着我国农村金融组织体系构建和政策创新不断推进的，从总体上说，此阶段的金融减贫体现着我国农村金融改革的整体"市场化"趋势，政府干预逐渐减少，市场力量不断突出。（2）党的十八大以后精准扶贫战略和脱贫攻坚战以来，对建档立卡的贫困人口实施的精准金融减贫行为，可以视为金融减贫。该阶段的金融减贫工作时间紧、任务重，具有很强的政策含义，而且是银行、证券、保险和期货等全方位综合性金融减贫。（3）2020年脱贫攻坚结束以后，对脱贫地区和相对贫困人口的金融服务，可以视为金融减贫。该阶段金融减贫在对象、目标等方面都不同于前两个阶段，应该在前两个阶段的基础上，结合新任务，适应新形势，实现可持续性金融减贫。

第二节　普惠金融发展减贫效应的实证研究：GMM 模型

从前面的金融减贫历程回顾和逻辑分析可以看出，我国金融减贫一直与农村金融改革和普惠金融发展联系在一起，金融减贫在我国实际上有广义和狭义两个层面的理解。从狭义上说，金融减贫是指我国实施精准扶贫战略以来，金融机构对建档立卡的贫困人口实施的精准金融减贫行为。从广义上说，改革开放以来我国通过农村金融改革和普惠金融发展缓解农村融资难，为"三农"经济发展提供金融服务，都可以视为金融减贫。本节基于广义金融减贫的视角，运用 GMM 方法对我国普惠金融发展的总体减贫效应进行实证研究。

一、普惠金融发展水平指标设计与测度

（一）普惠金融测度指标构建

在本书研究中，普惠金融发展水平是核心解释变量，以我国31个省份（不包括港澳台地区）作为研究对象，从普惠金融发展的广度、深度和数字化程度三个方面测度普惠金融发展水平，各变量符号及意义见表3-1。

表 3 - 1　　　　　　　　　　　　**普惠金融发展指数指标体系**

维度	指标选取	指标定义
广度	银行营业网点数	平均每万平方公里银行营业网点数量（个/万平方公里）
		平均每万人拥有银行营业网点数量（个/万人）
	银行金融机构从业人数情况	平均每万平方公里银行从业人员数量（人/万平方公里）
		平均每万人拥有银行从业人员数量（人/万人）
深度	储蓄存款	金融机构各项人均居民存款占人均 GDP 比重（%） ＝存款余额/人口/人均 GDP
	正规贷款	金融机构各项人均居民贷款占人均 GDP 比重（%） ＝贷款余额/人口/人均 GDP
	商业保险	保险密度：保险收入/人口数量（元/人）
		保险深度：保险收入/GDP（%）
数字化	移动账户覆盖率	每万人移动支付账户数量（个/万人）
	支付业务占比	每万人人均支付笔数（笔/万人）
	信用化比率	每万人人均花呗支付笔数（笔/万人）

表 3 - 1 表示普惠金融指数的指标设计，借鉴韩晓宇（2017）、赵健（2020）构建普惠金融指数的方法，用以直接反映我国普惠金融的资源分配状况和金融服务下沉状况，从广度、深度和数字化程度三个维度选取指标。具体而言，参考世界银行和国际货币基金组织的标准及已有文献的做法，在选取广度指标时，从银行营业网点数、从业人员情况来考量；在选取深度指标时，分别从银行存款、贷款、保险等方面来考虑。存款是贷款等其他金融活动的前提条件，也是居民的生活保障。贷款可以有效缓解城乡家庭的信贷约束，满足其生产生活、应对风险等的融资需求。保险服务除了提供直接的保险保障外，还能够提高贷款服务的经济效应；考虑到数字金融的重要性，还加入了反映数字金融服务的指标，参照北大数字普惠金融（郭峰等，2020）的构建方法，从移动账户覆盖率、支付业务占比、信用化比率方面借鉴普惠金融数字服务指标。

参考萨尔马（Sarma，2010）借鉴联合国开发计划署编制人类发展指数 HDI 算法计算普惠金融发展指数。首先，采用离差法消除各观测指标的量纲差异，计算公式为 $D_i = W_i(X_i - min)/(max - min)$，其中，$W_i$ 表示第 i 个维度的权重（$0 \leq W_i \leq 1$），X_i为指标观测值，min 和 max 分别为各指标观测值中的最小值和最大值；其次，采用变异系数法确定各指标的权重，变异系数 $V_i = S_i / \overline{xi}$，其中，$S_i$为该指标观察值的标准差，$\overline{xi}$为该指标观察值的平均值，则权重的计算公式为 $W_i = \dfrac{V_i}{\sum\limits_{1}^{n} V_i}$。最后，采用欧氏距离公式计算普惠金融指数 IFI：

$$IFI = 1 - \frac{\sqrt{W_1(1-D_1)^2 + W_2(1-D_2)^2 + \cdots + W_n(1-D_n)^2}}{\sqrt{W_1{}^2 + W_2{}^2 + W_3{}^2 + \cdots + W_n{}^2}} \quad (3-1)$$

（二）普惠金融发展指数结果分析

研究数据来源于《中国金融年鉴》《中国统计年鉴》《北京大学数字普惠金融指数》以及各省份历年金融运行报告等，个别缺失数据采用均值法补齐，通过计算普惠金融广度、深度、数字化程度的权重数据，对 2011~2019年我国 31 个省份普惠金融指数进行测度，结果如表 3-2 所示。

表 3-2 我国 31 省份普惠金融发展指数

省份	2011 年	2012 年	2013 年	2014 年	2015 年	2016 年	2017 年	2018 年	2019 年	均值
上海	0.52	0.59	0.63	0.62	0.64	0.68	0.70	0.68	0.71	0.64
云南	0.07	0.09	0.11	0.12	0.13	0.14	0.15	0.15	0.14	0.12
内蒙古	0.05	0.08	0.10	0.11	0.12	0.14	0.16	0.17	0.18	0.12
北京	0.34	0.38	0.42	0.44	0.47	0.50	0.51	0.51	0.45	0.45
吉林	0.07	0.10	0.13	0.13	0.16	0.18	0.19	0.19	0.21	0.15
四川	0.09	0.12	0.14	0.15	0.16	0.18	0.19	0.19	0.19	0.16
天津	0.26	0.29	0.32	0.34	0.36	0.40	0.41	0.41	0.45	0.36
宁夏	0.08	0.11	0.13	0.15	0.16	0.14	0.19	0.20	0.20	0.15
安徽	0.11	0.12	0.15	0.16	0.18	0.18	0.20	0.20	0.21	0.17
山东	0.14	0.16	0.19	0.20	0.21	0.23	0.25	0.25	0.27	0.21
山西	0.11	0.13	0.16	0.16	0.19	0.21	0.21	0.21	0.22	0.18
广东	0.16	0.18	0.21	0.22	0.23	0.25	0.26	0.27	0.29	0.23
广西	0.06	0.08	0.10	0.11	0.12	0.13	0.14	0.15	0.16	0.12

续表

省份	2011 年	2012 年	2013 年	2014 年	2015 年	2016 年	2017 年	2018 年	2019 年	均值
新疆	0.07	0.09	0.11	0.12	0.14	0.15	0.16	0.13	0.17	0.13
江苏	0.17	0.20	0.23	0.24	0.26	0.28	0.31	0.30	0.31	0.26
江西	0.08	0.11	0.13	0.14	0.14	0.15	0.18	0.18	0.19	0.14
河北	0.10	0.13	0.15	0.16	0.17	0.16	0.16	0.16	0.22	0.16
河南	0.12	0.14	0.16	0.17	0.19	0.13	0.22	0.23	0.23	0.18
浙江	0.20	0.23	0.26	0.27	0.28	0.30	0.32	0.33	0.33	0.28
海南	0.08	0.10	0.13	0.13	0.16	0.17	0.18	0.19	0.19	0.15
湖北	0.09	0.11	0.13	0.14	0.16	0.16	0.16	0.19	0.19	0.15
湖南	0.08	0.10	0.12	0.13	0.14	0.15	0.17	0.18	0.19	0.14
甘肃	0.07	0.09	0.11	0.13	0.14	0.16	0.17	0.17	0.18	0.14
福建	0.12	0.14	0.17	0.18	0.19	0.20	0.21	0.21	0.21	0.18
西藏	0.02	0.05	0.08	0.08	0.09	0.10	0.11	0.12	0.12	0.09
贵州	0.06	0.08	0.10	0.12	0.12	0.13	0.15	0.15	0.16	0.12
辽宁	0.12	0.14	0.17	0.19	0.21	0.23	0.25	0.25	0.26	0.20
重庆	0.12	0.18	0.18	0.18	0.18	0.19	0.19	0.20	0.20	0.18
陕西	0.09	0.14	0.13	0.14	0.16	0.17	0.18	0.18	0.19	0.15
青海	0.05	0.06	0.09	0.10	0.11	0.11	0.14	0.14	0.14	0.10
黑龙江	0.08	0.09	0.11	0.14	0.15	0.16	0.17	0.19	0.20	0.14

从表3-2可以看出，我国普惠金融水平在不断提升，但不同区域普惠金融发展水平差别明显，整体普惠金融发展水平呈现东部较高、中部居中、西部较低的态势[①]。2011年，东、中、西部地区普惠金融发展指数测算平均值依次是0.20、0.09、0.07，2019年东、中、西部地区测算平均值依次是0.28、0.16、0.13。2019年普惠金融发展指数排名前五位的为上海、北京、天津、浙江、江苏，而排名后五位的分别为青海、贵州、广西、云南、新疆，东西部地区普惠金融发展差异较大。

---

① 本书研究将我国分为东部、中部和西部三大区域，这是借鉴《中国区域金融运行报告（2020）》中的划分方法，其中东部地区包括北京、天津、河北、辽宁、上海、江苏、山东、浙江、福建、广东、海南11个省份，中部地区包括黑龙江、山西、吉林、安徽、江西、河南、湖北、湖南8个省份，西部地区包括四川、云南、贵州、重庆、陕西、甘肃、青海、宁夏、广西、内蒙古、新疆、西藏12个省份。本书研究中"区域"不包括我国的香港、澳门和台湾地区。

二、模型设计与数据说明

(一)模型设定

为考察普惠金融发展的减贫效应,普惠金融发展水平是核心解释变量,贫富收入差距是被解释变量,但普惠金融与贫富收入差距之间很可能存在反向的因果关系,会导致内生性问题的存在,内生性问题会导致估计系数存在潜在偏差。为了克服这一偏差,使用广义矩估计法(GMM)得到动态面板模型的估计量(dynamic panel estimator),并对扩展的系统方程组采用有约束的工具变量法处理内生性问题。广义矩估计法可以有效解决静态面板模型中存在的内生性及估计偏误问题,还能处理普惠金融与贫富收入差距呈现的非线性特征问题。与差分 GMM 方法相比,系统 GMM 能克服弱工具变量问题,改进估计效率,本书研究选用系统 GMM 模型,模型构建如式(3-2)所示:

$$Z_{it} = \alpha_i + \sum_{J=1}^{p} \varphi Z_{it-1} + \sum_{j=1}^{N} \gamma_j X_{it} + \sum_{k=1}^{L} \beta_k Y_{it} + \varepsilon_{it} \qquad (3-2)$$

其中,φ、γ、β 均为待估计系数。下标 i 表示省份,t 表示时间。X_{it} 是核心解释变量,Y_{it} 为纳入模型的控制变量。

基于研究目的,等式(3-2)左边的因变量 Z_{it} 表示第 i 个省份在第 t 期的贫富收入差距程度。为体现模型的动态性,等式(3-2)右边 Z_{it-1} 表示因变量的滞后期。α_i 为固定效应,控制了全国不同省份的不可观测变量,ε_{it} 是服从独立同分布的误差项。

(二)变量选取与设定

1. 被解释变量:贫富收入差距程度

基于中国居民收入差距现状,以及绝对贫困的消除,本书研究选择基尼系数来体现贫富收入差距。基尼系数是反映居民之间贫富差距程度的常用统计指标,较全面客观地反映了居民之间的贫富差距,能预报、预警居民之间出现的贫富两极分化。

2. 核心解释变量：普惠金融指数

普惠金融指数的构建如前文所示，通过广度、深度、数字化程度多层次多维度构建普惠金融指标，从而确定 2011～2019 年 31 个省份的普惠金融指数。

3. 控制变量

影响贫富收入差距的因素较多，为减轻遗漏变量带来的估计偏误，选取主要控制变量：一是财政支出的影响（TAX），用财政支出占 GDP 的比重来表示；二是产业结构（IS），用二三产业的增加值与 GDP 的比重来表示；三是人均农业机械化水平（AM），使用机耕面积占耕地面积的比重来表示；四是人均 GDP（取对数）；五是城镇化水平（UR），使用城镇人口占总人口的比值来衡量城镇化率；六是对外开放水平（IEP），用"各省份进出口总额/GDP"衡量（按当年美元与人民币汇率换算）。

（三）数据说明

选取样本为 2011～2019 年我国 31 个省份，基尼系数数据来自国家统计局数据库和地方统计年鉴，解释变量及控制变量来自《中国统计年鉴》《中国金融年鉴》《中国区域经济统计年鉴》《中国区域金融运行报告》《中国农业机械工业年鉴》，其中对外开放程度、城镇化程度所对应的变量数据来源于国家统计局数据库，个别缺失的数据采用均值法进行补充。变量描述性统计如表 3 - 3 所示。

表 3 - 3　　　　　　　　主要变量的描述性统计

变量名称	变量符号	变量指标	均值	标准差	最小值	最大值
GINI	贫富收入差距程度	基尼系数	0.43	0.05	0.35	0.51
IFI	普惠金融发展指数	我国各省份普惠金融发展指数	0.19	0.12	0.02	0.71
TAX	财政支持情况	财政支出占 GDP 比重	0.28	0.22	0.08	1.43
IS	产业结构	二三产业的增加值占 GDP 比重	0.90	0.05	0.74	1.00
AM	人均农业机械化水平	机耕面积占耕地面积比重	0.68	0.18	0.07	1.00

变量名称	变量符号	变量指标	均值	标准差	最小值	最大值
lnGDP	人均 GDP	人均 GDP 取对数	10.80	0.44	9.71	12.01
UR	城镇化水平	城镇人口占总人口比重	0.57	0.13	0.23	0.90
IEP	对外开放水平	各省份进出口总额占 GDP 比重	0.25	0.30	0.01	1.57

三、实证结果分析

(一) 动态面板模型

利用 STATA15 软件将样本数据代入模型 (3-1) 后进行回归,区分不考虑控制变量和考虑控制变量两种情况。根据动态面板模型的特征,内生解释变量包括被解释变量的滞后期,为增强回归结果的可靠性,对模型设定的合理性和工具变量的有效性进行检验,估计结果如表 3-4 所示。

表 3-4 　　　　　　　　　　GMM 模型回归结果 (全样本数据)

变量	(1) GINI	(2) GINI
L2. GINI	0.0102 (0.20)	0.0921 (0.73)
IFI	-0.187*** (-4.29)	-2.282** (-2.43)
TAX		0.432 (1.34)
AM		0.399** (2.09)
IS		1.198 (0.88)
lnGDP		-0.342* (-1.77)
UR		3.500** (2.24)

变量	（1）GINI	（2）GINI
IEP		0.0788 （0.36）
_cons	0.456 *** （23.68）	0.043 （0.54）
N	217	208
AR（2）	0.863	0.812
Hansen	0.405	0.371

注：括号中的数字为 t 检验值，*、**、*** 分别表示在 10%、5% 和 1% 的水平上显著。所有回归模型均为 twostep 的系统 GMM 估计结果。

从回归结果看，扰动项的差分不存在二阶自相关，Hansen 检验对应的 P 值均大于 0.5，说明扰动项无自相关，结果不存在过度识别。无论考虑控制变量还是不考虑控制变量，普惠金融均在 1% 的水平上显著影响基尼系数，其回归系数分别为 -0.187，-2.282，即在考虑控制变量的情况下，普惠金融发展水平提高会降低贫富差距。这是因为普惠金融水平提高能使更多低收入人群获得贷款、保险等金融服务，使其有多余资金从事生产性活动，从而增加收入，缩小与富人的收入差距。考虑其他控制变量，如 AM、UR 都与 GINI 正相关，表明二三产业占 GDP 比值的增速、城镇化率的增速将拉大贫富差距，GDP 与 GINI 负相关，表明 GDP 的增速将会改善贫富差距。

（二）不同区域的普惠金融减贫效应分析

我国东、中、西部普惠金融发展水平、经济发展情况均有差异，从东、中、西部三个区域层面进行分样本回归，探究普惠金融对贫富差距影响在不同区域的差异性，具体结果如表 3-5 所示。

表 3-5　　　　　　　GMM 模型回归结果（分样本数据）

变量	（1）东部	（2）西部	（3）中部
L2. GINI	0.185 （0.84）	0.178 （0.87）	

续表

变量	（1）东部	（2）西部	（3）中部
L3. GINI			−1.304 （−1.26）
IFI	−3.553* （−1.95）	−0.535 （−0.32）	−4.091*** （−2.60）
TAX	−1.041 （−1.19）	0.148 （0.38）	0.276 （0.13）
AM	0.498* （1.82）	0.0622 （0.45）	−1.016 （−0.72）
IS	−2.618 （−0.98）	−1.351 （−0.33）	1.930 （1.42）
lnGDP	−0.152 （−1.40）	0.0234 （0.08）	0.203 （0.64）
UR	6.390** （1.99）	0.342 （0.22）	2.973 （1.31）
IEP	−0.247 （−1.43）	0.661 （0.69）	0.187 （0.09）
_cons	1.131 （0.54）	1.042 （0.17）	−3.106 （−0.86）
N	75	80	46
AR（2）	0.735	0.084	0.495
Hansen	1.000	0.940	

注：括号中的数字为 t 检验值，*、**、*** 分别表示在10%、5% 和1% 的水平上显著。所有回归模型均为 twostep 的系统 GMM 估计结果。

所有结果均通过 AR（2）和 Hansen 检验，表明不存在自相关，不存在过度识别，工具变量有效。东部、中部的统计显著性分别为 10%、1%，IFI 的回归系数分别为 −3.553、−4.091，而西部 IFI 的回归结果不显著。普惠金融对贫富差距的影响存在区域异质性，在东部、中部地区有显著正向效应，在西部地区效应不显著。

（三）普惠金融广度和深度、数字化的减贫效应分析

考虑到不同类型金融服务发展状况差异和各阶层群体不同的金融需求，

进一步研究普惠金融广度、深度、数字化程度的减贫效应。具体而言，根据普惠金融指数一级指标构建情况，利用因子分析法将广度、深度、数字化程度对应的子指标进行加总，再通过系统 GMM 模型进行实证分析，具体结果如表 3 – 6 所示，回归结果均通过 AR（2）和 Hansen 检验。

表 3 – 6　　普惠金融广度、深度和数字化程度对共同富裕的 GMM 结果

变量	（1）WIDTH	（2）DEPTH	（3）DIGI
L2. GINI	– 0. 168 ** （– 2. 57）	– 0. 152 *** （– 3. 59）	0. 0536 （1. 04）
WIDTH	– 0. 114 *** （– 5. 79）		
DEPTH		– 0. 0176 * （– 1. 91）	
DIGI			0. 0286 （1. 38）
TAX	0. 495 *** （4. 68）	– 0. 00374 （– 0. 05）	0. 351 *** （2. 96）
AM	0. 317 *** （3. 09）	0. 115 （1. 34）	0. 156 * （1. 68）
IS	0. 133 （0. 26）	– 1. 203 ** （– 2. 00）	– 0. 0699 （– 0. 07）
lnGDP	0. 260 *** （3. 37）	– 0. 0401 （– 0. 50）	0. 107 （1. 13）
UR	0. 282 （0. 67）	0. 466 * （1. 81）	– 0. 212 （– 0. 37）
IEP	0. 0271 （0. 24）	– 0. 00156 （– 0. 01）	0. 191 * （1. 83）
_cons	– 2. 971 *** （– 3. 14）	1. 670 * （1. 74）	– 0. 845 （– 0. 57）
N	207	203	208
AR（2）	0. 063	0. 080	0. 520
Hansen	0. 204	0. 123	0. 353

注：括号中的数字为 t 检验值，*、**、*** 分别表示在 10%、5% 和 1% 的水平上显著。所有回归模型均为 twostep 的系统 GMM 估计结果。

估计结果显示：（1）银行营业网点和从业人员的增加能显著降低基尼系数，普惠金融广度减贫效应在 1% 的水平上显著。通过增加银行网点、增加银行从业人员等方式，为所有阶层提供金融服务和产品，拓宽金融覆盖范围，普惠金融广度延伸通过提升贫困群体金融可获得性降低贫困，缩小贫富差距，促进共同富裕。（2）存款、贷款和保险的增加，能够显著降低基尼系数，普惠金融深度在 10% 的水平上显著，普惠金融的深度越高，越有利于促进共同富裕。这是由于我国商业银行不仅支持贫困地区特色产业发展，支持龙头企业、大户、合作社等带动低收入群体增收，还通过信贷支持拥有一定农业技术的低收入群体自主创业，融入当地特色产业链。另外，商业保险可增强其抗风险能力，低收入家庭受到外部冲击时，可能会因病、因灾负债，而保险不仅会进行赔付和补偿，还可发挥增信融资功能，帮助低收入家庭向银行获取贷款，提升金融资本存量。（3）普惠金融数字化程度对共同富裕的影响不显著，普惠金融数字化包括电子账户数、使用互联网获取金融服务、金融数字化的便利性和低成本，金融数字化具有共享、便捷、低成本、低门槛等特点。但是，低收入群体由于缺乏通信设备、未普及互联网、受教育程度低等原因而遭遇"金融排斥"，出现"数字鸿沟"，制约了数字金融减贫效应的发挥。

（四）机制检验：产业结构变迁存在中介效应

从上述研究可知，从整体来说，普惠金融发展具有显著的减贫效应。低收入群体获得贷款等金融服务后，通过发展产业、延伸产业等方式进行创业创新从而提升收入水平。因此，本书研究从产业高级化、产业合理化两方面检验产业结构的中介效应。

产业高级化：

$$TS = Y3/Y2 \qquad (3-3)$$

产业合理化：

$$TL = \sum_{i=1}^{n} (Y_i/Y) \ln\left(\frac{Y_i/L_i}{Y/L}\right), i = 1, 2, 3 \qquad (3-4)$$

产业高级化如式（3-3）所示，TS 表示产业结构高级化程度，Y2、Y3

分别代表第二产业、第三产业的产值。TS 值越大，表明产业结构高级化水平越高。产业合理化如式（3-4）所示，TL 为泰尔熵指数，代表产业结构偏离度，Y 为部门产值，L 为从业人数，i 为三次产业。Y_i/L_i 表示部门的劳动生产率，Y_i/Y 表示部门产值占总产值比重，Y/L 表示社会平均劳动生产率。当泰尔熵指数为 0 时，产业结构处于最优状态，随着泰尔熵指数增大，产业结构偏离程度也会增大。

在检验方法上，运用中介效应模型做经济学机制分析具有一定的合理性，但是难以避免内生性问题。因此，借鉴德尔（Dell，2010）、吴卫星等（2021）的方法，本书研究先用 Y 对 X 做回归，然后用 M 对 X 进行回归，再借助文献说明 M 对 Y 的影响。即先用 GINI 对 IFI 进行回归，再用 TS（产业高级化）、TL（产业合理化）分别对 IFI 进行回归（见表 3-7），而 TS、TL 对 GINI 的影响则借助相关理论和文献进行说明。

表 3-7　　　　　　　　产业高级化、产业合理化的中介效应

变量	（1）GINI	（2）TS	（3）TL
L2. GINI	0.0921 (0.73)		
L2. TS		0.601 *** (3.80)	
L2. TL			0.236 ** (2.08)
IFI	-2.282 ** (-2.43)	5.079 *** (3.41)	-5.040 *** (-5.07)
TAX	0.432 (1.34)	-0.480 (-1.51)	0.339 (1.22)
AM	0.399 ** (2.09)	-1.560 *** (-4.07)	-0.133 (-0.53)
IS	1.198 (0.88)	-4.042 *** (-4.67)	5.807 *** (5.12)
lnGDP	-0.342 * (-1.77)	-0.112 (-0.52)	0.160 (0.91)

续表

变量	（1）GINI	（2）TS	（3）TL
UR	3.500 ** （2.24）	− 0.421 （− 0.25）	2.039 （1.43）
IEP	0.0788 （0.36）	− 0.522 *** （− 3.22）	− 0.787 *** （− 2.91）
_cons	1.043 （0.54）	6.047 *** （3.17）	− 6.831 *** （− 4.24）
N	208	208	208
AR（2）	0.812	0.081	0.298
Hansen	0.371	0.228	0.153

注：括号中的数字为 t 检验值，＊、＊＊、＊＊＊分别表示在 10%、5% 和 1% 的水平上显著。所有回归模型均为 twostep 的系统 GMM 估计结果。

首先，实证探究 IFI 对 TS、TL 的影响，结果显示：（1）IFI 在 1% 的水平上显著，IFI 增加，TS 增加，回归系数为 5.079，即普惠金融促进产业高级化。（2）IFI 在 1% 的水平上显著，IFI 增加，TL 减少，回归系数为 − 5.040，即普惠金融促进产业合理化。所有结果均通过 AR（2）和 Hansen 检验，显示结果无自相关和过度识别现象。

其次，从理论层面分析 TS、TL 对 GINI 的影响，刘易斯二元结构理论认为，在产业结构合理化过程中，劳动力会从低效率部门流动到高效率部门，增加边际报酬、缩小收入差距。而配第—克拉克定理也认为，随着收入弹性和投资收益的差异化加剧，在产业结构向高级化推进的过程中，生产要素会转移到生产效率更高的部门，从而提高资源配置效率和推动共同富裕。此外，已有研究也充分证明产业高级化和产业合理化能减缓贫困。产业结构高级化、合理化对贫困减缓具有空间溢出效应，从而产生减贫效应。综上所述，通过实证与理论分析可知，产业高级化与产业合理化具有中介效应，普惠金融显著促进产业高级化和产业合理化，产业高级化和产业合理化显著带动低收入人群收入增长，从而缓解贫富差距。

（五）稳健性检验

为保证上述结论稳健，在原模型的基础上替换被解释变量后进行回归，用泰尔指数替换基尼系数作为被解释变量进行系统 GMM 分析。如表 3-8 所示，IFI 在 5% 的水平上显著，与泰尔指数负相关，回归系数为 -0.751，结果仍旧稳健。

表 3-8　　　　　　　　　　普惠金融与泰尔指数的再度量

变量	(1) thiel	变量	(1) thiel
L. thiel	-0.501 *** (-14.72)	lnGDP	-0.0292 (-0.57)
IFI	-0.751 ** (-2.27)	UR	-0.425 (-1.45)
TAX	0.0468 (0.27)	IEP	-0.0202 (-0.17)
AM	0.118 (1.51)	_cons	0.319 (0.76)
IS	0.519 * (1.91)	N	237
		AR (2)	0.196

注：括号中的数字为 t 检验值，* 、** 、*** 分别表示在 10% 、5% 和 1% 的水平上显著。所有回归模型均为 twostep 的系统 GMM 估计结果。

四、研究结论与启示

基于 2011~2019 年我国 31 个省份面板数据，考察普惠金融发展的减贫效应，从实证研究结论来看：从全国整体层面来看，通过产业高级化和产业合理化的中介效应，整体上我国金融减贫效应得到较好发挥，有利于缓解贫富差距，促进共同富裕的实现，但西部地区减贫效应不显著，普惠金融数字化程度的减贫效应没有有效发挥。由此可见，近十多年来我国很重视普惠金融发展，通过降低农村金融机构准入门槛，提高农村金融服务广度，缓解融资难、融资贵，促进了低收入群体收入增长。当前，我国脱贫攻坚任务已经完成，但脱贫地区依然需要持续性金融服务，特别是广大西部地区原来是脱贫攻坚的主战场，更加需要金融减贫继续发挥作用。随着我国互联网数字金融的发展，需要重视农村移动数字支付在金融减贫中的作用。通过推进普惠金融高质量发展，持续发挥金融减贫的作用，更好地服务乡村振兴。

第三节　本章小结

从广义上说，我国金融减贫可以包含以下三个方面的内容：（1）改革开放以来到党的十八大以前，我国通过农村金融改革和普惠金融发展缓解农村融资难，为贫困人口和"三农"经济发展提供金融服务，可以视为金融减贫。（2）自党的十八大以后精准扶贫战略和脱贫攻坚战以来，对建档立卡的贫困人口实施的精准金融减贫行为，可以视为金融减贫。（3）2020年脱贫攻坚结束以后，在脱贫攻坚与乡村振兴的衔接时期及以后全面实现乡村振兴时期，对脱贫地区和相对贫困人口的金融服务，可以视为金融减贫。本章主要回顾了我国金融减贫政策的演变历程，总结了当前金融减贫的基本模式，深入剖析了金融减贫中存在的问题。通过回顾金融减贫历程可以发现，我国金融减贫产品经历了从单一的扶贫贴息贷款到多元金融减贫产品转变的过程，参与金融减贫的金融机构也越来越多元化，金融减贫对象也越来越精准。

金融减贫是与我国市场经济改革特别是农村金融改革发展紧密联系在一起的，金融减贫既要服务于长期视角的农村普惠金融发展，也要考虑短期视角的减贫目标。从整体上说我国金融减贫效应得到较好发挥，对打赢脱贫攻坚战发挥了很大的作用。在全面推进乡村振兴过程中，为了持续性发挥金融服务减缓相对贫困的作用，无论是在过去、当前还是今后，都需要推动金融减贫本质回归。需要进一步审视，在过去的金融减贫实践过程中是否存在为实现脱贫摘帽而使金融机构业务受到行政干预，或者盲目进行业务创新损害金融可持续发展等情况。实现可持续性金融减贫，既关系到全面脱贫效果和乡村振兴实施进程，也是我国农村金融发展需要关注的重要问题。

第四章　全面推进乡村振兴需要可持续性金融减贫

　　我国如期完成了脱贫攻坚目标任务，正朝着实现第二个百年奋斗目标迈进，但最薄弱的环节仍在农村，经济社会发展短板仍是"三农"。无论是当前还是今后，任何时期都离不开金融的作用，金融既要服务脱贫攻坚成效的巩固，也要持续服务乡村振兴战略的实施。实现可持续性金融减贫需要了解脱贫攻坚与乡村振兴在内涵和目标等方面的差异性，了解金融减贫在不同时期工作重心的差异。另外，实现可持续性金融减贫应该充分总结过去的不足，适应脱贫攻坚和乡村振兴有效衔接的基本要求。

第一节　脱贫攻坚与乡村振兴的关联性与内涵差异

　　脱贫攻坚与乡村振兴二者方向一致，内容互融，但二者在内涵、运行机制、对金融服务需求等方面存在差异。为此，厘清两者的关系，研究两者的共通性与差异性，是实现脱贫攻坚与乡村振兴有效衔接的前提。

一、脱贫攻坚与乡村振兴的关联性

1. 脱贫攻坚为乡村振兴打下"基石"

乡村振兴的前提是打赢脱贫攻坚战，脱贫攻坚是乡村振兴战略的"基石"。经历了脱贫攻坚战，我国农村在水、电、路等基础设施方面大幅度改善，生态环境不断改善，为乡村振兴打下坚实基础，给予了乡村振兴"硬件"方面的支持。另外，在脱贫攻坚战中，我国构建了完善的农村产业发展等方面的政策保障机制，构建了系统的帮扶机制，同时注重增强贫困人口的主观能动性，努力避免"等、靠、要"的依赖心理，从"被扶贫"到"要脱贫"，再实现"能脱贫"的转变。另外，农村整体文化素质不断提高，农村干部作风和办事效率明显改善，国家政策在农村的执行力度明显提升，社会主义制度的优越性得到充分体现，这些都为乡村振兴在"软件"上打下了基础。

2. 脱贫攻坚是乡村振兴内容的"子项目"

脱贫攻坚是为了消除绝对贫困，是实现全面建成小康社会的底线目标，乡村振兴是实现社会主义现代化强国的长期任务，既要优先助力贫困户稳定脱贫，又要考虑发展可持续性问题。乡村振兴具有复杂性、长期性和特殊性，要稳步推进，不能"揠苗助长"、急于求成。乡村振兴"三步走"的第一步就是在 2020 年贫困人口脱贫、贫困村出列、贫困县摘帽。目前这个目标已经全面实现，乡村振兴的政策框架也基本构建。因此，脱贫攻坚本身就是乡村振兴的重要组成部分，是其"子项目"。二者在现实要求、内容实质、内在逻辑、政策支持等方面都是相融相通的，脱贫攻坚成效将直接影响实施乡村振兴的路径与质量。

3. 乡村振兴为巩固脱贫成效注入"新活力"

随着脱贫攻坚任务的完成，我国农村特别是贫困户的收入增长较快，从可持续角度来看，农民收入增长更多的是发挥内生动力，因地制宜发展农村产业，实现农业农村现代化。农民收入中转移性收入比重由 2010 年的6.76% 上升到 2018 年的 19.98%，经营性和工资性收入比重由 90.75% 降至77.68%。[①] 转移性收入存在"天花板"现象，目前我国农民转移性收入已接近"天花板"，对于脱贫人口来说，依靠增加转移性收入来实现收入增长是不可持续的。乡村振兴要求脱贫人口能够真正融入农村产业发展，收入构成

---

① 资料来源：历年《中国统计年鉴》。

不再依赖转移性收入，而是以经营性收入和工资性收入为主。随着脱贫攻坚任务的完成，绝对贫困人口已经脱贫，但是在基础设施建设、公共服务体系建设等方面还存在较大缺口，在乡村治理、生态建设、乡风文明等方面还有很多不足，需要可持续性的支持和发展，否则会出现脱贫后又返贫的现象。实施乡村振兴战略将进一步完善农村的医疗、教育、文化、道路、水利等公共服务和基础设施建设，源源不断地推动人才、资金和现代化技术向农村流动，激发农村发展和农民自主脱贫的内生动力，有利于巩固和扩大脱贫攻坚成果。

二、脱贫攻坚与乡村振兴的内涵差异

脱贫攻坚与乡村振兴关联紧密、相辅相成，但两者的内涵又有差异，探究内涵差异性可有针对性地为后文的对策研究打下基础，脱贫攻坚与乡村振兴在政策特点、服务对象、工作手段以及工作机制等方面存在的差异如表4-1所示。

表4-1　　　　　　　　　脱贫攻坚与乡村振兴的内涵差异

项　　目	脱贫攻坚	乡村振兴
规划时间	2013~2020年	2020~2050年
政策特点	紧迫性、突击性、局部性、特殊性	渐进性、持久性、整体性、综合性
服务对象	建档立卡贫困人口与贫困地区	全部农村人口和农村区域
主要目标	重点解决"两不愁，三保障"面临的突出问题	产业兴旺、生态宜居、乡风文明、治理有效、生活富裕
工作手段	实施精准扶贫方略、加强贫困地区基础设施建设、强化政策保障、广泛动员全社会力量	通过线上线下方式，"互联网＋"模式，拓展产业体系、完善基础设施、鼓励各类资源进入农村
工作机制	脱贫考核机制、工作机制、驻村帮扶机制、财政专项扶贫资金管理机制、金融服务机制和社会参与机制、第三方评估考核机制	以乡村振兴为先导的约束机制、以土地改革为重点的动力机制、以优化政策为关键的支撑机制、以绿色发展为核心的引领机制
贫困瞄准	绝对贫困	相对贫困
解决问题	主要解决发展中的不平衡问题	通过解决不充分问题来解决不平衡问题

脱贫攻坚与乡村振兴政策主要在于"特惠"和"普惠"的区别，"特惠"与"普惠"政策的区别在于是否具有普适性。"特惠"是针对特定对象

实施特别手段和政策，"普惠"是针对普通对象实施常态化手段和政策。脱贫攻坚针对"特惠"目标对象，即贫困线以下的贫困人口，主要以政府为主的"特惠"手段进行扶持，实施以政府"贴息"与兜底为主的"特惠"政策。乡村振兴针对"普惠"目标对象，使用"普惠"的金融手段，针对全部农村人口，激发农户的内生动力，实现乡村全面振兴。脱贫攻坚是解决"绝对贫困"和不平衡问题，相关优惠和支持政策并非普及全部人口，会让那些"相对贫困"人口产生政策"不公平"和"非公正"的想法，有时会成为农村社会的不稳定因素。乡村振兴战略涵盖农村全部人口，具体目标是农业农村现代化。脱贫攻坚与乡村振兴紧密联系，也存在诸多方面差异，各自有着特有的工作机制，实现脱贫攻坚与乡村振兴衔接并非易事，既要保障农民群体的基本权利，也要消除政策运行的差异，保障农户利益公平，要利用脱贫攻坚与乡村振兴在工作目标及机制方面的差异，实现互补并相互促进，形成制度合力，达到"1＋1＞2"的衔接效果。

三、脱贫攻坚与乡村振兴有效衔接的重点

1. 提高对国家战略的认识，保证理念衔接

理念衔接是脱贫攻坚与乡村振兴有效衔接的前提，从"特惠"到"普惠"，从"短期效应"到"长期效应"，从"政府扶持"到"市场主体地位"，这都是由于脱贫攻坚与乡村振兴战略内涵的不同，不同的内涵也相应地对两者提出了不同的要求。脱贫攻坚要求到2020年贫困线下的贫困户全部脱贫摘帽，而乡村振兴探讨的是到2050年的长远目标。（1）脱贫攻坚要向乡村振兴转换。脱贫攻坚是决胜全面小康的关键之举，是实施乡村振兴战略的优先任务，乡村振兴是迈向第二个百年目标的重大战略决策，由脱贫攻坚到乡村振兴是一个转换提升的过程，这种提升包括目标、任务、方式、机制、体制、措施、政策等各方面的提升。（2）乡村振兴时期不能直接照搬照抄各类政策，脱贫攻坚的宝贵精神财富可延伸至乡村振兴中去，也不是简单地直接加大脱贫攻坚时期的政策力度。经实践经验检验有效的措施，可以继续延

续，一部分措施要进行调整后应用，有一部分措施要适时退出，还有一部分要紧跟时代的步伐不断完善。

2. 正确发挥政府的作用，加强宏观政策衔接

政策衔接是保障，脱贫攻坚与乡村振兴作为关系我国发展的两大国家战略，在顶层设计上具有衔接性和协同性，但是又由于两者在目标对象、时间长短、体制机制、最终目标等方面存在诸多差异，因此两者的衔接也面临巨大的挑战。应正确发挥政府的作用，在具体实施中做到有效对接、无缝接驳，分类做好政策统筹，该退出的退出、该延续的延续、该转化的转化。要将聚焦个体发展转变为支持多元主体合作发展，将日常性帮扶措施转变为常态化民生政策，将福利性政策转变为提升乡村能力的发展性政策。产业减贫要强化产业和就业扶持，着力做好产销对接，因地制宜地发展乡村特色产业，实现稳定脱贫。全面改善脱贫地区生产生活条件，不断完善农村基础设施建设，聚力实施一批交通、电力、通信、安全饮水、网络等引领区域发展的基础设施与公共服务。易地搬迁要通过生态宜居搬迁、农村居民集聚搬迁等形式压茬推进，逐步解决同步搬迁人口问题，高度重视搬迁后的产业发展和就业创业问题，确保能融入、稳得住、可致富。农村基础设施建设是脱贫攻坚与乡村振兴有效衔接的前提，推动农村基础设施建设提档升级是一项长期的使命。要引导更多金融资源和社会资源进入脱贫地区，以完善产权制度和要素市场化配置为着力点，激活要素、主体和市场，实现系统、全局和各方面协调推进的改革。

3. 基于乡村振兴目标，做好工作衔接

脱贫攻坚与乡村振兴衔接要体现在产业发展、体制机制、金融服务等方面。（1）在产业方面，脱贫地区产业基础依然薄弱，后发力不强，产业发展过于注重短期效应，为了促进两者的衔接，要淘汰比较优势不足、技术含量低的产业，发展新兴产业。在生态方面，脱贫攻坚以后脱贫家庭的住房都得以解决，这为乡村振兴提供了坚实基础，未来工作重点将放在农村危旧房拆除、污水处理、垃圾清运等方面，打造美丽乡村。在乡风文明方面，应打造本土特色文化品牌，促进群众文化事业的大发展，从"送文化""种文化"再到"长文化"不断过渡，让文化在乡民中生根发芽。（2）在体制机制方

面，经历了脱贫攻坚，已经建立了一套有力的工作领导机制，要根据现实情况对于地方干部制定合适要求，杜绝弄虚作假行为，充分利用第三方评估机制。（3）在金融服务方面，要充分利用财政资金的杠杆作用，继续大力引导金融机构进入农村服务，强调各类金融机构在注重经济绩效的同时也要注重社会绩效，激励金融机构运用机制创新降低金融服务成本，实现农村金融发展的可持续性。脱贫攻坚与乡村振兴工作衔接要点如表4－2所示。

表4－2　　　　　　　　　脱贫攻坚与乡村振兴工作衔接的要点

乡村振兴目标	脱贫攻坚时期的政策与制度	乡村振兴时期工作重点内容
产业兴旺	产业减贫政策	做好产业规划布局，实施产业减贫政策。加大新型经营主体发展
	就业减贫政策	支持返乡就业，鼓励低收入人口就近就业，加强劳动力技能培训
生态宜居	异地搬迁政策	根据新型城镇化、农业现代化要求，对易地搬迁进行前瞻性规划
	危房改造政策	结合美丽乡村建设要求，将工作重点放在农村危旧房拆除、污水处理、垃圾清运等方面
乡风文明	移风易俗工作	加强思想道德建设，树立"最美乡村人"榜样，打造本土特色文化品牌，促进群众文化事业大发展
	社会主义核心价值观倡导	强化"文化阵地"建设，将民族团结、社会主义核心价值观作为宣传重点，让文化在农村生根发芽
治理有效	体制机制	强化各级政府和主体责任，运用第三方评估机制
	干部驻村制度	继续实施干部驻村制度，因地制宜，选择最合适的方式
生活富裕	金融减贫政策	利用财政杠杆作用，引导金融机构进入农村，降低服务成本，实现发展可持续性
	教育减贫政策	将非义务教育纳入教育保障体系，加强农村职业教育，提高教育教学质量

4. 强化金融体制创新，做好资金衔接

资金衔接是脱贫攻坚与乡村振兴有效衔接的核心，金融减贫不应该是"数字脱贫""临时脱贫"，应讲究脱贫成效的可持续性，金融机构要以提升服务便捷性和可获取性为目标，使乡村金融服务特色化，要通过合理的机制创新降低交易成本，构建良好的金融环境。不同金融机构应通力合作，弥补

乡村振兴金融需求缺口，也为自身发展寻求更大空间。（1）大型商业性金融机构要形成银政、银银、银企合作模式，共同助力乡村振兴。创新"银政"合作模式，进一步创新合作机制，争取政府更多支持，加快各种融资模式的推广，例如政府增信、安家贷、农民消费贷、"两权"抵押贷款等，研发推广更多的"互联网＋"产品和服务。（2）发挥金融业联动合作模式，商业性金融机构必须建立联动的合作机制，密切分工，实现共创共赢，商业性金融机构要加强与保险、租赁、基金、证券等机构的合作，加强与产业链核心企业的合作。（3）合作性金融机构要通过建立农村信息信用数据库的方式深入推进农村信息化建设，充分利用信息优势让信用等级不同的农民享受不同的信用贷款和差别利率优惠。运用行为约束、正面激励、公示机制等方式建立良好的信用环境和氛围。（4）对于微型金融机构，要建立完善的长效机制、科学合理的公司法人治理结构，找准自身的市场定位，建立科学的风险防控机制，依托核心企业、产业链、供应链、专业市场等资源优势，运用大数据、云计算等先进技术，为农村提供高效、合适的金融服务。

第二节　金融减贫要适应全面推进乡村振兴的新形势

农村金融要持续服务乡村振兴战略的实施，金融减贫要以新形势下的金融需求为导向，融入农村金融服务乡村振兴的大潮中。

一、乡村振兴时期金融服务要适应"四个方面"的转变

1. 服务重点从"针对性"向"整体性"转变

为实现"两不愁、三保障"目标，我国以超常规举措实施精准金融减贫，通过精准对象瞄准，以滴灌的方式解决绝对贫困。优惠政策集于贫困户一身，不可避免地引发非贫困户特别是一些处于贫困线边缘非贫困户的不满，也不利于农村金融市场化运行机制的构建。乡村振兴强调农业农村发展的整

体性，在当前衔接时期和全面乡村振兴时期，脱贫人口和原来的非贫困人口都是金融服务的对象，各类农村经济主体的力量都应该得以发挥，各个部门、各个层次的农户要做到互相促进、协同发力。金融减贫应该实现从脱贫攻坚时期的"针对性"向衔接时期的"整体性"转变，以期实现农户之间的协调共进以及农业农村全面发展。

2. 减贫手段从"特惠性"向"普惠性"转变

在脱贫攻坚时期，我国贫困程度深，贫困面广，时间紧、任务重，基于当时的特殊情况，金融减贫采取"特惠性"的帮扶对象和帮扶手段。"特惠性"金融减贫手段注重行政性，突出政治使命。在过于突出政治使命的"特惠性"金融减贫下，金融服务可能会被误解为国家的补偿、救济，导致农户出现竞相争取"免费午餐"的心理，这种心理一旦在农村蔓延，不利于农村金融素养的提升和金融生态环境构建，不利于实现可持续性金融减贫。乡村振兴的政策导向更重视普惠性的帮扶措施，要在不违背原则的情况下平衡不同利益群体的不同诉求，推进农村地区实现全面发展。应该逐渐实现从"特惠性"向"普惠性"金融减贫手段转变，有效处理政府与市场的关系，不能单靠政府的力量来进行农业农村农户的扶持，要充分调动社会各界的力量，使得社会各个主体实现社会绩效的同时也实现经济绩效，从而达到可持续性减贫目的。

3. 作用期限从"短期性"向"长期性"转变

2015年11月，我国脱贫攻坚战正式打响，明确指出要在2020年实现农村贫困人口全部脱贫，是必须完成的"硬性任务"。为了完成这个目标，从中央到地方各级政府都下了大力气，如期完成了既定目标任务。在这个特定的过程中，不少减贫政策、措施都是在特定的时期内为完成特定的任务而出台的，金融减贫政策一般是跟着扶贫部门的扶贫政策走，很多金融减贫政策都具有短期性，不可避免地使脱贫效果也具有临时性，可持续性不足。特别是对于一些临近2020年底才脱贫的群体来说，脱贫效果具有更大的不确定性，返贫风险大。在衔接时期，中央已经明确规定，脱贫攻坚完成以后"摘帽不摘政策"。过去几年，在政府的大力倡导下，金融机构参与扶贫工作，不可避免使经济效益受到影响，加上整体经济形势下行，长此以往会使金融机构积极性有所降低，影响金融减贫的可持续性。因此，衔接时期的金融减贫必须进行全面谋划，建立长效机制，对于全面推进乡村振兴过程中可能会出现的问题提前考虑，实现向"长期性"金融减贫转变。

4. 减贫目标从"福利性"向"效率性"转变

从减贫目标来看，脱贫攻坚主要围绕"两不愁、三保障"目标，重点解决贫困群体的住房、养老、医疗、教育等基本生活保障问题，赋予他们生存和发展的机会，以瞄准实现贫困人口刚性收入增长目标。从理论上说，贫困是在资源配置的初次分配过程中形成的，从政府角度来看，贫困问题不利于实现政府目标函数收益最大化。我国脱贫攻坚过程由政府主导，减贫目标具有显著的"福利性"特征，是为了实现社会福利的最大化，实现全面建成小康社会的目标。进入衔接时期以后，我国"三农"工作重心在于全面推进乡村振兴，这是一个更长时期的过程，金融减贫不仅要有"福利性"目标，也需要高效率的金融减贫运行机制。在衔接时期，在脱贫地区和脱贫农户自我发展能力尚未建立起来之前，如果外部帮扶资源发生变化，脱贫农户可能出现返贫。因此，基于可持续性金融减贫视角，应该强调金融服务效率的提升，实现由"输血"到"造血"的顺利过渡，从"福利性"转变为"效率性"，才能实现乡村振兴目标。要以普惠发展理念引领金融减贫，充分发挥企业、金融机构、农户的内在积极性。政府要与企业、银行、保险公司进行平等、互利合作，对财政资金进行整合，利用财政资金撬动更多的社会资源进入农村。

二、金融减贫要适应脱贫攻坚以后的新需求

1. 衔接时期要坚持和创新性开展金融减贫

经历了脱贫攻坚以后，脱贫人口这几年收入水平提升较快，但收入增长具有很大的不确定性。在消除绝对贫困以后的五年的衔接时期，一方面要防止返贫，巩固脱贫效果，另一方面要全面推进乡村振兴，仍然离不开金融的作用。脱贫地区的交通基础设施依然是"短板"，很多乡村公路只修到行政村，村与村之间没有连接道路或者道路差，一些公路修到村但没有实现"户

户通"，交通的"最后一公路"问题普遍存在。农村产业发展初有起色，脱贫地区都有产业减贫项目，但产业选择难的问题一直存在，产业减贫项目发展后劲不足，缺乏区域特色。农村产业链条短，物流体系建设滞后。因此，无论在基础设施改善还是农村产业发展方面，脱贫地区对资金的需求空间都很大，需要政策性银行、各类商业银行继续加强服务。我国一直非常重视小额信贷在扶贫开发中的作用，但目前农户的获贷率依然较低，很多脱贫户不能通过获得小额信贷实现自我持续发展。脱贫地区基础金融服务实现全覆盖，农村对移动金融服务存在很大需求，但在发展农村移动金融服务的同时，优化对农村老人群体基础金融服务也非常重要。因此，虽然绝对贫困群体已经消除，但不平衡发展问题依然突出存在，特别是原来的深度贫困地区和"三区三州"，返贫风险很大，金融减贫不仅不能放松，反而应该加强。但金融减贫不能简单复制脱贫攻坚时期的政策和做法，进入衔接时期以后，国家"三农"工作的重心开始发生转移，相应的支持政策也发生变化，金融减贫的任务也应该有相应的变化。一方面，金融减贫要坚持延续对脱贫地区的资金服务；另一方面，金融减贫也要结合全面脱贫、巩固脱贫效果的要求，实施"查漏补缺"，要适应脱贫地区新业态、新主体的金融需求，也要对于原来脱贫地区金融服务不足的方面加大创新性服务。

2. 金融减贫要适应全面推进乡村振兴时期的新需求

巩固脱贫效果与推进乡村振兴是没有绝对界限的，衔接时期巩固脱贫效果，防止返贫也是推进乡村振兴的部分内容，是真正实现乡村振兴的基础。乡村振兴虽然是全国"一盘棋"的整体任务，但各个地方的经济基础差异很大，东部发达地区可能已经在全面推进乡村振兴，而西部欠发达地区可能还在为巩固脱贫效果而努力。在脱贫攻坚战时期，对照我国贫困标准线，围绕"两不愁、三保障"，各地消除绝对贫困的目标基本一致，也有一致的时间任务安排和考核体系，但推进乡村振兴的目标在各个地方差异较大，各地不能同时实现。而且，各地金融发展自身状况也存在较大差异，因此，金融减贫应该根据乡村振兴的具体安排和目标因地制宜进行。在服务巩固脱贫效果以后再逐渐为乡村振兴提供全方面服务。

乡村振兴是农业农村的全面发展，在"二十字"目标中，产业兴旺是基础，要在促进农村产业兴旺发展的基础上搞好农村生态文明建设，农村产业发展不能以破坏生态环境为代价，要实现农村物质文明和精神文明共同进步，实现农村治理能力现代化，最终实现农民生活水平的全面提升，推动实现城乡共同富裕。金融要为乡村振兴提供全方面服务，特别是要接续推进金融减贫，为农村产业兴旺提供持续性服务。从我国农村产业发展趋势来看，全面推进乡村振兴和农业农村现代化，要大力发展现代农业和实现农村一二三产业融合发展，大力促进新型农业新型经营主体发展，实现农业生产规模化、专业化和产业化，但并不意味着我国要全面、整体推进"大农业"的发展。我国各地农业农村经济基础水平不同，地形、地貌差异很大，各类资源禀赋存在很大差异，农村"大产业"的发展不可能整齐划一地推进。虽然各地消除了绝对贫困，但相对贫困人口依然存在，小农户经营模式也不可能消失，将会出现"大农业"和"小农户"并存发展局面。我国现代农业发展既要有现代化、规模化的大农业，也要有小农户的存在；乡村产业兴旺应该是既有"大产业"的兴旺发展，也有"小产业"的兴旺发展。在这个过程中，要实现小农户与现代农业的有机衔接，要让小农户融入现代大产业发展的浪潮中，享受农业农村发展带来的好处，这样才能有利于推动共同富裕。实现可持续性金融减贫，要求金融业结合乡村振兴的实际和自身发展定位，跟进了解"新业态"金融需求，把握"大产业"和"小农户"的金融需求差异，提供个性化金融服务。

第三节 脱贫攻坚时期金融减贫的基本模式与类型

一、脱贫攻坚时期金融减贫的基本模式

整体来说，我国经历了从"输血"到"造血"，从"漫灌"到"滴灌"，从单一信贷减贫到包含信贷、证券、保险以及支付、结算在内的多元化金融减贫演进历程。进入金融精准减贫阶段以后，各大银行业金融机构纷纷参与

到金融减贫中，中国人民银行作为中央银行也在积极参与金融减贫，发挥货币供给和资金调控职能，引导资金流向贫困地区，到达贫困户手中。政府部门也出台了很多金融减贫"特惠"政策，一方面让资金供给方"加大贷款"，降低贷款的风险；另一方面也让资金需求方"放心借款"，降低借款成本，清除其他顾虑。在我国如火如荼的金融精准减贫实践中，形成了很多金融减贫模式，涌现出了大量鲜活、生动和有效的实践案例和"金点子"，有的通过政府贴息、撬动减贫，有的通过担保增信、助农脱贫，有的通过央行再贷款、助推脱贫，有的通过金融超市、电商减贫，有的通过金融教育、智力脱贫，还有的通过资金互助、共同脱贫等。金融减贫概括起来有以下三种模式：（1）直接信贷减贫模式：金融机构直接给符合条件的贫困户发放贷款，扶贫小额信贷是最主要的直接金融减贫模式。（2）间接信贷减贫：金融机构对减贫产业项目、特色农业企业或者新型农业经营主体等发放贷款，促进贫困地区特色产业、农业企业的发展，特色产业、农业企业为贫困户提供就业机会或者贫困户入股特色产业、农业企业，通过构建二者之间的利益联结机制，带动贫困户脱贫。（3）基础金融服务减贫：金融减贫除信贷支持以外也体现为通过提供支付、结算等方面的基础金融服务，改善贫困地区金融服务环境，打通金融服务的"最后一公里"。梳理我国不同方面的金融减贫实践创新，归纳出一般规律的金融减贫基本模式，具体如图4-1所示。

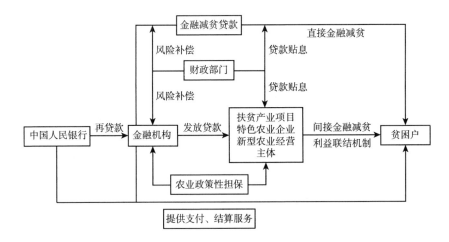

图 4-1　我国金融减贫的基本模式

二、脱贫攻坚时期金融减贫的主要类型

我国主要有政策性和商业性两大类金融机构参与金融减贫，中国农业发展银行和国家开发银行①是政策性金融减贫机构的代表，参与金融减贫的商业性金融机构有以中国农业银行、中国邮政储蓄银行为代表的大型商业银行，也有以农村商业银行（也包括农村合作银行、农村信用社，在后文的研究中统一称为农村商业银行）为代表的小型商业银行。从表4－3可以看出，我国在脱贫攻坚战打响以来，各地迅速反应，贷款增速很快。

表4－3　　　　　　　　　我国部分省份金融精准扶贫贷款情况

省份	2018年9月末		省份	2018年9月末	
	精准扶贫贷款余额（亿元）	同比增长（%）		精准扶贫贷款余额（亿元）	同比增长（%）
福建	213.46	37.01	湖北	2178.00	29.00
安徽	2053.72	74.71	四川	4163.00	20.00
西藏	1458.00	28.07	陕西	1523.54	33.50
山西	1263.00	37.80	重庆	1051.00	22.30
江西	1779.50	39.90	内蒙古	1242.45	7.72
湖南	2109.20	30.70	黑龙江	1127.00	32.10
广西	2123.00	10.88	青海	1126.00	21.40
海南	137.66	42.11	贵州	4628.00	44.40
云南	2854.68	14.94	河南	1398.30	20.30

注：由于资料可得性原因，表中黑龙江和青海的数据是截至2017年12月末的数据，贵州和河南的数据是截至2018年12月末的数据。

资料来源：根据各省份的金融减贫报告和扶贫办网站数据整理。

从全国整体情况来看，根据中国银保监会提供的数据，2018年底和2019年底我国金融精准扶贫贷款余额分别为3.62万亿元和3.96万亿元，2020年底贷款余额为4.41万亿元，较2020年初增加4300亿元，具体如表4－4所

---

① 2015年4月，国务院发布我国三家政策性银行的改革思路，将国家开发银行定位为开发性金融机构，中国农业发展银行和中国进出口银行定位为政策性金融机构，我国金融体系呈现出商业性金融、开发性金融、政策性金融和合作性金融并存发展的局面。

示。另外，截至2020年底，累计发放金融精准扶贫贷款9.2万亿元，扶贫再贷款累计发放6688亿元。

表4-4　　　　　　　　2017~2020年国家金融精准扶贫贷款情况

年份	当年金融精准扶贫贷款余额（万亿元）	贫困及脱贫人口贷款余额（亿元）	贫困及脱贫人口贷款余额同比增长（%）	覆盖建档立卡农户（万户）
2017	—	6006.63	29.67	607.44
2018	3.62	7244	20.6	641.01
2019	3.96	7139	-1.45	2013
2020	4.41	7881	10.4	—

资料来源：根据中国人民银行公布的2017~2020年《中国普惠金融指标分析报告》和银保监会网站数据整理，其中2020年数据部分缺失。

1. 政策性银行：重在基础性减贫

农户居住条件、贫困地区基础设施的改善是脱贫的基础，政策性金融机构主要发放易地搬迁减贫贷款、贫困地区基础设施贷款和产业减贫贷款，在精准扶贫过程中发挥"先锋"作用。按照当前政策，一般来说，易地搬迁减贫到省，基础设施到县，产业减贫到村，政策性金融减贫贷款一般不直接到户，但这些贷款都会使贫困户受益，图4-2表示政策性金融减贫的基本类型。易地搬迁扶贫贷款由政府投融资主体作为承贷主体，用于易地搬迁房屋和相关配套设施建设。基础设施贷款由中国农业发展银行向基础设施建设企业发放，基础设施的完善有利于脱贫。产业扶贫贷款面向龙头企业发放，带动贫困地区产业发展，龙头企业通过为贫困户提供就业或者优先购买服务，

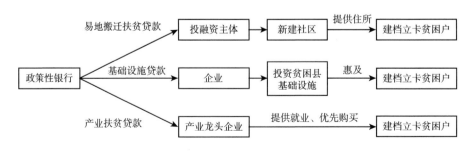

图4-2　政策性金融减贫贷款主要模式

带动贫困户增收。由此可见，政策性金融具有"间接性"和"基础性"效应。除此以外，政策性金融减贫贷款也会使非贫困户受益，带动整个农村经济发展。

在脱贫攻坚期内，中国农业发展银行金融减贫贷款增速很快，年末贷款余额逐年增长，具体如表4-5所示。截至2020年9月，累计发放精准扶贫贷款2.3万亿元，贷款余额1.5万亿元。政策性金融减贫有效缓解了贫困地区资金制约，为打赢脱贫攻坚战和全面推进乡村振兴发挥了重要作用。

表4-5　　　　　2016~2020年中国农业发展银行精准扶贫贷款情况　　　　单位：亿元

年份	本年累计发放精准扶贫贷款	年末扶贫贷款余额
2016	4882.7	9012.3
2017	5120	12600
2018	3893	13466
2019	4045.33	—
2020	5243.55	15011.36

资料来源：根据中国农业发展银行年度报告（2016~2020年）数据整理，其中2019年末扶贫贷款余额数据缺失。

2. 大型商业性银行：重在项目和产业减贫

大型商业银行参与金融减贫的以中国农业银行和中国邮政储蓄银行为代表，这些银行的减贫贷款主要集中在两个方面：一是对贫困地区特色产业发展和龙头企业贷款，银行响应国家政策，通过简化贷款程序、降低贷款利率和灵活贷款使用等"让利"措施发放减贫贷款，企业、大户借助贷款资金，通过充分发挥"带动"作用，让贫困户真正受益。二是通过直接贷款支持拥有一定农业技术和生产能力的人通过自主创业，实现增收脱贫，包括发放免担保、免抵押的小额信用贷款。大型商业银行金融减贫的基本模式具体如图4-3所示，在以上两个方面，大型商业银行的金融减贫业务主要体现在第一个方面，这也是充分利用大型银行资金充裕等方面的优势，因为大型商业银行在农村地区网点较少，人员有限。

中国农业银行在2016年12月成立了扶贫开发金融部，统筹管理银行的金融减贫工作，脱贫攻坚期内，金融减贫贷款增长速度很快。2016年底，中

图 4 - 3　大型商业银行减贫贷款基本模式

国农业银行全国精准扶贫贷款余额为 2034 亿元，到 2020 年底，该行全国精准扶贫贷款余额增加至 4836 亿元，是 2016 年底的 2.37 倍，累计带动贫困人口 1646 万人（次）。中国农业银行重点支持深度贫困地区和国家级贫困县扶贫开发，截至 2020 年底，向全国 832 个国家扶贫重点县（已脱贫）的贷款余额为 12831 亿元，是 2016 年底的 1.82 倍，具体情况如表 4 - 6 所示。

表 4 - 6　　　　　　**2016～2020 年中国农业银行精准扶贫贷款情况**　　　　单位：亿元

年份	精准扶贫贷款余额	国家扶贫重点县贷款余额
2016	2034	7044
2017	2878	8151
2018	3325	9239
2019	3942	10914
2020	4836	12831

资料来源：根据中国农业银行网站历年社会责任报告数据整理。

从中国邮政储蓄银行的情况来看，截至 2020 年末，该银行向全国 832 个国家扶贫重点县（已脱贫）累计投放信贷资金超万亿元，发放扶贫小额信贷 164 亿元，服务贫困人口 42 万人（次）[①]。

3. 县域农村商业银行：重在扶贫小额信贷

我国农村商业银行数量众多，大多数位于县域，属于县一级法人，它们与各县市政府存在天然的关联。在脱贫攻坚期内，我国采取中央统筹、省（区）负总责、县市抓落实的金融减贫工作机制，脱贫攻坚是各级政府重大政治任务，特别是各县市政府直接面对贫困户，责任和压力非常重大。农村商业银行位于县域，它的发展也得依靠县域，政府不仅是农村商业银行的

---

① 姚红. 用实干实绩践行服务"三农"使命担当 [J]. 中国农村金融，2022（17）.

"大股东"，也是银行可持续发展的"依托"。在这种背景下，农村商业银行成为各县市政府落实金融任务的"抓手"，成为直接面对贫困户的金融减贫主力军。各地农村商业银行一方面通过对合作社等扶贫经济组织发放贷款，要求扶贫经济组织与贫困户之间实施利益联结，带动贫困户脱贫；另一方面，农村商业银行发放直接到户的扶贫小额信贷，通过支持贫困户从事农业生产来摆脱贫困。扶贫小额信贷虽然单笔贷款一般为 3 万 ~ 5 万元，规模较小，但直接面对贫困户，数量大，覆盖面广，社会影响力大，是我国金融减贫的生动体现。自从 2014 年我国创新发展扶贫小额信贷以来，各级政府在落实精准扶贫任务过程中，非常重视扶贫小额信贷发放，不仅出台财政贴息、风险补偿等政策，还引入贷款保险，激励银行积极放贷。截至 2017 年 10 月底，全国扶贫小额信贷总量为 3931 亿元[1]，贫困户获贷率增速很快，由 2014 年的 2% 提高到 36%。到 2020 年第二季度末，全国扶贫小额信贷累计发放 4443.5 亿元，支持贫困户 1067.81 万户（次）。脱贫攻坚战以来，我国扶贫小额信贷累计发放 7100 多亿元[2]。

4. 支付、结算等基础金融服务减贫

除了信贷减贫以外，储蓄、支付、结算等金融服务对脱贫也有重要作用，能够降低获得金融服务的成本，缓解贫困户生产、生活过程中的脆弱性，也能给贫困户农业生产创造良好的环境，让他们安心生产，提高创业的成功率。（1）在农村储蓄账户普及方面，我国在过去 20 多年里取得了备受世界瞩目的成绩，在开展农业补贴政策、养老保险政策以及农村基本医疗保险政策时，为农户免费开办银行账户，方便农户获得财政补贴和开展养老金、医保结算，不仅使国家惠农政策能够直达农户，也使银行账户在农村基本实现家庭全覆盖。另外，20 多年来，农村金融市场竞争不断加强，农村金融机构不断多元化，金融机构不断实现业务"下沉"，基础金融服务空白的问题得到有效解决，物理网点覆盖率和银行账户拥有率走到全世界的前列，基础金融服务普

---

[1]　资料来源：2017 年 11 月 16 日召开的全国金融扶贫现场观摩会。
[2]　中国银保监会普惠金融部. 发展普惠金融，助力中国式现代化 [N]. 中国银行保险报, 2022 - 12 - 08.

及率大幅提高。早在 2014 年，农村地区银行账户普及率达到 79%，高于当时大多数发展中国家的账户普及率，甚至高于二十国集团 76% 的账户普及率①。（2）在支付结算服务方面，20 多年来，我国鼓励银行设立 POS 终端的助农取款点，构建起服务"三农"的便利支付结算服务体系。中国人民银行发布的《2019 年中国普惠金融发展报告》显示，到 2019 年 6 月末，通过银行网点、机具或流动服务，银行网点覆盖率达 96%，基础金融服务覆盖 54.43 万个行政村，在贫困地区村级基础金融服务覆盖率达 99.2%。特别是精准扶贫和脱贫攻坚战以来，我国格外重视贫困地区的基础金融服务，因为大多数贫困村地理位置偏僻，离县城距离远，存取款、账户查询等基本金融服务耗时耗力，非常不便。为了打通贫困村金融服务"最后一公里"，贫困村都设立了村级金融服务站。村级金融服务站一方面配合开展扶贫小额信贷发放工作，征集农户基础信息，做好农户授信评级，建立村级金融服务档案；另一方面，服务站也融合、升级了助农取款 POS 机具现有的功能，能更好地提供支付、结算和账户查询等服务。根据《2019 年中国普惠金融发展报告》，截至 2019 年 6 月，全国村级金融服务站达 82.30 万家，实现贫困村全覆盖。

总之，随着农村金融组织体系不断健全，我国农村家庭的银行账户拥有率高，支付、结算也很方便，为全面推进乡村振兴，后续需要继续加强农村基础金融服务，特别是在移动互联网金融时代，要不断升级现有村级基础金融服务站点，发挥这些站点的可持续性作用。另外，脱贫攻坚任务完成以后，全面推进乡村振兴，需要大量的资金投入，除了财政优先保障、社会积极投入以外，乡村振兴的资金投入重点靠金融投入。目前脱贫地区的产业基础依然薄弱，农村金融服务的信息不对称问题仍需要重点解决，信贷减贫依然需要重点关注，无论是政策性金融还是商业性金融都需要在各自的领域持续加大资金投入，而且要创新金融服务机制，实现基础金融服务与信贷投入的相

---

① 根据中国人民银行发布的《2019 年中国普惠金融发展报告》，截至 2019 年 6 月，我国人均拥有 7.6 个银行账户和 5.7 张银行卡，比 2014 年底分别增长 60% 和 50%，每 10 万人拥有 79 台 ATM 机，远高于亚太地区国家平均 63 台的拥有率，每 10 万人拥有 2356 台 POS 机，比 2014 年底翻了一番，处于发展中国家领先水平。

互促进，这个问题在中央及有关部委出台的乡村振兴战略、金融服务乡村振兴的指导意见中都已经明确。

第四节 脱贫攻坚时期金融减贫存在的不足：基于可持续性视角

脱贫攻坚取得全面胜利，金融减贫为实现精准扶贫、精准脱贫目标发挥了重要作用。但脱贫攻坚取得全面胜利并不意味着金融减贫就结束了，金融服务相对低收入人群和弱势群体这个话题将一直存在，实现全面脱贫和乡村振兴也需要持续性金融服务。因此，需要对金融减贫"回头看"，检视过去金融减贫中的"短视"行为，为可持续性金融减贫打下基础。

一、金融减贫理念存在偏差

从理论上说，一个国家的可持续性金融减贫应该内化于金融机构的发展战略和金融行业的健康发展之中。当前，金融减贫已经完成了脱贫攻坚任务，但不可否定的是，对金融减贫进行"回头看"，就会发现在过去的实践中存在一些偏差。金融减贫贷款首先要求贷款客户是"合格"的贷款对象，一个"合格"的贷款对象应该具备较好的道德和能力素质。经历了几十年农村金融改革发展，农村金融市场竞争日趋激烈，真正的"合格"贷款对象已经成为各大金融机构的服务对象，我国建档立卡的贫困人口很大一部分不是"合格"的贷款对象。因此，脱贫攻坚期内金融服务实际上面临着不可回避的矛盾，金融减贫的政治使命要求必须让建档立卡的贫困人口脱贫，但这些人一般难以达到金融减贫的条件，政府与金融机构在这个问题上是有不同诉求的。金融减贫以贫困人口收入增长为指挥棒，政府为完成脱贫攻坚任务，能否让贫困户的收入在限定的时间内超过国家贫困线是最紧急的任务，政府甚至比贫困户还着急脱贫，不少贫困户安于现状不想脱贫，甚至变成政府的"一厢情愿"。贫困户思想观念转变也是一个较长时期的过程，在这种背景下，政府没有充裕的时间等待贫困人口自身脱贫能力足够提升。为了更快地发挥扶贫效应，政府也会行政性地要求金融机构开展金融减贫工作，金融机构的主动性不能有效发挥。很多地方的金融减贫，在对象选择、贷款流程设计、抵押担保要求甚至资金偿还等方面都无不体现着行政色彩，而贫困人口在整个过程中处于被动地位，不利于调动和发挥贫困人口脱贫的内在积极性，不少贫困户过于依赖政府甚至以贫困为荣，即使暂时脱贫了，后续也容易返贫。由于政府包揽过多，一些参与扶贫的经济组织也容易出现道德风险，甚至利用国家的脱贫政策套取银行资金，将自身的经营风险转嫁给政府或者贫困户，损害农村金融发展的长远基础，不利于实现金融减贫的可持续性。金融减贫不同于财政减贫、产业减贫、教育减贫等其他减贫模式，金融减贫也不是通过金融手段来救济贫困，金融减贫过程中政府主导性太强，容易在社会产生对金融减贫的理解偏差，强调金融减贫的"输血"而忽视"造血"功能的发挥，不利于构建金融可持续性发挥作用的运行机制。存在金融、财政职能界定不清，存在金融债务财政化的行为，或者一些应该由财政解决的事情交由金融来完成，这些情形也比较普遍①。

二、金融减贫组织体系需进一步健全

参与减贫的主要是体制内金融机构。我国商业性银行和政策性银行都肩负减贫任务，为完成脱贫攻坚任务做出了很大贡献。体制内金融减贫更便于贯彻金融减贫政治任务，节约减贫过程中的管理成本和沟通成本。长期以来，无论是扶贫贴息贷款还是农户小额贷款，各种逃废银行债务导致偿还率低的问题一直存在，很多人一直认为我国的银行就是政府办的银行，银行贷款就是银行代表政府来救济的。这种错误观念既不利于发挥贫困人口自身的主动性和积极性，也损害银行的财务状况，不利于实现金融减贫的可持续性。这些体制内金融机构注重从规模上完成政府要求的任务，在

---

① 脱贫攻坚时期，我国对各大金融机构都分配了定点扶贫任务，金融机构要运用产业、教育、易地搬迁等手段进行扶贫，金融机构定点扶贫严格意义上不是金融减贫范畴，是金融机构作为社会扶贫主体对贫困地区的全方位帮扶，金融机构的社会扶贫一般属于临时性政治任务。

短期内脱贫增收效应明显，但后续容易返贫，不利于普惠金融发展和实现减贫可持续。

村镇银行等新型农村金融组织尚未有效发挥减贫作用。我国在 2006 年农村银行业金融机构准入门槛放宽以后，村镇银行等新型农村金融组织发展较快，逐步成为农村金融的新生力量。根据银保监会公布的数据，截至 2020 年 9 月末，全国已设立 1633 家村镇银行，其中，中西部地区的村镇银行占比 65.8%，县域覆盖率达到 71.2%，具体情况如表 4 - 7 所示。客户群体主要是农户和小微企业，农户和小微企业贷款占比 90% 以上。在农村金融领域，增强了市场竞争，改善了市场效率，提高了服务覆盖面，弥补了传统农村金融机构的不足，为促进普惠金融发展发挥了一定作用。但村镇银行发展一直存在较大的脆弱性，具有社会公信力不足、融资渠道有限和人才资源缺乏等先天脆弱性。另外，村镇银行也面临诸多不利的政策限制，一些地方不允许财政对公账户存放到村镇银行，政府项目招标不允许村镇银行参与。当然，村镇银行也存在自身目标定位不明确，风险管理不健全等问题，村镇银行"偏农"倾向也较突出，对农村落后地区的金融服务更是缺乏[①]，这些都制约村镇银行可持续性金融减贫。

表 4 - 7　　　　　　　　　2015～2020 年村镇银行服务情况

年份	农户和小微企业贷款总额占比（%）	户均贷款（万元）	中西部建站数量占比（%）
2015	92.98	48.20	—
2016	92.91	41.00	64.50
2017	92.00	36.96	65.00
2018	91.18	34.15	65.60
2019	90.50	33.50	65.70
2020	90.40	30.50	65.80

注：由于资料可得性问题，表中 2019 年、2020 年的相关数据是截至当年 9 月末的数据。
资料来源：根据银保监会官网发布数据整理。

---

① 2018 年 1 月我国出台《中国银监会关于开展投资管理型村镇银行和"多县一行"制村镇银行试点工作的通知》，规定在中西部和老少边穷地区特别是国家级贫困县设立村镇银行，可以在相邻县、市选择设立 1 家村镇银行和在邻近县、市设立支行，其主要目的在于鼓励和优先支持在深度贫困地区设立村镇银行，但政策实施效果有待进一步观察。

另外，我国合作金融发展仍处于探索之中，减贫效应发挥有限。从理论上说，合作金融模式是一种"抱团取暖"的行为，受到金融排斥的弱势个体联合起来实施自我金融服务，这是一种相互帮扶行为。合作金融组织不是资金的简单集中，它遵循平等、互利的基本原则，尊重个体自我能力的发挥。很多国家的经验表明，合作金融可以成为金融减贫的重要手段。农村信用合作社商业化改革以后，我国农村新型合作金融发展一直处于探索之中，合作金融组织存在多元化形式，2007 年开始发展并纳入审慎监管体系的农村资金互助社处于停滞状态，由地方政府部门发起的非正规农民资金互助社数量众多，但发展质量良莠不齐，还有一些村级互助基金也采取合作金融贷款模式。从近年来中央"一号文件"和各部委支持乡村振兴的指导意见中发现，农民专业合作社内部资金互助成为我国农村新型合作金融的重要形式，已在全国一些省份和地区开展过试点，但总体来说仍处于探索规范发展之中。

三、金融产业减贫存在急于脱贫而过于注重短期效应的行为

金融产业减贫是我国金融减贫的主要方式，为完成脱贫攻坚任务发挥了重要作用，但金融产业减贫中依然存在一些注重短期效应而忽视长期效应的情况，这在脱贫攻坚的特定时期存在一定的合理性，但从实现乡村振兴的长远视角来看，应该避免类似的情况再次出现。（1）产业选择"同质化"现象普遍。产业的选择应该根据区域特色和优势进行，不仅要考虑当地是否具备产业发展的土壤、气候等自然条件，更要考虑是否具备产业发展的交通、物流、技术等基础性条件。在我国产业减贫过程中，产业选择难一直是制约金融减贫的重要因素，很多地区产业发展出现同质化现象，例如，很多地方选择发展香菇、猕猴桃、黄桃、茶叶、蔬菜等产业，而且千篇一律采取"公司＋合作社＋农户"的模式。虽然在短期内有利于收入增加，但从长远角度来看缺乏可持续性。在推进乡村振兴的过程中，要把乡村产业发展作为长期、基础性工作来抓，产业选择要仔细调研、充分论证，不仅要考虑产业发展的前期条件，也要考虑市场前景。（2）一些扶贫小额信贷资金使用不规范。为了推动扶贫小额信贷发挥作用，一些地方使用"分贷统还"或者"户贷企用"模

式，名义上由当时的贫困人口申请贷款，资金实际上由企业、合作社等一些扶贫经济组织来使用。扶贫经济组织简单通过分红增加贫困户的收入，这些分红不是依靠贫困户自身的劳动努力获得，只是依靠他们贫困户的身份贷款分红，容易在农村产生"不劳而获"的思想。另外，贷款分红实际上是由企业经营效益决定的，具有很大的不确定性，一旦经营效益下降导致分红得不到保证，贫困户就会有不理解行为。也有一些企业借机套取银行贷款，使利益分红得不到保证，在社会上引起不良反响。虽然"分贷统还"和"户贷企用"模式后来都被叫停，但对银行的经营实际上产生了不良影响，在乡村振兴推进过程中，应该避免出现类似的问题。

四、政策性金融减贫存在"合规性"风险，需要注重可持续性

政策性金融在精准扶贫中充分发挥了先锋作用，为打赢脱贫攻坚战发挥了基础性作用，为易地搬迁和贫困地区基础设施完善和特色产业发展等方面提供了资金支持。在我国政策性金融减贫过程中，对于易地搬迁、基础设施等领域的贷款，一般由地方统筹安排财政预算，列入地方债务范围，由地方财政安排偿还本金和利息，这容易造成地方债务负担过重。随着我国对于地方政府债务的管控越来越严格，地方融资平台转型难度大，进展缓慢，地方政府购买服务的还款模式存在"合规性"风险，与我国防范和化解系统性金融风险的总体政策不相符合，未来不具有可持续性。政策性银行一直依靠政府财政的隐性担保来发放中长期信贷，在思想观念、信贷机制等方面还没有完全适应国家关于地方债务政策的转变。巩固脱贫效果、推进乡村振兴需要持续的政策性金融服务，政策性金融支持乡村振兴的中长期信贷投入可能面临两难困境，既要加大对乡村振兴的中长期信贷支持，又要遵守国家"合规性"政策要求，这两个方面存在一定矛盾。政策性金融机构自身也存在资金来源期限错配、资金成本压力大等问题，这些都会制约政策性金融投入。因此，政策性金融需要在思想理念上顺应政策变化，树立创新意识，构建合规化、市场化的新型"政银"关系，持续性服务乡村振兴和农业农村现代化。

第五节　本章小结

打赢脱贫攻坚战与实现乡村振兴是我国在实现农业农村现代化和全面建成社会主义现代化强国过程中的两个必经阶段，二者的方向是一致的，在推动农村经济发展方面具有相通的内涵。但打赢脱贫攻坚战与实现乡村振兴是两个不同的阶段，在工作重点、目标任务等方面都存在差异。全面推进乡村振兴，实现农业农村现代化，要求接续推进金融减贫工作，在改革开放以来到党的十八大前金融减贫和脱贫攻坚时期金融减贫工作的基础上，不断适应新形势，实现可持续性金融减贫。由于当前的金融减贫理念、方法和手段等方面尚不能完全适应乡村振兴的要求，因此我国金融减贫在服务重点方面要适应从"针对性"向"整体性"转变，在减贫手段方面要适应从"特惠性"向"普惠性"转变，在作用期限上要适应从"短期性"向"长期性"转变，在减贫目标上实现从"福利性"向"效率性"转变。相对贫困时期的金融减贫要适应衔接时期乡村振兴的新需求、新特征，要对现有的金融减贫组织和体系进行"供给侧"改革。本章研究对过去的金融减贫工作进行"回头看"，检视金融减贫中的"短视"行为，发现金融减贫理念存在偏差，在金融减贫过程中存在过于注重短期效应的行为，金融减贫的行政色彩浓厚，金融机构、贫困人口的积极性需要进一步调动起来。需要在已有金融减贫成就和不足的基础上，结合衔接时期任务和乡村振兴新形势、新需求，实现可持续性金融减贫，为全面推进乡村振兴，加快农业农村现代化，实现共同富裕提供可持续性资金支持。

第五章　可持续性金融减贫的理论分析

前面对我国金融减贫发展历程特别是脱贫攻坚战以来金融减贫存在的问题进行分析发现，全面推进乡村振兴应该实现可持续性金融减贫。本章在正确理解金融减贫的基础上，结合脱贫攻坚时期金融减贫中存在的问题和未来乡村振兴的需要，阐述可持续性金融减贫的内涵、目标，以及乡村振兴背景下可持续性金融减贫的优势。本章研究主要解决"可持续性金融减贫是什么"的问题。

第一节　实现可持续性金融减贫的基础：正确认识金融减贫

在理解金融减贫是什么，金融减贫如何发挥作用之前，首先需要理解一个核心问题——谁是贫困人口？贫困是怎么产生的？

一、什么是贫困，贫困是怎么产生的

贫困即指穷苦，是相对于富足而言的，它首先是一个经济范畴的概念，贫困最直观表现为一种物质匮乏的生活现状，贫困者的收入要大幅低于当地的平均水平，达不到当时社会认可的最低标准，甚至不能满足最基本的生存需要。贫困又不是简单的物质生活状态，收入低下只是贫困的简单外在变现，贫困不仅是经济现象，也是社会学命题。贫困问题是一个很复杂、普遍存在

的问题，它在不同历史阶段，在每个国家和地区的不同发展时期都会存在，贫困具有长期性、差异性和复杂性，贫困是全人类共同关注的重大问题，是政治学、经济学、社会学等领域都关注的问题。世界银行、联合国开发计划署等国际组织也在努力开展消除贫困的各项实践行动。

本书主要基于金融发展的视角来研究反贫困问题，在社会资源配置的过程中，由于所处外部环境或自身能力差异，有些人成为资源拥有富足者从而变成富裕人口，有些人变成资源拥有缺乏者而成为贫困人口。由此可见，从经济逻辑来看，贫困并非个人或者社会的有意选择，而是因为资源禀赋差异或者资源配置不均而出现的，这也可以理解为是一种"市场失灵"。诺贝尔经济学奖获得者阿玛蒂亚·森认为，贫困是一种创造收入能力和机会的匮乏，贫困就是贫困人口缺少获取和享有正常生活的一种能力。面对"市场失灵"，就要求政府和其他市场以外的外部力量的介入，现代社会的政府有责任帮助贫困人口摆脱贫困。当然，减贫也需要做到政府、社会和农户多方共同有效发挥作用。"减贫"的重点是要提升贫困对象的资本形成能力，因为贫困人口的产生有可能是生产、生活资料的缺乏而造成的物质资本贫困，也有可能是自身脑力或者体力能力缺乏造成的人力资本贫困，还有可能是居住地自然条件恶劣或者国家政策等原因造成的贫困。因此，农户所需要的"资本"包括物质资本、人力资本、自然资本、社会资本和金融资本等，其中金融资本是物质资本、人力资本、自然资本积累和改善的基础，有利于缓解贫困人口在资本形成过程中的脆弱性，提升抗风险能力。

本书借鉴温涛等（2005）、王汉杰等（2019）、余洁等（2020）的理论分析框架，研究金融在反贫困中的作用。农户在生产过程中，面临的生产技术水平虽然从较长时间来看是可变的，但在某一特定时期内是相对稳定的，加上农户在生产过程中投入的劳动力，形成一定的产出。用 K 表示生产过程中的资本投入，L 表示资本投入，Y 表示生产产出量。农户生产函数表示为：

$$Y = f(K, L) \tag{5-1}$$

下面分别从资本和劳动投入两个方面进行分析。

（1）从农户生产所需要的资本来看，主要来源于两个方面：第一个方面是农户在过去生产过程中所形成的自身内部的资本积累，用 K_{t-1} 表示。上一期的资本积累存量通过一定的比例投入到当期资本投入中来，用 φ 表示折旧率。第二个方面就是通过金融减贫外部渠道获得资金，例如通过获得银行的扶贫小额信贷解决资金不足问题。金融减贫资金缓解当前面临的资金约束，让农户的劳动力有了"用武之地"，让农户有机会获得产出。从理论上说，金融资源通过资本要素的使用效率以及资本要素的变动来达到实现经济增长的效果，设定 X_t 表示农户获得的金融减贫贷款数量，E 表示资本要素使用效率。综合上述两个渠道可知农户的资本生产过程为：

$$K_t = (1 - \varphi)K_{t-1} + E(X_t) \tag{5-2}$$

（2）从农户的劳动投入来看，在农户身体状况健康的条件下，劳动力投入量具有较大的挖掘潜力，但也存在一定的上限，为了便于研究，设定 $\tilde{L}$ 表示劳动力投入的上限。生产产出的获得必须是科技、劳动和资本的有效结合，在科技水平一定的情况下，劳动者会根据资本投入的匹配状况来进行劳动力投入。农户在生产过程中，如果面临着资金约束而不能有效解决，其拥有的劳动力就不能形成相应的产出。金融减贫的任务就是要通过缓解农户的资金约束，为劳动力投入创造条件，这样才有机会创造产出，才能有机会增收脱贫。用 λ 表示农户单位资本劳动力投入的产出弹性，可以得到生产产出量函数：

$$Y = K\min(L, \tilde{L})^{\lambda}, \lambda > 0 \tag{5-3}$$

一般来说，劳动力达到一定上限 $\tilde{L}$ 后将不能再增加，设定 $m = (\tilde{L})^{\lambda}$，表示农户最大有效劳动力。当劳动力投入达到最大值以后，面临着恒定的规模收益，农户产出增长率等于资本要素增长率，产出量的多少取决于资本投入量。

$$Y = mK \tag{5-4}$$

$$Y = m(1 - \varphi)K_{t-1} + mE(X_t) \tag{5-5}$$

对公式（5-5）中的 E（X_t）进行一阶泰勒展开：

$$E(X_t) = E(0) + E'_{X_t}(0)X_t \qquad (5-6)$$

把公式（5-6）代入公式（5-5），得到：

$$Y = m(1-\varphi)K_{t-1} + m[E(0) + E'_{X_t}(0)X_t] \qquad (5-7)$$

由公式（5-7）可知，当农户的劳动潜力充分发挥以后，资本投入的数量及其利用效率直接关系到产出总量。因此，金融对于缓解贫困具有很重要的作用，资本是缓解贫困的重要生产要素，农户的资本边际产出往往要高于高收入农户的资本边际产出，提高农户的信贷可获得性非常重要，这也是金融减贫的目的所在。如果农户不能获得相应的金融服务，即使具有更高的边际产出率，在自有资金积累不够的情况下，这种潜在产出也无法实现。

二、金融之于贫困的作用机理

金融发展是建立在市场交易范围和经济规模不断扩张的基础上，金融作用范围的扩张要适应实体经济发展的要求，实体经济是金融发展的动力，金融应该为实体经济服务。根据金融发展理论，可以从间接效应和直接效应两个方面研究金融减贫的作用机理。

1. 金融减贫的间接作用机理：基于宏观视角

金融减贫的间接作用机理是基于金融发展对经济增长的宏观视角来进行的，从金融发展理论可知，一个国家的金融发展可以促进国民经济增长，而国民经济增长不仅可以带来国民收入水平的提高，还可以为政府创造更多的税收来源，税收的增加使政府可以扩大公共物品投资，完善基础设施条件，在教育、医疗等方面增加投入，为后阶段国民经济增长创造条件。在国民经济增长过程中，贫困人口也能够从中受益，能够享受健全的基础设施和教育、医疗制度带来的福利增加。由此可见，金融发展通过促进经济增长，发挥"涓流效应"使贫困人口受益。如图5-1所示，金融发展通过路径 a_1 作用于经济增长，经济增长通过路径 b 帮助贫困人口增收，当然，经济增长对金融发展也有"反促"作用，如路径 a_2 所示，这种"反促"作用可以更好地实现持续性减贫增收。值得注意的是，以上所提到的路径 a_1 和路径 b 是两个相对独立的环节，路径 a_1 体现的是宏观层面的金融发展能够带来整体经济增长，从西方经济增长理论和金融发展理论都可以找到依据，这个"经济层面"的命题已经得到了各界的一致认可。但对于路径 b，经济增长与是否一定或者能够在多大程度上实现贫困人口收入增长，"涓流效应"在现实中是否能够真正发挥，对于这个收入分布的"社会层面"的问题存在一些争论和质疑。金融发展促进经济增长的同时让富人和穷人都受益，如果由于某些经济体制或者收入分配制度方面的原因，经济增长可能对富人更加有利，经济增长的成果更多被富人享受，而穷人逐渐被边缘化，这样的经济增长就不是"普惠性"经济增长。库茨涅兹曲线率先对经济增长与收入分布问题进行研究，认为收入差距与经济增长之间是倒"U"型关系。20 世纪 70 年代以后，越来越多的学者对库茨涅兹假说存在质疑，他们研究认为，贫富差距不会随着经济增长而逐步缩小，反而经济增长会带来越来越大的贫富差距，以致陷入恶性循环。

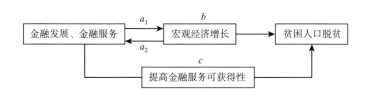

图 5-1　金融减贫的直接和间接机理

2. 金融减贫的直接作用机理：基于微观视角

从前面对于金融减贫的宏观作用机理研究可知，金融发展促进经济增长，经济增长再间接作用于贫困人口，依托"涓流效应"的金融间接减贫往往缺乏精准性。因为贫困人口自身资源禀赋和能力不足，不一定能够共享经济增长成果，为了提高金融减贫的精准性，贫困人口更加需要直接的金融服务。在图 5-1 中，路径 c 表示通过直接对贫困人口提供金融服务可以提高金融服务可获得性，金融服务包括储蓄、信贷、结算和保险等方面。储蓄服务可以为贫困人口提供积累资金的"安全场所"，贫困人口通过平时"积少成多"积累较大额度的资金，可以在未来实现更大的支出，改善自身的生产、生活条件。银行的信贷服务可以使穷人解除农业生产过程中自有资金的束缚，在自身资金积累不足的情况下改良农业生产设备，进行技术创新，扩大生产规模，有机会实现增收脱贫。保险服务可以缓解贫困人口在生产、生活过程中的脆弱性，降低各种意外情况或者不可抗力带来的负面影响。金融服务的获得是有一定门槛的，获得金融服务也需要自身的金融努力，这种"门槛效应"也能够对贫困人口产生自我激励作用，实现自主创业、自我雇佣，增加贫困人口脱贫的机会。

在金融减贫过程中，应该让直接效应和间接效应共同发挥作用，实现二者的有机统一，不仅要注重为贫困人口提供包括储蓄、信贷、结算等在内的具体金融服务，也要通过宏观层面的金融发展发挥金融减贫效应。而且，无论是在为具体的金融服务还是促进国家金融发展时，都要注重可持续性。金融机构提供各项具体的金融服务时要追求微观层面的可持续性，实现一国金融发展时要追求宏观层面的可持续性。各项具体的金融减贫服务的推进不能损害金融发展的可持续性，一个国家在实现金融发展时也要注重通过政策支持、完善金融组织体系、优化金融环境来帮助具体金融服务可持续性能够落实。

第二节 可持续性金融减贫的内涵和实现要素

我国一直以来非常重视金融在减贫增收中的作用，金融减贫为打赢脱贫攻坚战也做出了很大贡献，应该在正确理解金融减贫及其内在机制的基础上，基于实现全面脱贫和乡村振兴的需要，实现可持续性金融减贫。本节主要提出可持续性金融减贫的基本内涵和实现要素。

一、可持续性金融减贫的基本内涵

良好的金融体制、有效的金融服务可以改善资金流动和利用效率，对整体经济增长有促进作用，也可以实现微观经济主体的收入增长，但并不是所有人都能无条件获得金融服务，金融服务的获得是有一定门槛的。金融减贫也不是简单、直接地给贫困人口发钱，重点在于解决贫困人口面临的金融排斥问题，通过金融服务让贫困人口解除自我资金不足的困境，金融减贫更多的是给贫困人口提供脱贫的机会，贫困人口能否充分利用这个机会是以自身能力为基础的。贫困的外在表现是收入不足，从更深层次内涵来理解，收入不足只是能力贫困的表现。贫困人口有了脱贫能力，加上金融帮扶并再送一程，才能真正使贫困人口尽快赶上或者挤上"现代化的列车"，金融减贫的作用实际上就是培养或者帮助贫困人口提升重返现代化市场经济的能力。

　　一般来说，个人的收入来自"先天"和"后天"两个部分：（1）来自父母或者家庭的初始收入积累。这是"先天背景"的收入，个人家庭初始收入直接导致个人总体收入差异，更主要的是会影响教育、技能培训等相关机会，因为一般家庭背景好的人，更有机会获得更好的教育，拥有更多获得其他资源的机会。（2）依靠个人的努力获得的收入。由于每个人的教育水平、技术水平和其他能力的差异，不同的人收入获取能力存在差异。家庭背景不好的人也可以通过自身努力或者外部帮扶，改变先天不足导致的禀赋差异，跳出"家庭贫穷导致能力低下，能力低下导致继续贫穷"这个不良循环。个人收入水平可以表示为：

$$y(i,t) = a(i,t) \times r(i,t) + h(i,t) \times w(i,t) \qquad (5-8)$$

其中，$y(i,t)$ 表示个人的收入水平，$a(i,t)$ 表示个人初始收入积累水平，$r(i,t)$ 表示单位财富收益率，$h(i,t)$ 表示拥有的人力资本水平，$w(i,t)$ 表示单位人力资本的工资。

　　个人要从事生产发展，拥有一定的能力和技术是前提，个人能力除了受到先天智力的影响外，更多的是建立在后天教育水平的基础上。因此，个人能力是由智力水平 b 与教育程度 s 决定，智力水平和教育程度与个人能力存在正相关，用公式表示为：

$$h(i,t) = f(b,s), \frac{\partial f}{\partial b} > 0, \frac{\partial f}{\partial s} > 0 \qquad (5-9)$$

　　在资源配置过程中资源分配不均容易造成贫困的产生，教育资源不均是其中一个很大的因素，一个国家不仅应该拥有发达的教育体系，而且教育资源的分布也应该相对公平，使偏远地区或者低收入家庭的孩子也能享受较好的教育资源。但在现实中，很多贫困国家的贫困家庭的小孩因为家庭贫困只能获得较差的教育甚至面临失学的局面，而富裕人家的孩子能够享受更好的教育资源。导致个人受教育程度不仅与自身智力水平有关，还与家庭原始财富积累有关，用公式表示为：

$$s(i,t) = f\{b(i,t), a(i,t-1)\} \qquad (5-10)$$

为实现可持续性金融减贫，应该构建公平和发达的教育体系，让贫困人口也能够平等地享受教育资源。通过教育投入提升贫困人口的个人能力是实现可持续性脱贫的基础，用公式表示为：

$$s(i,t) = f\{b(i,t)\} \qquad (5-11)$$

另外，贫困人口生产发展不仅与生产能力有关，还与生产过程中所需资金投入有关。一般情况下，扩大再生产都需要更多的资金投入，经常会面临资金短缺的情况。对于富人来说，或者因为他们自身拥有自我资金积累，可以自己解决生产过程中的资金问题，或者因为拥有更好的社会关系，即使面临资金短缺也能提供担保和抵押，从而满足资金需求。对于农户来说，尽管具有合格的生产能力，但是往往由于家庭自我积累不足，而且也难以提供相应的担保和抵押，导致生产过程中面临的资金短缺不能及时有效解决，生产活动不能正常进行。生产收益率在很大程度上只能由家庭财富积累来决定，这种情况用公式表示为：

$$r(i,t) = f\{e(i,t), a(i,t-1)\} \qquad (5-12)$$

贫困人口由于初始资源禀赋不足，农业生产一般风险较高，收益较低，农户更加需要低成本、可持续的金融服务，否则个人生产能力就"无从发挥"。因此，可持续性金融减贫应该重点给有生产技能的农户提供金融服务，解决他们初始资金不足的问题，让他们都具有平等的生产机会，用公式表示为：

$$r(i,t) = f\{e(i,t)\}, \frac{\partial r}{\partial e} > 0 \qquad (5-13)$$

综合上述研究可以总结可持续性金融减贫的基本内涵：（1）可持续性金融减贫是在普惠金融发展的整体框架下进行，是"持久性"减贫而不是"临时性"减贫。金融减贫要遵循普惠金融发展的基本原则，但不仅仅只是实现金融机构财务层面的可持续性，更要注重发挥金融减贫中的金融机制作用。（2）可持续性金融减贫是"原因"减贫而不是"症状"减贫，收入低下只是贫穷的外在症状，关键在于找出贫穷背后的原因，政府、金融机构和农户共同努力，实现金融服务与脱贫能力有效结合，在能力提升的基础上实现收入增长。

二、可持续性金融减贫的实现要素

1. 正确的减贫理念是前提

政府、金融机构和脱贫人口要改变过去对金融减贫的认识误区，正确理解金融减贫的内涵，充分认识金融在扶贫开发中发挥作用的范围。要充分认识到金融不能解决所有原因导致的贫困，金融减贫要发挥作用，首先应该有一定的基础和条件。政府、金融机构和脱贫人口也要认识到金融减贫不是"一朝一夕"的短期内事情，金融减贫一直在路上，金融不仅要服务"绝对贫困"问题，还要服务未来长期存在的"相对贫困"问题，实现共同富裕。另外，政府、金融机构和脱贫人口要了解并尊重金融行业成长规律和运行原则，金融减贫不能以损害行业的长远发展为代价，贫困是相对的，无论是脱贫攻坚还是乡村振兴时期都离不开金融的作用，要树立可持续性金融减贫理念。政府、金融机构和脱贫人口对自己在金融减贫中的责任和地位应该有充分认识，应该相互协调，加强信息沟通，建立彼此之间的"互信"机制。

2. 内在能力提升是基础

实现金融减贫可持续性的基础条件就是要求贫困人口自身具有内在脱贫能力，因为金融机构对贫困人口的金融服务是给贫困人口提供脱贫致富机会，金融减贫贷款可能是脱贫致富的"必要条件"但不一定是"充分条件"。金融减贫贷款要能够真正帮助贫困人口脱贫致富，必须要求贫困人口具有内在脱贫能力。只有具有内在脱贫能力的农户与减贫贷款相结合，才有可能转变为脱贫致富的机会。贫困人口内在脱贫能力提升虽然不是金融本身能够完全解决的问题，需要财政、劳动、教育等政府部门共同努力，但是对于金融减贫来说非常重要，它构成了可持续性金融减贫的基础条件。

3. 普惠金融服务是内容

可持续性金融减贫是一项系统工程，不是简单地把减贫贷款发给贫困人口，要将金融减贫置于我国普惠金融发展的大视野下进行，发展普惠金融与金融减贫工作不是根本矛盾的，二者具有内在逻辑层面的一致性，可持续性金融减贫应该与普惠金融发展结合起来。实现可持续性金融减贫需要完善的普惠金融组织体系为基础，商业性金融、政策性金融甚至合作性金融都可以在金融减贫中发挥作用，而且，不同的金融减贫形式应该相互协调，发挥各自优势，才能产生更好的整体效应。另外，要通过构建完善的普惠金融体系，加强基础金融服务，特别是在数字金融时代，加强为老年群体提供基础金融服务，为全面推进乡村振兴提供可持续性金融服务。

4. 融资增信是保障

我国普惠金融发展至今取得了显著成就，但信息不对称、交易成本高依然是难点问题，而贫困人口更是"三农"领域或者农村地区收入更低的群体，更加难以成为金融机构的合格贷款对象，金融减贫对金融机构来说更是一种挑战。政府作用在可持续金融减贫模式中很重要，为了实现金融减贫的可持续，政府应该为金融减贫"保驾护航"，要加大一些政策、制度方面的创新，增加可用于抵押、担保的渠道，完善农村信用环境，增加贫困人口的信用等级，为贫困人口融资增信，使他们能够成为金融机构的合格贷款对象。政府介入融资增信能够克服"自发"增信模式进程缓慢、成本高、作用范围窄的问题，有利于改变完全依靠市场力量可能存在的自发、无序方面的不足。因此，构建有效的融资增信机制非常重要，这不仅是实现可持续性金融减贫的保障，也是促进我国普惠金融长远发展的重要内容。

可持续性金融减贫的基本思想逻辑如图5-2所示，值得注意的是，以上四个方面的要素是从实现可持续性金融减贫的先后顺序条件来说的，具备了较好的前提和基础，通过适当的内容，加上相应的保障，才能有效地实现可持续性目标。值得注意的是，这四个方面并非绝对的"先后发生"，而是应该与具体金融减贫内容融合在一起才能发挥作用，单独哪一方面的要素都无法真正实现可持续性金融减贫目的。而且，在以上四个方面要素中，"普惠金融服务是内容"是核心，因为我国发展普惠金融，健全普惠金融服务就是要为全面推进乡村振兴和实现共同富裕提供可持续性金融服务，无论是在商业性还是政策性金融乡村振兴过程中，都需要相应的理念创新、能力提升和保障措施等。

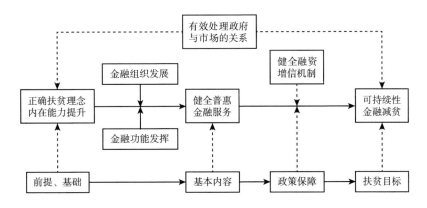

图 5-2　可持续性金融减贫的思想逻辑

第三节　乡村振兴时期可持续性金融减贫的目标和优势

一、可持续性金融减贫的目标要求

在全面推进乡村振兴时期，可持续性金融减贫一方面要总结过去金融减贫的经验和不足，另一方面也要考虑未来"三农"工作重心向乡村振兴转移的整体趋势。

（一）可持续性金融减贫的总体目标：为扎实推进共同富裕服务

共同富裕是社会主义的本质，也是社会主义的奋斗目标，早在 1953 年我国就提出"共同富裕"的概念。改革开放以后，我国整体综合国力和人民生活水平不断提升，但与此同时城乡差距、贫富差距也在不断扩大，还有部分群众生活依然困难甚至处于贫困状态，也由此引发了一些社会问题。"实现社会主义共同富裕"思想也是邓小平建设有中国特色社会主义理论的重要内容。我国 2000 年的基尼系数为 0.409，而后每年不断增长，到 2008 年增长到 0.491。[①] 在党的十六大以后，党中央就做出了构建和谐社会的重大部署，即促进社会公平正义，走共同富裕之路。2009 年以后我国领导人讲话中和报刊媒体开始出现"包容性增长"的说法。"包容性增长"也是实现共同富裕的方式之一，二者在思想内涵上是一致的，都是要在兼顾效率和公平的前提下允许一部分人先富起来。2015 年 10 月党的十八届五中全会提出，要在提高发展平衡性、包容性和可持续性的基础上实现 2020 年国内生产总值和城乡居民人均收入比 2010 年翻番，"包容性增长"首次写入国家规划建议。"包容性增长"要求整体经济发展成果为人民所共享，走共同富裕之路，要坚持"发展为了人民"，同时也要坚持"发展依靠人民"，发挥经济发展中人民群众的自我积极性和主动创造性。2021 年 8 月，在脱贫攻坚与乡村振兴的衔接时期，在朝着实现第二个百年奋斗目标迈进的时期，习近平总书记提出扎实推进我国共同富裕的重要思想论述。

共同富裕是在消除贫困的基础上，我国社会主义经济发展的一个长期目标任务。共同富裕体现的不仅仅是经济总量达到相当的规模，它更加注重经济发展质量，更加注重收入增长背后的收入分配结构问题。我国已经消除绝对贫困，实现了小康社会的奋斗目标，为实现共同富裕奠定了坚实的基础，继续推进共同富裕就是要增强社会的公平性，不同类型的经济主体、不同阶层的社会人群都应该能够平等而不是平均地享受到社会主义经济发展的成果，推进共同富裕也是一个可持续发展的过程。可持续性金融减贫既有利于巩固当前脱贫成果，从长远来看也有利于扎实推进我国共同富裕进程，可持续性金融减贫要以实现共同富裕目标为指引。

"减贫"与"共同富裕"之间存在理论逻辑层面的一致性，在资源配置

---

① 资料来源：《中国住户调查统计年鉴》《中国统计年鉴》。

过程中会出现贫富差距，为实现社会发展的公平、正义，就应该通过发挥外部力量对贫困人口开展帮助和扶持，让贫困人口也能够获得平等的生存和发展机会。本章研究借用社会收入集中程度曲线概念来说明共同富裕与减贫之间的内在关系，社会收入集中程度曲线是反映一个国家社会收入移动趋势的曲线，可以用公式（5 - 14）表示：

$$S = \left(y_{1,} \frac{y_1 + y_2}{2}, \frac{y_1 + y_2 + y_3}{3}, \cdots, \frac{y_1 + y_2 + y_3 + \cdots + y_n}{n} \right) \qquad (5 - 14)$$

其中，S 表示社会收入集中程度曲线，对社会不同人群的收入水平按照从低到高的顺序进行分类，n 表示从低到高排列的不同档次收入水平的人口数量，y_1，y_2，$\cdots$，y_n 表示从低到高排列的不同档次的收入水平。y_1 是收入最低的穷人的收入，y_n 是收入最高的富人的收入。可以看出，社会收入集中程度曲线体现了贫富差距，可以用来衡量社会经济增长"包容性"，可以体现共同富裕的实现程度。

设定 $\overline{y_i}$ 表示收入水平前百分之 i（$0 \leqslant i \leqslant 100$）人口的平均收入，$\overline{y}$ 表示全部人口平均收入，社会收入移动指数 $\overline{y^*}$ 可以用公式（5 - 15）表示：

$$\overline{y^*} = \int_0^{100} \overline{y_i} d_i \qquad (5 - 15)$$

社会收入移动指数体现了社会收入分布的变化幅度，$\overline{y^*}$ 越大，则社会收入水平越高。当 $\overline{y^*} = \overline{y}$ 时，社会收入分布达到绝对公平状态。当 $\overline{y^*} < \overline{y}$ 时，社会收入分布是不公平的。而社会收入不可能达到绝对公平。

设定 γ 表示收入分布平等程度，$\gamma = 1$ 表示收入分布绝对公平，当社会收入分布状况越公平，γ 就会越接近 1。

$$\begin{aligned} \gamma &= \frac{\overline{y^*}}{\overline{y}} \\ \overline{y^*} &= \gamma \times \overline{y} \\ d\overline{y^*} &= \gamma \times \overline{dy} + d\gamma \times \overline{y} \\ \frac{d\overline{y^*}}{\overline{y^*}} &= \frac{\overline{dy}}{\overline{y}} + \frac{d\gamma}{\gamma} \end{aligned} \qquad (5 - 16)$$

公式（5-16）中 $d\overline{y^*}$ 是社会收入移动指数的变动程度，反映共同富裕情况。$d\overline{y^*}>0$ 表示国民经济的增长更多的是有利于低收入人群，低收入人群更能够从经济增长中获利，此时的经济增长达到了"包容性"状态，社会贫富差距会逐渐缩小，共同富裕会逐步实现。从公式（5-16）中可以得出两个结论。

结论1：从实现共同富裕的途径来看，共同富裕的实现途径可以从社会平均收入变动率和贫富差距变动率两个方面入手，有三种思路可供选择。第一，当社会收入分布平等程度为既定不变的 γ 时，可以通过国民经济整体增长来实现社会平均收入 $\overline{y}$ 增加，这是在既定的收入分配制度下，通过做大"增量"来实现共同富裕。第二，当社会平均收入 $\overline{y}$ 既定，此时可以通过收入分配制度改革等相关政策，提高 γ 来实现。这是在既定"存量"收入内实施收入再次分配，发挥政府的作用，进行国民收入的内部结构调整，从而实现共同富裕。第三，现实中往往是第一和第二选择的结合，通过"做大增量"和"存量优化"，通过实现经济增长的同时提高社会收入分布平等程度实现共同富裕。

结论2：从共同富裕的实现结果来看，共同富裕的实现程度取决于 $\overline{dy}$ 和 $d\gamma$ 的符号和具体数值，有四种思路可供选择。第一，如果 $\overline{dy}>0$，$d\gamma<0$，表示社会平均收入增加了，但与此同时贫富差距也在增大，这是一种最常见的情况，经济增长的同时往往伴随着贫富差距的扩大，贫困问题就会产生，此时需要关注经济增长的包容性和共享性。第二，如果 $\overline{dy}<0$，$d\gamma>0$，表示通过收入分配制度改革或者其他措施使贫富差距减少了，但贫富差距减少的同时伴随着社会平均收入下降，不是我们所希望看到的缩小贫富差距的样子，共同富裕不是所有人同时富裕，不是"劫富济贫"。实现共同富裕不能损害经济机制正常运行，共同富裕应该是在经济增长条件下的共同富裕，使社会民众的获得感不断增强。第三，如果 $\overline{dy}<0$，$d\gamma<0$，表示社会平均收入增长减缓，收入贫富差距也增大，这意味着可能出现经济衰退，社会收入分配制度也对低收入人群不利，这与共同富裕的目标更是背道而驰的。第四，如果 $\overline{dy}>0$，$d\gamma>0$，表示不仅社会平均收入增加，而且社会收入分布平等程度改善，表明通过结论1所提到的第三种选择，朝着实现共同富裕目标迈进。

从我国的实际情况来看，实现包容性增长、共同富裕与全面建成小康社会的新思路是紧密契合的，共同富裕的核心内容就是降低居民之间收入分配的不平等，消除贫困。但消除绝对贫困不等于共同富裕目标完全实现。实现共同富裕，让所有人共享经济发展的成果是一个长期的过程，人民对美好生活的向往是长期奋斗目标，实现"两个一百年"和中华民族伟大复兴的"中国梦"，都是为了更好地实现共同富裕。脱贫攻坚结束以后，巩固脱贫成果，实现全面脱贫和乡村振兴是"三农"工作的重心，虽然绝对贫困已经消除，但相对贫困将长期存在，依然需要持续不断的金融服务，"金融减贫"依然不会过时。无论在绝对贫困时代，还是相对贫困时代，金融减贫的内在机制都是一样的。可持续性金融减贫以实现减贫可持续性为目标，要求社会各界特别是金融机构、政府和服务对象正确认识金融在减贫和农村经济发展中的作用，要求充分发挥金融减贫对象的内在自我发展能力，以构建普惠金融体系为主要内容，同时要求政府在风险分担和利益补偿方面有效发挥作用，有利于扎实推进共同富裕。

（二）乡村振兴时期可持续性金融减贫的具体目标

可持续性金融减贫要为实现共同富裕服务，具体来说，应该在以下方面为乡村振兴提供金融支持。

1. 在时间上提供"持续性"服务

脱贫攻坚全面胜利以后，我国已经消除绝对贫困，当前处于巩固脱贫成果，真正实现全面脱贫的过渡时期，我国将全面推进乡村振兴和农业农村现代化，实现第二个百年奋斗目标。不管在哪个时期和面临什么样的任务，都需要相应的金融支持。不管在哪个时期都存在相对贫困人口，金融都应该关注对相对低收入群体的服务。改革开放以来乃至将来的任何时期，都离不开持续性金融服务。即使以后我们在提法上不再叫作"金融减贫"了，但金融服务低收入和弱势群体的基本导向不会变，从内在实质层面来看依然是金融减贫，只是这个"贫"由原来的既有贫困标准下的绝对贫困人口变成了动态贫困标准下的相对贫困人口。因此，可持续性金融减贫要在时间上持续地发挥作用。

2. 在效应上提供"持续性"服务

在 2020 年之前的脱贫攻坚时期，如何帮助当时的贫困人口实现"两不愁""三保障"，摆脱绝对贫困，是当时金融减贫工作的短期目标。为实现这个时间短、任务重的目标，在金融减贫过程中采取一些超常规的手段也是合理的。在全面推进乡村振兴时期，可持续性金融减贫不仅要在时间上持续性服务，更要实现可持续性减贫效应。不仅要注重短期内效应的发挥，也要注重较长时期内的效应发挥，要有效处理好短期目标与长期目标之间的关系。要注意金融减贫效应的持续性发挥，避免帮助脱贫以后又出现返贫，这样才能扎实推进共同富裕。

3. 在金融机构发展上实现财务"可持续"

要为脱贫攻坚、全面脱贫、乡村振兴直至以后更长时间提供持续性金融服务，并确保效应可持续性，金融机构在其中发挥着重要作用。金融减贫业务存在很大的"政策性"和"社会性"，金融机构为"三农"或者低收入人口服务与自身可持续发展之间存在一定的矛盾。金融减贫过程中都要注重自身发展可持续性，否则金融机构将缺乏持续的积极性和能力，即使短期内在政府要求下参与了金融减贫，但从内心上也许是"迫不得已"，缺乏内在动力和积极性，只是把它当作政府任务来完成。追求自身发展的可持续对于商业性金融机构来说更加明显，但即使是政策性金融机构，虽然把"政策性"定位放在首位，也不能完全不顾金融行业内在的市场属性，不能完全依靠政府保护而生存，政策性金融机构也要注重自身发展可持续。

4. 在普惠金融发展上实现机制"可持续"

可持续性金融减贫要在普惠金融发展的思路框架下进行，党的十八届三中全会以来，发展普惠金融已上升为国家层面的重大决策，是整个金融领域创新改革的主要内容。可持续性金融减贫要遵循普惠金融发展的基本原则，即使是在短期内采取超常规的金融减贫手段，也应该遵循农村金融发展的基本原则与要求，不能损害农村金融的市场机制有效运行。这也是实现金融减贫时间持续、效应持续和金融机构财务可持续的基础。

综上所述，全面推进乡村振兴所追求的可持续性金融减贫，应该是在实现金融机构自身财务可持续的基础上，在提升减贫对象自我能力的基础上，注重所支持的减贫项目能够产生持续性效应，而不仅是减贫对象短期内的收入增长，整个减贫过程中要注重发挥农村金融市场机制的作用，这样不仅能够巩固脱贫攻坚成果，实现"真脱贫"，还能够为实现乡村振兴打下坚实基础。可持续性金融减贫的基本目标如图 5 - 3 所示。

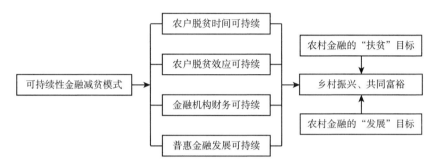

图 5 - 3　乡村振兴时期可持续性金融减贫的具体目标

二、可持续性金融减贫在实现乡村振兴目标方面的优势

在全面推进乡村振兴时期，金融减贫的任务、重点与要求都发生了变化，需要进行金融减贫创新，可持续性金融减贫具有以下三点优势。

1. 有利于实现金融减贫中政府与市场协同发力

可持续性金融减贫在普惠金融发展的思路框架下进行，无论是金融机构、政府还是减贫对象都清楚金融减贫的基本原理，知道自己该干什么，不该干什么。因此，可持续金融减贫能有效发挥政府与市场各自的作用，实现政府与市场协同发力，发挥机制优势。该模式下的金融减贫是一项"持续性"行为，当前的金融减贫不能损害农村金融市场化运行机制，金融减贫"永远在路上"。在脱贫攻坚时期，为实现短期内的脱贫任务，在金融减贫实践中采取了一些超常规的手段，这在特定时期内本身具有一定的合理性。脱贫攻坚结束以后，要建立解决相对贫困的长效机制，金融减贫成为常态化的工作，要实现全面脱贫、乡村振兴和社会主义现代化强国的远景目标，就要纠正过去金融减贫中存在的急功近利的短视行为，改变过去金融减贫中过度的政府干预甚至包办行为，充分发挥市场的力量，为我国社会经济发展提供有效的金融服务。

2. 有利于实现金融减贫中供给与需求双向协调

在可持续金融减贫模式下，金融减贫要以减贫对象的内在能力为前提，要求减贫对象具有良好的信用记录和信用意识，具有一定的金融素养，能够合理评估自己的资金需求和负债能力，对国家金融减贫政策有合理的理解，并拥有一定的农业生产技术等。从金融机构层面来说，金融减贫不搞全覆盖而是选择性执行，在普惠金融理念的指导下，金融机构注重从供给层面加强产品、技术等方面的创新。而且，政府努力构建完善的风险分担和利益补偿机制，注重为减贫对象提供增信服务，这些有利于缓解金融减贫中不同主体之间的信息不对称，因此可持续金融减贫模式具有较大的信息优势，有利于更好地实现金融服务供需的协调。在脱贫攻坚时期，金融减贫更多地基于政府的意愿，国家相关政策变动频繁，金融机构的意愿得不到足够的体现，金融机构对于减贫产业和农户缺乏足够的了解，导致政府、金融机构和农户彼此之间都存在信息不对称，不利于实现金融减贫的可持续性目标。在全面乡村振兴时期，金融减贫对象将由原来建档立卡农户这些特定对象扩大到更多的低收入人群，更多的新型农业经营主体将成为金融服务的重点，由此金融服务种类的需求也更加多元化，金融机构也将由脱贫攻坚时期的"补给型"向"效率型"转变。这更加要求增强供给方和需求方的相互了解，缓解二者的信息不对称问题。

3. 有利于实现财务绩效与社会绩效相协调

金融减贫的本质在于为低收入人群提供金融服务，这对于具有盈利动机的金融机构来说，金融服务贫困人口本身就是一种社会责任。在脱贫攻坚的特定时期，"扶贫"这个政治属性更加突出，因此，金融减贫由金融机构"内在化"的社会责任变成了"外在化"的政治使命。脱贫攻坚结束以后，金融减贫的政治使命有所弱化，但依然是一种社会责任，实现财务绩效与社会绩效协调依然是金融减贫中应该遵循的基本原则。在可持续金融减贫模式下，政府不再把减贫任务强加在金融机构身上，而是注重政策激励和引导，为常态化的金融减贫创造良好的外部环境，特别是在风险分担、利益补偿、信用建设、融资增信等方面有效发挥作用。注重金融机构自身可持续发展，把金融减贫不是看成一种负担而是看成促进自身发展的方向领域。该模式下的金融减贫注重以客户的内在能力为基础，而且，该模式下的金融减贫是在普惠金融发展的整体思路下进行，不以损害金融市场运行机制为代价，避免短视行为，注重政府、金融机构和服务对象自我能力提升和行为规范，这些都为金融机构实现财务绩效与社会绩效协调打下了基础，有利于金融减贫的常态化推进。

第四节　本章小结

前面几章的内容主要是总结我国金融减贫存在的问题，基于实现全面脱贫和乡村振兴的需要，提出了"我国应该实现可持续性金融减贫"这一论断。本章主要回答了"什么是可持续性金融减贫"这个问题。（1）本章研究首先对贫困的产生和金融减贫的作用机理进行了归纳。贫困不仅是一个经济现象，也是社会学命题，消除贫困是通过一定的手段改变资源初次分配过程中的不均衡问题。金融对于缓解贫困具有很重要的作用，资本是缓解贫困的重要因素，金融作用于贫困存在直接和间接两条途径。（2）本章研究基于我国实现全面脱贫和乡村振兴的需要，提出可持续性金融减贫应该在扎实推进实现共同富裕的整体目标要求下，在时间、效应上提供"持续性"服务，而且要在"机制"上有利于普惠金融的"可持续"发展，既实现农村金融的"发展"目标，也实现农村金融的"减贫"目标，实现"双重目标"的协调。（3）本章提出了可持续性金融减贫的基本思想，我们所构建的金融减贫模式应该有利于实现金融减贫中政府与市场协同发力，有利于实现金融减贫中供给与需求双向协调，有利于实现财务绩效与社会绩效协调。（4）本章还提出可持续性金融减贫包含的四个要素：正确的理念是前提，内在能力提升是基础，健全普惠金融服务是内容，政府融资增信是保障。实现可持续性金融减贫不是"另起炉灶",主要是在原有基础上"补短板",利用好金融减贫的已有基础,补上衔接时期及以后时期所需要的"新元素"。

在前面的研究中提到,由于金融减贫的内容范围很广,为了更好地抓住研究重点,体现研究深度,本书主要研究银行类金融机构的金融减贫问题。我国参与金融减贫的银行类金融机构主要有以数量众多的农村商业银行为代表的商业银行,以中国农业发展银行为代表的政策性银行,还有一些村镇银行参与金融减贫。这些金融机构对贫困地区和贫困人口开展信贷、支付、结算等金融服务,其中扶贫小额信贷是我国金融减贫的生动体现和主要内容。第三章、第四章基于农村金融"双重目标"和实现脱贫攻坚与乡村振兴衔接的视角,剖析金融减贫中存在的不利于"可持续"的问题,为我国金融减贫可持续性模式构建提供了现实依据。第五章提出了可持续性金融减贫的理论框架和基本要素,为衔接时期及以后时期我国金融减贫发展提供了方向指导。

本书从正确的理念是前提,内在能力提升是基础,健全普惠金融服务是内容,政府融资增信是保障这四个方面提出实现可持续性金融减贫的基本要素,这四个方面是从实现可持续性金融减贫的先后步骤和具体过程来提及的,这四个方面要素的理论研究内容涉及很广,在具体的实践过程中,以上每一个步骤和要素都应该融入具体的金融减贫内容中。金融理念创新、内在能力提升等方面不仅涉及金融改革方面的问题,还涉及教育等方面。要让社会各界树立正确的理念,纠正过去长期以来形成的错误观念,树立正确的金融意识,需要在文化层次上有较大的提升,需要不断的宣传教育,而且受到金融改革过程中一些实际政策执行情况的影响,这是一个较长时期的"潜移默化"的过程。内在能力提升也是如此,需要在树立正确理念的基础上,大力加强我国基础教育和职业教育,做好专业技能的培训工作,做好乡村振兴所需要的人才培养工作,为全面推进乡村振兴和实现共同富裕做好人才储备工作。因此,金融理念创新、内在能力提升更多的是涉及文化、教育和道德理念等方面的问题,而且金融减贫也是一个系统性工程,涉及经济学、哲学、社会学和政治学等方面。本书是从经济学视角研究金融减贫问题,主要依托金融发展理论、农村金融理论等经济学理论进行研究,在本书的后续章节研究中,没有直接对金融减贫理念创新、农户内在能力提升进行单独研究,而是在我国已有金融减贫内容的基础上，结合乡村振兴的要求，重点从商业银行的扶贫小额信贷、政策性金融信贷减贫、支付结算类金融减贫服务等方面进行具体研究，从"具体内容"的角度研究如何通过普惠金融体系建设来实现可持续性金融减贫，在不同金融减贫内容的研究中，也将本章所提出的可持续性金融减贫的基本要素融合进去。另外，从经济学角度来看，金融减贫需要政府与市场行为的有效结合，全面推进乡村振兴背景下实现可持续性金融减贫需要政府发挥应有的作用，重点在"融资增信"方面发挥作用。因此，在后续章节的研究中，对于可持续性金融减贫下的政府融资增信问题也进行了重点研究。

第六章　乡村振兴时期接续推进
小额信贷发展研究

"这几年，扶贫小额信贷对支持贫困群众发展生产发挥了重要作用，要继续坚持"，习近平总书记在 2020 年 3 月决战决胜脱贫攻坚座谈会上明确指出。① 发放扶贫小额信贷是我国商业银行金融减贫的生动体现，特别是农村商业银行，它们数量最多，最接近农村，是金融减贫的主力军。回顾改革开放后金融减贫历程，"农户"一直是我国主要的农村经营主体，是金融减贫的主要直接对象，从最初的扶贫贴息贷款到后来的农户小额信用贷款，都是属于"到户型"金融产品。在金融精准扶贫战略时期，我国面向农户精准发放的扶贫小额信贷，单笔额度不大，与一些大型银行发放的易地搬迁或者产业扶贫贷款相比，从发放总量上不占优势，但扶贫小额信贷涉及县、乡镇，以及当时的地方扶贫办和地方金融机构等多个部门和机构，农户覆盖面广，社会影响力大，成为我国金融减贫的生动体现和主要内容，为打赢脱贫攻坚战发挥了重要作用。近年来，我国乡村振兴规划和银保监会、中国人民银行出台的金融服务指导意见等都明确提出要坚持扶贫小额信贷。当然，扶贫小额信贷在过去的实践中也存在不足，需要进行完善。另外，尽管脱贫攻坚任务已经完成，扶贫小额信贷可能在名称上不再突出"扶贫"二字，但小额信贷服务低收入人群的宗旨不会变，小额信贷减贫依然是需要高度关注的问题。在未来很长一段时期，"大产业"农业和"小产业"农业并存发展，农户依然是农村重要生产经营主体，小额信贷具有很大的发展空间。因此，坚持完

① 习近平：在决战决胜脱贫攻坚座谈会上的讲话［N/OL］. 新华网，2020 – 03 – 06

善小额信贷是实现可持续性金融减贫的重要内容。本章内容结合第五章提出的可持续金融减贫模式的基本要求和思想，研究小额信贷的作用机理和效应，总结过去小额信贷实践中存在的不足，提出进一步完善小额信贷的"双线"融合思路，以满足全面脱贫，实现乡村振兴的要求。

第一节　从扶贫贴息贷款到扶贫小额信贷

我国从改革开放后的 20 世纪 80 年代开始出现小额信贷的一些做法，到 1993 年正式引入小额信贷模式。而后从 1999 年开始，中国农业银行、农村信用社通过运用小额信贷模式发放农户小额信用贷款开展支农业务，并一直延续至今，成为我国普惠金融发展的重要内容。2014 年印发《关于创新发展扶贫小额信贷的指导意见》，提出要完善扶贫贴息贷款政策和机制，进入扶贫小额信贷时期。可以看出，我国小额信贷发展有较长时间，同时也是个新事物，精准扶贫时期的扶贫小额信贷有新内容、新思想，但不论在什么阶段，小额信贷扶贫助弱的本质没有变化。

一、从扶贫贴息贷款到扶贫小额信贷的政策演变

从 1986 年开始我国从救济式扶贫进入开发式扶贫阶段，由中央财政预算扶贫资金投入，我国实施扶贫贴息贷款政策模式，成为我国制度化金融减贫政策的开端。扶贫贴息贷款由中国农业银行负责发放，贷款本金由中国人民银行通过再贷款专项资金安排，由财政资金对扶贫贷款优惠利率与同期市场贷款利率的差额进行贴息。政策初衷是要为农户提供贷款支持，因此实施之初是要求资金直接到户的，但由于我国当时整体的扶贫道路是要将扶贫开发与发展商品经济结合起来，立足于对整个贫困县进行扶贫开发。因此，从 1987 年直至 90 年代中期，扶贫贴息贷款重点面向"县域"和"产业"层面发放，绝大多数扶贫资金流向了工业项目，真正的贫困户获得贷款资金的占比很少，扶贫贴息贷款资金漏损情况严重，对农户的瞄准性差。1996 年中央

扶贫工作会议提出，要把具体帮扶落实到贫困村和贫困户，把解决贫困户的温饱问题摆在首位，要有效处理好促进地方经济发展这个"整体"问题与解决贫困户温饱这个"细微"问题之间的关系，实际上提出要瞄准贫困户的整体扶贫开发方针，自此以后，我国扶贫贴息贷款开始注重到户贷款的发放，但对于龙头企业和产业项目的扶贫贴息贷款依然存在。国家对于扶贫贴息贷款政策也进行了多次改革调整，1999 年中国人民银行印发了《关于调整扶贫贴息贷款和再贷款利率的通知》，2001 年 6 月印发《扶贫贴息贷款管理实施办法》，这两个文件主要对扶贫贴息贷款的具体实施进行了调整和明确。为进一步提高扶贫贴息贷款资金使用效率，2004 年，我国扶贫贴息贷款实施了试点改革，分为"到户贷款"试点改革和"项目贷款"试点改革。为进一步提高资金使用效率，特别是提高到户贷款在扶贫贴息贷款中所占的比例，2005 年 7 月国务院扶贫办印发《关于开展建立"奖补资金"推进小额贷款到户试点工作的通知》，在江西、重庆、贵州、陕西 4 省（直辖市）各选 2 个县开展"奖补资金"试点，2006 年增补河北、湖南、云南、广西 4 省（区）试点。2006 年 7 月和 2008 年 4 月，国务院扶贫办下发《关于深化扶贫贴息贷款管理体制改革的通知》和《关于全面改革扶贫贴息贷款管理体制的通知》，对扶贫贴息贷款政策进行了制度性改革，特别是在承贷银行、贷款本金安排等方面做出了根本性变革。

由此可见，我国扶贫贴息贷款政策从 1986 年开始以来，最初主要是面向县域、项目的贷款，由于瞄准性差，后来逐渐形成了"到户贷款"与"项目贷款"共同推进的局面，扶贫贴息贷款政策经历了很多次改革，一直贯穿我国金融减贫的整个历程。直到 2014 年国务院扶贫办印发《关于创新发展扶贫小额信贷的指导意见》，我国扶贫贴息贷款政策才发生了重大变化。该指导意见对原来扶贫贴息贷款的"到户贷款"进行了改革创新，原来扶贫贴息贷款"到户贷款"变成了精准扶贫时期的"扶贫小额信贷"，扶贫小额信贷逐渐成为脱贫攻坚时期金融减贫的重要"抓手"。扶贫小额信贷属于扶贫贴息贷款的一个"分支"部分，是出于精准扶贫目标和打赢脱贫攻坚战需要重点推出的金融产品。扶贫贴息贷款从 20 世纪 80 年代创设以来，历经 20 多年的发展改革，具体情况如表 6 - 1 所示，对我国扶贫开发事业做出了很大的贡献，但不容否定的是扶贫贴息贷款在具体实践中存在不少问题。扶贫小额信贷政策创新性推出以后，它与扶贫贴息贷款政策有什么区别？能否解决原有扶贫贴息贷款中的问题？这些问题值得继续研究。

表 6 – 1　　　　　　扶贫贴息贷款制度实施以来的相关改革文件

时间	文件名称	牵头印发单位	主要内容
1986 年 11 月	《中国人民银行、中国农业银行扶持贫困地区专项贴息贷款管理暂行办法》	中国人民银行	从 1986 年起连续 5 年每年发放 10 亿元专项贴息贷款，开启我国扶贫贴息贷款模式
1994 年 4 月	《国家八七扶贫攻坚计划（1994～2000 年）》	国务院	扶贫贴息贷款划归中国农业发展银行办理
1999 年 9 月	《关于调整扶贫贴息贷款和再贷款利率的通知》	中国人民银行	中国人民银行不再发放扶贫贴息再贷款，扶贫贴息贷款统一执行优惠利率 3%
2001 年 6 月	《扶贫贴息贷款管理实施办法》	中国人民银行	扶贫贴息贷款资金由中国农业银行统一调度，对贷款利率、贴息范围和期限做出规定
2001 年 6 月	《中国农村扶贫开发纲要（2001～2010 年）》	国务院	积极稳妥地推广扶贫到户的小额信贷
2005 年 7 月	《关于开展建立"奖补资金"推进小额贷款到户试点工作的通知》	国务院扶贫办	开展建立"奖补资金"推进小额贷款到户的试点
2006 年 7 月	《关于深化扶贫贴息贷款管理体制改革的通知》	国务院扶贫办	扶贫贴息贷款分为到户贷款和项目贷款两部分进行
2008 年 4 月	《关于全面改革扶贫贴息贷款管理体制的通知》	国务院扶贫办	对扶贫贴息贷款的承贷机构、贷款本金、管理权限等做出全面改革
2011 年 5 月	《中国农村扶贫开发纲要（2011～2020 年）》	中共中央、国务院	继续完善扶贫贴息贷款政策
2014 年 12 月	《关于创新发展扶贫小额信贷的指导意见》	国务院扶贫办	对建档立卡农户实施扶贫小额信贷，促进贫困人口脱贫致富

二、扶贫贴息贷款政策与扶贫小额信贷政策的区别

通过前面的分析可以发现，扶贫小额信贷与扶贫贴息贷款都由金融机构

发放、财政给予利息补贴，目的在于改善贫困地区生产、生活条件，提高收入水平，推动地区经济发展，二者也存在以下五个方面的区别。

1. 从承贷机构来看

扶贫贴息贷款在 1994 年以前由中国农业银行承担，从 1994 年开始扶贫贴息贷款转由政策性金融机构中国农业发展银行承担，2008 年以后，扶贫贴息贷款的承贷机构扩大到各家银行业金融机构，有意愿参与扶贫的金融机构都可承担扶贫贴息贷款发放。自 2014 年我国创新性开展扶贫小额信贷以来，扶贫小额信贷可以由农业银行、农村商业银行和村镇银行来承担，在具体实践中主要由各地农村商业银行来承担。因为农村商业银行具有服务农村的传统，数量众多，直接面对贫困地区，是金融减贫的主力军。而且，我国精准扶贫工作由各市县直接落实，各地农村商业银行是县域法人，与市县政府存在千丝万缕的关联，市县政府一般也更多地依靠当地农村商业银行发放扶贫小额信贷，完成金融减贫任务。

2. 从贷款资金来源来看

扶贫贴息贷款的贷款本金在 2001 年前由中国人民银行再贷款专项资金安排，实施扶贫再贷款优惠利率，1999 年后中国人民银行不再发放扶贫贴息再贷款，2001 年《扶贫贴息贷款管理实施办法》再次明确要求中国农业银行在系统内统一调度贷款资金，如果资金有困难可以向中国人民银行申请正常再贷款资金支持。2008 年我国将承贷机构扩大到所有银行业金融机构以后，要求承贷机构自己安排贷款本金。扶贫小额信贷的贷款资金主要由承贷机构承担，为支持脱贫攻坚，2016 年 3 月，在原有的支农再贷款科目下，中国人民银行对贫困地区农村商业银行、村镇银行等地方法人机构设立扶贫再贷款，为地方法人金融机构提供稳定和较长期限的资金来源，支持扶贫小额信贷资金投放，实施比支农再贷款更优惠的利率。

3. 从扶贫贷款对象来看

扶贫贴息贷款分为项目贷款和到户贷款两大类，项目贷款的对象是能够带动农户增收的龙头企业、农村中小型基础设施和社会事业项目，特别是那些投资不大、见效较快而且产品有销路，能够发挥当地的资源优势，有利于带动农户解决温饱的生产项目。扶贫贴息到户贷款的对象是农户，主要通过发挥农户自身的内在能力，支持农户发展种养殖生产，达到增收脱贫目标。扶贫小额信贷为农户量身定做，不能用于与脱贫无关的支出，只能用于发展产业。可以看出，扶贫小额信贷是由扶贫贴息贷款中的到户贷款发展而来。

4. 从贷款条件来看

扶贫贴息贷款由财政对到户贷款按年利率5%、项目贷款按年利率3%的标准给予贴息，贴息期限是1年。由承贷的金融机构根据当时的国家基准利率和浮动利率来确定扶贫贴息贷款利率，贷款利率与基准利率之间的差额由政府补贴。可以看出，扶贫贴息贷款的客户自己还是要承担基准利率贷款利息，财政贴息主要起到降低农户的贷款成本、提高金融机构贷款积极性的作用。2014年以后的扶贫小额信贷不需要担保和抵押，由财政全额贴息。

5. 从贷款发放过程中政府与市场的关系来看

从我国扶贫贴息贷款制度改革历程可以看出，扶贫贴息贷款开始是以政策性为主，主要发放到县级层面，地方政策参与较多。进入20世纪90年代以后，我国提出扶贫资金要与使用效益挂钩，银行贷款要用于经济效益较好、能还贷的项目，确保能够及时回收，同时要求提升扶贫贴息贷款的到户率，实际上是重视农户自身的内在脱贫能力，使农户作为单独的市场主体有机会进入农村金融市场。扶贫贴息贷款管理制度在90年代末期和21世纪初期经历的几次调整，都体现出整体的市场化改革方向。2008年的扶贫贴息贷款制度改革更是明确提出要坚持政府引导、市场运作的基本原则。由此可见，扶贫贴息贷款制度从成立以来，市场化导向越来越明显，与我国改革开放以后整体经济的市场化改革倾向是相符的，而且整个改革都坚持"先试点""后推广"的"渐进式"基本原则。2014年，我国在扶贫贴息贷款的基础上创新发展扶贫小额信贷时，提出要坚持政府引导、市场运作的基本原则。2015年脱贫攻坚战全面打响以后，要在2020年实现精准扶贫目标，成为各级政府的"军令状"，扶贫小额信贷成为金融减贫的重要"抓手"，无论是地方政府还是金融监管部门都越来越重视扶贫小额信贷。二者的区别如表6-2所示。

表6-2　　　　　　　　扶贫贴息贷款和扶贫小额信贷的比较

比较内容	扶贫贴息贷款	扶贫小额信贷
贷款类型	分为到户贷款和项目贷款	到户贷款
承贷机构	由中国农业银行承担，2008年以后扩大到其他银行类金融机构	主要由农村商业银行等地方银行承担
贷款本金	2001年以前由央行扶贫再贷款资金安排，以后由金融机构资金安排	主要由金融机构自己安排，央行设立扶贫再贷款支持
抵押担保	免抵押担保	免抵押担保
贷款利率	根据基准利率和浮动利率确定扶贫贴息贷款利率	执行同期贷款基准利率
贷款贴息	由财政补贴贷款利率与基准利率之间的差额	财政全额贴息

三、扶贫小额信贷的基本特征

扶贫贴息贷款一直存在较为严重的"寻租"行为，贷款瞄准性差，偿还率低，脱贫攻坚以后，扶贫小额信贷是在扶贫贴息贷款基础上的创新。

1. 政策性更强、瞄准性更高

扶贫贴息贷款一直实施低利率政策，政策初衷在于使贫困人口获得低成本的资金，这无论从经济利益还是社会道义层面来讲都是存在合理性的，但长期的利率倒挂也使扶贫贷款成为"唐僧肉"，很多富人利用手中的资源来"截胡"，导致扶贫贷款难以真正到达贫困人口手中，目标瞄准性差。财政部农业司扶贫处的统计数据显示，2001年获得扶贫贷款的农户占比只有0.72%，2001年全国扶贫贷款资金只有7.25%到达农户手中。而且中央对于扶贫贴息贷款的使用只有大体的政策性要求，没有明确的目标，扶贫贴息贷款发放过程中，中央是最终委托人，县级政府是最终的代理人，中间还存在省（区）、市级的政府及有关部门，从中央到地方各级政府存在较长的委托—代理链条关系，导致扶贫资金的使用更多地按照地方政府特别是县级政府的偏好在使用，资金瞄准性差。

2014年我国提出创新发展扶贫小额信贷的时候，正值我国开始精准扶贫开发理念的时期，在外部环境和具体实施政策要求方面，与之前的扶贫贴息贷款相比发生了很大的变化。扶贫小额信贷从开始就明确提出要以"精准"为目标，是专门为建档立卡贫困人口量身定做的金融产品。特别是2015年脱贫攻坚战全面打响以后，扶贫工作成为各级政府及部门的重大政治任务，扶贫小额信贷被视为金融减贫的重要"抓手"，得到各级政府和金融监管部门的高度重视，具有很强的政策性。以"精准"受益农户为目标，扶贫小额信贷任务被层层分解。而且整个过程和结果也引入更强的外部监督和审计。为了完成扶贫小额信贷精准扶贫任务，各级政府和金融监管部门也积极发挥主观能动性，尽力处理好扶贫贷款的政策性和金融机构营利性目标之间的关系，努力提高扶贫贷款的使用效益，发挥最佳的扶贫效果，有利于避免扶贫小额信贷出现"目标偏移"问题，提高目标瞄准性。

2. 偿还率相对较高

扶贫小额信贷实际上是由政府"牵线搭桥"，要求金融机构对建档立卡农户发放扶贫贷款，为解决金融机构的"后顾之忧"，政府在风险补偿以及贷款回收等方面都是全程参与。扶贫小额信贷由财政全额利息补贴，减轻了农户贷款偿还负担，在一定程度上提高了金融机构放贷的积极性。财政贴息的扶贫贷款不一定会导致贷款资金被富人占有而导致"目标偏移"问题，关键是要对贷款的对象实施严格界定，并真正落到实处，禁止富人"寻租"。各个地方都建立了由财政出资的扶贫小额信贷风险补偿基金，使贷款偿还更加有保障，这是过去扶贫贴息贷款发放过程中所没有的，风险补偿基金制度设计也是基于对过去扶贫贴息贷款经验总结得出的。在扶贫小额信贷的催收环节，也有政府介入，使贷款偿还率更高。扶贫小额信贷贷款资金大多数来源于地方法人金融机构，地方法人金融机构与地方政府存在直接利益关系，政府会更加重视贷款回收问题。一旦出现需要催收贷款的情况，地方政府也会想方设法，动用各种力量和手段来帮助金融机构催收贷款。在精准扶贫目标指引下、在脱贫攻坚政策要求下、在中央到地方各级政府和金融监管部门及金融机构的共同努力下，实施扶贫小额信贷，使过去扶贫贴息贷款发放和使用过程中的瞄准性差、偿还率低的问题有所缓解。

第二节　小额信贷的作用机制与需求影响因素研究

在乡村振兴时期，接续推进小额信贷发展，需要研究小额信贷的作用机制，分析有效需求的影响因素。

一、实现可持续性金融减贫的小额信贷作用机制：农业创业视角

农户创业意味着劳动力、技术和资金等要素的整合，用 Q 表示从事农业生产获得产出，A、K、L 表示技术投入、获得的小额信贷资金和劳动力投入，π 是自我创业效率因子。农业创业就是把资金、技术和劳动力等生产要素进行有效融合，可以用公式表示为：

$$Q = A\pi K^a L^{(1-a)} \tag{6-1}$$

用 π 表示创业效率因子，该指标与创业能力 ξ 有关，即：

$$\pi = \exp(\xi) \tag{6-2}$$

当 ξ = 0, π = exp(0) = 1，意味着农户没有创业能力或者创业能力很低。

首先，设定 π = 1，农业创业生产函数用集约形式表示为：

$$q = Ak^a \tag{6-3}$$

按照一般新古典主义经济理论，农业创业的边际生产力递减，所以 0 < a < 1。A 的值越高，表明劳动生产率越高。另外，k 表示贷款数量，农户将小额信贷贷款资金投入生产，获得一定收入偿还本金和利息后还有足够净收入，才能实现脱贫目的。用 r 表示贷款利率，p 表示农产品价格，农业创业净收入为 w，则：

$$w = ApK^a - rk \tag{6-4}$$

从理论上说，农户追求实现最大化净收入，农业创业边际生产率等于或

小于利率，即 $Apak^{a-1} \leqslant r$ 时，借款额度为理论上的最优水平。设定满足上述条件的 k 定义为 k^*。

$$k^* = \mathrm{argmax}\left[Apk^a - rk \right] \tag{6-5}$$

将资金 k^* 运用于农业创业，获得净收入 w^*。

$$w^* \equiv w(k^* \mid r, A, p) \equiv \left[Apk^{*a} - rk^* \right] \tag{6-6}$$

对公式（6-5）运用包络定理分析：

$$\partial w^* / \partial r < 0 \quad \mathrm{for}\ \forall\, r \in (0, \bar{r}) \tag{6-7}$$

$$\partial w^* / \partial k > 0 \quad \mathrm{for}\ \forall\, k \in (0, k^*) \tag{6-8}$$

$$\partial w^* / \partial A > 0,\ \partial w^* / \partial p > 0 \tag{6-9}$$

公式（6-7）表示利率下降有利于增加农户净收入，公式（6-8）表示贷款规模增加有利于净收入增加，公式（6-9）表示技术水平和农业产品价格对创业净收入具有正向影响。

我国农村特别是贫困人口一直存在融资难、融资贵问题，小额信贷免抵押、免担保，以解决金融排斥为出发点，由财政贴息，农户不需承担利息，有助于更好地增加农户净收入，这与公式（6-7）的结论是相符的。如果农户面临金融排斥而又不能获得小额信贷，即使他们拥有创业技能也不能得到开发，获得贷款以后，农户通过创业可以使自身或者家庭的劳动力资本转化为现实收入，这与公式（6-8）的结论是相符的。由此得出结论 1。

结论 1：小额信贷有助于缓解金融排斥，实现收入增长。

基于前面做出的假设进行继续研究。首先，前面假设农户都是具有"平均"创业效率，但在现实中不同的人创业能力是有"异质性"差异的。小额信贷本身并不直接创造收入，更主要的是提供脱贫的机会，依赖于不同的人自身的创业能力，对不同创业能力的人产生的脱贫效果是不同的。根据公式（6-2）$\pi = \exp(\xi)$，农户获得小额信贷以后，通过农业创业获得收入为：

$$y^*(\xi) = \exp(\xi)(1-a) Apk^{*a} \tag{6-10}$$

当 $\xi = 0, \pi = \exp(0) = 1$，根据公式（6-10）可以得出：

$$y^*(0) = (1-a)Apk*^a = w^* \tag{6-11}$$

设定 z 为贫困线水平，当收入为 $y^*(0)$ 时，$y^*(0) = w^* < z$，农户处于贫困状态。因此，摆脱贫困要求创业能力 $\xi > 1$。设定 ξ^* 为当 $y(\xi^*) = z$ 时的创业能力，此时，ξ^* 可以解释为农户脱贫对创业能力的最低要求。从公式 (6-10) 可以看出 $y(\xi^*)$ 是关于 ξ 的增函数，意味着农户创业能力越强，越有利于脱贫。而创业能力的提升主要与自身文化素质有关，文化素质越高，越能够有效接受和采纳新型农业生产技术，从而有利于降低农业生产成本，提高创业效率，这与公式 (6-9) 表述的结论是一致的。由此得出结论2。

结论2：农户创业能力是小额信贷发挥作用的基础。

创业能力对脱贫的影响不是瞬间的，因为需要时间去适应和掌握创业能力，需要各种有形和无形的成本投入。在我国扶贫开发过程中，国家一直非常重视农村教育发展，不断加大力度开展农村劳动力资源培训，加大农业生产技术的投入和使用。因此，国家承担了提升农村创业能力的主要成本，农户承担时间投入以及由此产生的机会成本，这些成本也会影响农业创业的积极性。前面研究设定农产品的价格 p 是既定不变的，侧重对农业生产过程研究，没有考虑农产品生产后的"销售"和运输等环节影响，公式 (6-9) 认为，创业净收入与农业产品价格正相关。因为农业创业能力要接受市场经济考验，农产品推向市场才能转化为真正的收入，所以农产品的市场价格是一个非常重要的因素。农产品价格直接影响农业创业的实际效应，决定脱贫效果。小额信贷要面临农户创业能力缺乏带来的风险，也存在市场价格带来的风险。特别是对于农户来说，他不具有任何市场定价权，只是被动地接受市场价格。产业扶贫是脱贫攻坚过程中的主要手段，产业兴旺也是乡村振兴要实现的首要目标。为了进一步提升扶贫小额信贷的效果，降低风险，增强可持续性，应该注重产业选择的合理性，避免短、平、快，避免产业选择的"同质性"导致"谷贱伤农"，否则不仅不利于巩固脱贫效果，也不利于实现可持续性金融减贫。由此得出结论3。

结论3：小额信贷应支持能体现自然优势和区域优势的创业项目，农业创业应优化产品结构，提高产品质量，提高市场竞争力。

可持续性金融减贫应该以有效需求为基础，因病致贫、因学致贫、因好逸恶劳致贫或者因自然条件恶劣致贫等都是存在的，小额信贷应该是为有能力、讲信用而且有实际需求的农户提供资金，支持他们发展生产。只要存在真实有效的金融需求，具有一定金融素养，通过小额信贷就有可能将农户潜在的能力挖掘出来，形成现实的增收脱贫的动力。因此，实现可持续性金融减贫，需要了解小额信贷需求的影响因素，这样才能避免"撒胡椒面"的情况，提高资金的使用效率。

二、小额信贷需求影响因素的实证研究

金融减贫是扶贫开发的重要形式，但不是全部，金融减贫不能解决所有原因造成的贫困。从前面的研究可知，为实现金融减贫的可持续性，小额信贷应该以有效需求为基础。金融机构只有了解农户的需求情况，才能更好地开展金融减贫服务，实现社会绩效与财务绩效协调发展。因此，需要对小额信贷需求的影响因素进行进一步研究，这也是实现可持续性金融减贫的基础。为了更好地服务当时的小额信贷推广工作，2018 年 8 月，课题组以湖北省为例，选择十堰市、恩施州开展实地调研，对小额信贷需求的影响因素进行研究。十堰市、恩施州位于湖北省的西北和西南地区，2018 年还分别有国家级贫困县 4 个和 6 个，占湖北省国家级贫困县的近一半，贫困状况具有代表性。课题组调研获取了 1310 份有效样本，样本的选择综合考虑了各个乡镇的人口总额、建档立卡农户数量、面积、经济总量等因素。

（一）变量设计与结果预期

1. 自变量定义

小额信贷不能解决所有原因造成的贫困，并非所有人对小额信贷都存在真实有效的需求，金融机构并不是要对小额信贷申请"有求必应"。本书根据当时农户的特征及扶持政策因素，从四个层面选取相关指标，具体情况如表 6－3 所示。

表 6 – 3 变量设计与定义

变量类型	变量	变量名称	变量定义
被解释变量	Y	是否存在小额信贷需求	0 = 否；1 = 是
解释变量	X_1	户主年龄	1 = 35 岁及以下；2 = 36 ~ 55 岁；3 = 55 岁以上
	X_2	户主受教育程度	1 = 小学及以下；2 = 初中；3 = 职校、中专；4 = 高中；5 = 大专及以上
	X_3	家中是否有患病人口	0 = 否；1 = 是
	X_4	在校生人数	正在上学小孩人数
	X_5	是否了解金融减贫政策	0 = 否；1 = 是
	X_6	是否知道当前银行利率	0 = 否；1 = 是
	X_7	住房数	家庭住宅数
	X_8	家庭银行存款	银行存款余额
	X_9	借款能力	1 = 借不到；2 = 部分借到；3 = 可以借到
	X_{10}	经营性收入	养殖、种植及其他家庭自主经营收入
	X_{11}	承包地面积	家庭承包土地面积
	X_{12}	是否有非银行借款渠道	0 = 否；1 = 是
	X_{13}	是否享受产业扶贫奖补	0 = 否；1 = 是
	X_{14}	驻村帮扶工作效果	1 = 没有帮助；2 = 有一点帮助；3 = 有明显帮助
	X_{15}	是否为易地扶贫搬迁户	0 = 否；1 = 是

（变量类型栏中，家庭个体特征对应 X_1–X_4；金融认知对应 X_5–X_6；家庭经济、能力对应 X_7–X_{12}；政策帮扶对应 X_{13}–X_{15}）

第一，体现家庭个体特征的指标，主要包括户主年龄、户主受教育程度、家庭是否有病患人员、在校生人数等方面。作为一家之主，户主是贷款申请人，对家庭事务做出决策，所以选取户主年龄作为影响因素指标。而且，户主年龄不同的家庭，总支出和支出结构也会不同。年龄也是金融机构发放贷款要考虑的重要因素，银行一般来说会更偏向于将贷款发放给符合条件的中青年。将户主受教育程度作为影响因素指标，是由于一个人的各方面能力与其接受的教育存在相关关系，受教育程度越高，越能在短时间内接受新事物，受教育程度也通常与收入存在正相关关系。在研究中将家庭是否有病患和家庭在校生的人数纳入分析范围，是由于家庭有病患和在校学生的数量会增加家庭的支出，也会增加对资金的需求。小额信贷虽然不能直接用于疾病和教育支出，但疾病和教育支出会挤占用于农业生产的资金，有可能导致农业生产缺乏资金。

第二，体现农户金融知识和政策认知的指标，主要包括是否了解小额信贷政策，是否知道当前银行利率等指标。一般情况下，农户对小额信贷有一定了解以后，才会产生借贷意愿，才不会出现超出自身和家庭的债务承受能力的情况，避免盲目借贷。在研究中将农户是否知道当前的银行利率纳入影响因素指标，是为了考察农户对相关金融信息是否关注。一般来说，农户对金融信息越了解，金融意识就会越强，运用金融手段的可能性越大。

第三，体现家庭经济与能力情况的指标，主要包括农户住房数、银行存款、借款能力、经营性收入、承包地面积、是否有非银行借款渠道等影响因素指标。

第四，体现其他扶贫政策情况的指标。包括是否为易地扶贫搬迁户、是否享受产业扶贫帮扶政策、驻村帮扶干部工作是否有效等指标。

2. 预期结果

根据理论逻辑分析，对小额信贷的影响因素结果进行预期，具体情况如表 6-4 所示。

表 6-4　　　　　　　　　　影响因素指标的结果预期

变量	变量名称	预期结果
X_1	户主年龄	-
X_2	户主受教育程度	+
X_3	家中是否有患病	+
X_4	在校生人数	+
X_5	是否了解金融减贫政策	?
X_6	是否知道当前银行利率	?
X_7	住房数	-
X_8	家庭银行存款	-
X_9	借款能力	+
X_{10}	经营性收入	+

变量	变量名称	预期结果
X_{11}	承包地面积	+
X_{12}	是否有非银行借款渠道	−
X_{13}	是否享受产业扶贫奖补	−
X_{14}	驻村帮扶工作效果	+
X_{15}	是否为易地扶贫搬迁户	−

注："＋"表示对应解释变量与被解释变量呈正相关关系，"－"表示对应解释变量与被解释变量呈负相关关系。

(二) 实证方法和结果分析

在本节研究中，被解释变量是"是否存在小额信贷需求"，是离散型的变量，该问题的答案为"是"或"否"，属于"二值选择"问题。传统的线性概率模型有可能会得出不现实的结论，不适合解决"二值选择"问题，所以本节研究选用 Logistic 回归模型进行研究。Logistic 回归模型是非线性的概率型回归模型，主要研究"影响关系"问题，即某个观察结果在某些因素下是否发生的问题。Logistic 回归不是估计被解释变量的观察值，而是分析观察结果出现的概率有多大。在本节研究中，有小额信贷需求记为"1"，没有小额信贷需求记为"0"，要使被解释变量 y 的预测值在 ［0，1］，运用两点分布概率函数将 y 和 x 连接起来。

$$\begin{cases} P(Y = 1 \mid x) = F(x, \beta) \\ P(Y = 0 \mid x) = 1 - F(x, \beta) \end{cases} \tag{6 – 12}$$

在选择了合适的连接函数 $F(x, \beta)$ 以后，可以实现 y 的预测值总是位于 ［0，1］。Logistic 回归模型运用的连接函数是"逻辑分布"的累积分布函数。

$$P(y = 1 \mid X) = F(x, \beta) = \Lambda(x'\beta) \equiv \frac{\exp(x'\beta)}{1 + \exp(x'\beta)} \tag{6 – 13}$$

Logistic 模型是非线性模型，一般使用最大似然估计方法进行估计。

出于篇幅的考虑，在此对于调研样本的描述性统计分析不再列出，直接列出实证研究结果，具体情况如表6－5所示。

表 6 - 5　　　　　　　　　　小额信贷需求影响因素回归结果

自变量	B	S. E.	Wald	自由度	显著性	Exp（B）
X_1	- 3. 838	0. 924	17. 247	1	0. 000 ***	0. 022
X_2	1. 556	0. 393	15. 684	1	0. 000 ***	4. 739
X_3	- 0. 365	0. 646	0. 320	1	0. 572	0. 694
X_4	0. 506	0. 442	1. 312	1	0. 252	1. 658
X_5	- 0. 075	0. 612	0. 015	1	0. 903	0. 928
X_6	- 1. 631	1. 123	2. 111	1	0. 146	0. 196
X_7	0. 739	0. 542	1. 861	1	0. 172	2. 094
X_8	0. 000	0. 000	0. 084	1	0. 772	1. 000
X_9	1. 571	0. 572	7. 547	1	0. 006 ***	4. 812
X_{10}	0. 000	0. 000	17. 848	1	0. 000 ***	1. 000
X_{11}	0. 209	0. 068	9. 585	1	0. 002 ***	1. 233
X_{12}	- 4. 630	1. 044	19. 663	1	0. 000 ***	0. 010
X_{13}	1. 316	0. 640	4. 231	1	0. 040 **	3. 728
X_{14}	0. 876	0. 513	2. 915	1	0. 088 *	2. 400
X_{15}	- 0. 893	0. 682	1. 714	1	0. 190	0. 409
常量	1. 276	2. 202	0. 336	1	0. 562	3. 581

注：＊、＊＊、＊＊＊分别表示在10%、5%和1%的统计水平上显著。

从以上实证研究结论可以得出以下两点。

1. 对小额信贷需求有显著影响的因素

X_1（户主年龄）对小额信贷需求有显著负向影响，因为年龄越大的人，创业意愿越低，也不愿意承担偿还压力，对小额信贷的需求小。指标 X_2（户主受教育程度）对小额信贷需求有显著正向影响，文化水平越高，对于新事物会更容易接受，有更广的视野，自我脱贫能力更强，如果有银行提供小额信贷，这些人会有较强的信贷需求，会积极争取符合条件去获得小额信贷。指标 X_9（借款能力）对小额信贷需求有显著正向影响。因为借款能力可以反映农户的信用水平、社会关系，是外界对农户还款能力的综合评判，借款能力越强的农户，资金需求也会越强烈。指标 X_{10}（经营性收入）对小额信贷需求有显著影响。由种植业、养殖业和其他自主经营收入共同构成经营性收入，经营性收入越高，通常经营规模越大，同时也需要更多的前期资金投入和后期资金周转，会产生稳定的资金需求。指标 X_{11}（承包土地面积）对小额信贷需求有显著正向影响，家庭承包地面积越大，则需要更多资金用于购买农机、种子、肥料，信贷需求越大，承包地规模越大，后期还款更有保证，银行也更愿意放贷。指标 X_{12}（是否有非银行借款渠道）对小额信贷需求有显著负向影响。如果可以从亲朋好友或者民间渠道借款，农户对小额信贷需求则更低。特别是如果不清楚银行贷款流程，或者银行放贷手续很复杂，农户会存在"惧贷"的心理，对小额信贷需求会更低。指标 X_{13}（是否享受产业扶贫奖补）对小额信贷需求有显著正向影响。农户农业生产达到一定标准以后，可以申请产业奖补，激发他们的生产积极性。享受产业扶贫政策的农户，自身有发展生产的愿望，并且付诸行动，但产业奖补以"新增"为指标，扩大再生产需要资金投入，产业奖补不能完全满足资金投入需求，因此对小额信贷需求较大。指标 X_{14}（驻村帮扶工作效果）对小额信贷需求有显著正向影响。帮扶干部扎根农村，宣传落实国家政策、掌握农户生产和生活情况，因地制宜实施帮扶，激发农户自我脱贫能力，鼓励、帮助他们从事农业生产，这些都会对小额信贷产生更大的需求。

2. 对小额信贷需求没有显著影响的因素

指标 X_3（家中是否有病患）研究结果不显著，说明该指标不直接影响小额信贷需求，可能通过更复杂的方式产生影响。可能的原因是我国农村医保覆盖面很高，特别是在精准扶贫过程中，构建起"基本医保 + 大病保险 + 医疗救助 + 补充保险"的全方面健康扶贫体系，确保贫困户全覆盖，各种疾病医保报销比例逐年提高，个人实际支付的看病费用大幅下降，有效地解决了因病致贫问题。指标 X_4（在校生人数）对小额信贷需求影响不显著。可能的原因是我国已经构建起针对不同学龄层次的教育扶贫政策，通过教育补助，减免学杂费、课本费，实施标准生活补助和营养补助等措施，减轻了家庭教育支出负担，在校生人数不会大幅增加家庭支出。指标 X_5（是否了解金融减贫政策）对小额信贷需求影响不显著，可能的原因是了解金融政策说明农户金融素养较好，说明他的金融能力较强，能够提升从银行获得贷款的可能性，但是否存在小额信贷需求更多地是由自身或者家庭的客观因素决定的，两者之间可能存在更加复杂而不是简单的正负影响关系。指标 X_6（是否知道贷款利率）对小额信贷需求影响不显著，原因可能是小额信贷由财政贴息，如果真正有贷款需求，就不会考虑利率高低。指标 X_7（住房数）对小额信贷需求影响不显著。因为按照政策规定，农村住房实施"一户一宅"，有多处住房的一般属于违章建筑，或者是易地搬迁户的旧房没有拆掉或者还没有搬入新房，而且农村住房评估难、变现难，住房数量不影响小额贷款需求。指标 X_8（家庭银行存款）对小额信贷需求影响不显著。贫困户人均收入在国家贫困线以下，一般没有或者很少数量的存款，农业生产过程中普遍面临资金短缺问题。指标 X_{15}（是否为易地扶贫搬迁户）对小额信贷需求影响不显著，说明是否享受易地搬迁政策对小额信贷需求影响更加复杂，不是简单的正负关系。

基于本节关于小额信贷作用机制和相关实证研究可以发现，在接续推进发展小额信贷服务乡村振兴过程中，小额信贷的发放要根据农户自身的实际情况和当地产业发展等实际因素来考虑，要在"供给层面"做好小额信贷的政策设计的同时，更加突出农村对小额信贷的"有效需求"导向，不过分强调贷款规模和覆盖面，小额信贷应该到达能够发挥作用的地方，这是根据小额信贷作用机制研究可以得出的基本结论，是小额信贷有效发展的基础，也是乡村振兴目标下可持续性金融减贫的重要内容。

第三节 我国小额信贷减贫效应的实证研究：基于 PSM 模型

小额信贷可以精准"靶向"被金融排斥的低收入人群，是我国金融减贫的生动体现，本书收集实地调研数据，利用倾向得分匹配模型（PSM）进行实证研究。

一、数据来源与倾向得分匹配模型（PSM）介绍

1. 数据来源

2020 年我国脱贫攻坚进入最后"收官"之时，按照党中央的脱贫攻坚目

标任务规划，当年底要实现全部脱贫摘帽，要实现全面建成小康社会的目标。小额信贷一直是我国金融减贫的重要形式，特别是 2014 年以来扶贫小额信贷也经历了多年实践，在脱贫攻坚即将结束之时，对农户的增收脱贫效应问题进行检验，这是正合事宜的。但令人始料不及的是，2020 年初暴发的新冠肺炎疫情迅速席卷全国，给全国经济造成很大影响，对一些小额信贷获贷农户的农业生产复工、农产品销售和资金偿还造成了较大影响。为了进一步研究小额信贷的减贫增收效应，2020 年 5～6 月深入农村开展问卷调查。由于疫情影响，本次调研主要在湖南省内进行，发出问卷为 470 份，回收问卷为 434 份，回收率为 92.34%，有效问卷为 415 份，有效率为 95.62%。调查农户实际上有建档立卡户、脱贫农户和普通农户，有一部分农户在当时已经脱贫，按照国家的政策要求，对于脱贫户是"摘帽不摘政策"，小额信贷政策依然没变，所以建档立卡户和脱贫户作为一类进行研究。未获得小额信贷有两种情况：一是农户提出申请但没有获得贷款批准；二是自身没有贷款需求，没有提出贷款申请。在调研对象中，建档立卡户（包括脱贫户）有 206 户，普通农户有 209 户。获得小额信贷的有 106 户，其中建档立卡户（包括脱贫户）70 户，普通农户 36 户。未贷款成功和无贷款需求的有 309 户，其中建档立卡户（包括脱贫户）136 户，普通农户 173 户，具体情况如表 6-6 所示。建档立卡户（包括脱贫户）和普通农户的获贷率分别为 33.98%、17.22%，贷款成功率分别为 78.65%、61.02%，建档立卡户和脱贫户在获贷率和贷款成功率上都高于普通农户。

表6-6　　　　　　　　受访农户获得小额信贷的基本情况　　　　　　　单位：户

类型	获得贷款	未贷款成功	无贷款需求未贷款	合计
建档立卡户（包括脱贫户）	70	19	117	206
普通农户	36	23	150	209
合计	106	42	267	415

2. 实证研究方法选择：倾向得分匹配法

小额信贷的农户增收效应属于因果推断的问题，本书使用倾向得分匹配法（propensity score matching，PSM）来进行研究，倾向得分匹配法是由罗森鲍姆和鲁宾（Rosenbaum & Rubin，1983）提出，它的理论框架是"反事实推断模型"。

"反事实推断模型"假定因果分析研究对象有两种条件下的结果：观测到的结果和未被观测到的结果。以本书举例，将全体样本中获得小额信贷的视为处置组（treated），未获得小额信贷的视为控制组（control），如果说"获得小额信贷是导致农户家庭增收的原因"，用的就是一种"事实陈述法"。而"反事实"的推断法则是：如果没有获得小额信贷，那么家庭收入的结果将怎样？因此，对于处在获得小额信贷的处置组的农户而言，反事实状态就是处在未获小额信贷的状态下的潜在结果。对于处在未获小额信贷的控制组的农户而言，反事实状态就是处在获得贷款状态下的潜在结果。但在估计"获得小额信贷是导致农户家庭增收的原因"这种因果推断关系时，只有观察到同一个体在"获得"和"不获得"小额信贷两种状态下的收入结果，才能得出"纯粹"的因果关系，但这在实践中是不可能的。因为，只能观察到其中一种状态下的结果，反事实状态下的结果是无法估计的。要么只能观察到一个农户获得小额信贷后的收入状态，要么只能观察到这个农户没有获得小额信贷后的收入状态，不能同时观察到同一个农户获得小额信贷和没有获得小额信贷两种状态下的结果。

设定有 n 个个体，记为 i(i = 1, 2, ⋯, n)，D_i 表示某个农户的处置状态，如果某个农户 i 获得小额信贷，表示接受处置行为，列入处置组，$D_i = 1$，潜在结果记为 $Y_i(1)$。如果某个农户 i 没有获得小额信贷，表示没有接受处置行为，列入控制组，$D_i = 0$，潜在结果记为 $Y_i(0)$。获得小额信贷行为 D_i 对农户 i 的处置效应是农户 i 获得贷款（$D_i = 1$）与没有获得贷款（$D_i = 0$）两种潜在结果的差异。即：

D_i 对农户 i 的处置效应 = $Y_i(1) - Y_i(0)$

因果推断的基本模型为：

$$Y_i = (1 - D_i)Y_i(0) + D_iY_i(1) \qquad (6-14)$$

不同农户获得小额信贷以后产生的效应是不一样的，因为个体效应存在异质性，用 ATT（average treatment effect on the Treated）表示农户获得小额信贷的平均处置效应。ATT 是本书最关注的结果，是反映农户获得小额信贷以后的直接效应。ATT 表示农户 i 在获得小额信贷的观测结果与其反事实结果之差，即：

$$ATT = E\{Y_i(1) - Y_i(0) \mid D = 1\} = E\{Y_i(1) \mid D = 1\} - E\{Y_i(0) \mid D = 1\}$$

$$(6-15)$$

对于农户 i 来说，获得小额信贷以后，一种潜在状态变为事实，只能观察获得小额信贷后的收入情况，而反事实结果 $E\{Y_i(0) \mid D = 1\}$ 在同一时间、空间是不能观测到的。为了得知农户 i 的处置效应，只能通过使用未获得小额信贷的农户 j 的观测结果 $E\{Y_j(0) \mid D = 0\}$ 来间接得知。用农户 i 的观察结果减去农户 j 的观察结果，即：

$$
\begin{aligned}
Y_i - Y_j &= E\{Y_i(1) \mid D = 1\} - E\{Y_j(0) \mid D = 0\} \\
&= E\{Y_i(1) \mid D = 1\} - E\{Y_i(0) \mid D = 1\} \\
&\quad + E\{Y_i(0) \mid (D = 1)\} - E\{Y_j(0) \mid D = 0\} \\
&= ATT + ATT \text{ 估计偏差}
\end{aligned}
$$

$$(6-16)$$

由此可见，由于不能直接观察处置组个体 i 的反事实结果，用 $Y_i - Y_j$ 估计会造成偏差，会出现 ATT 估计偏差。ATT 估计偏差是获得贷款的农户与没有获得贷款的农户在最初状态下的特征差异，例如自身教育程度、家庭特征、耕地情况等方面的特征差异。偏差产生的原因在于农户是否接受处置，是否获得小额信贷并不是随机的，具有较高教育程度或者能力较强的农户可能更偏向于接受银行贷款，银行业更加愿意给这些人贷款，贷款与否是农户自我选择的结果，这是一种自我选择性偏差。

从理论上说，相关关系不等于因果关系，反事实的推断方法得出的只是假设研究的结果，而不是实验研究的结果，反事实的推断方法不能准确地衡量小额信贷对农户收入的因果效应。因为，影响农户收入状态的因素除了是否获得小额信贷以外，还与农户自身的基本特征、家庭的基本情况等众多因素有关，要准确地估计"获得小额信贷是导致农户家庭增收的原因"，必须剔除其他因素的影响，才能得出"纯粹"的因果关系。为了达到这个效果，可以采取随机试验或者在实证研究中加入尽可能多的控制变量的方法来剔除其他因素的影响。（1）基于本书研究而言，随机实验方法不仅成本很高，而且在实践中也不可行，小额信贷的发放不可能是随机行为，不能随机性决定哪些人获得小额信贷，哪些人不获得小额信贷。（2）运用加入尽可能多的控制变量进行回归分析方法在理论上是可行的，但现实中影响农户增收的变量包括一些线性、非线性的变量，也包括可观测、不可观测的变量，不能全部找出来，而且成本也很高。

　　为了解决因果推断中"反事实推断模型"的以上问题，可以选择匹配的方法。匹配方法可以控制特征变量，它的基本思路是为处置组个体寻找特征相似的控制组个体进行匹配，解决因为"样本自选择"造成的偏差。在匹配过程中，将处置组和控制组中特征相同的农户进行对比匹配，比较个体在获得小额信贷和未获得小额信贷中的家庭收入差异，最后呈现总体样本下获得贷款和未获贷款下家庭收入的差值。由于影响增收效应的农户特征向量维数较多，还包含一些连续型的特征变量，所以不宜采用直接匹配的方法。倾向得分匹配法解决了匹配过程中的"维数难题"，通过将多维变量 X 变为一维的倾向得分 $ps(X_i)$，根据 $ps(X_i)$ 进行匹配，达到降低维度进行匹配的效果。倾向得分是可观察特征为 $X_i = x$ 的个体接受处置的概率，即：

$$ps(X_i = x) = P(D_i = 1 \mid X_i = x) \tag{6-17}$$

　　因为倾向得分是均衡得分，所以能够代替多维的特征。当倾向得分一样时，观察特征独立于处置变量，处置组和控制组的得分相同，特征分布没有差异，这样的两个个体进行比较就能够剔除特征变量对个体的影响，得到"纯粹"的因果关系。倾向得分匹配法在具体运用时有不同的匹配方法，常用的匹配法有近邻匹配法、半径匹配法和核匹配法。

　　在本书中，运用倾向得分匹配时，首先要估计个体接受处置的概率，是否接受处置是一个二分变量。因此，使用 Logit 或 Probit 模型筛选变量，计算倾向值，将协变量组由多维降到一维，同时以 ATT 数值展现获贷农户与未获贷农户家庭收入之间的差距，研究小额信贷对农户增收产生的效应。

二、实证研究过程

1. 变量选取

变量的选择是基础，也是难点问题，变量过少则不能反映可观察性特征的影响，但也不是越多越好，一些统计不显著的变量虽然不会造成估计误差，但是会增加估计的方差，变量的选择没有严格标准的答案，一般是结合经济理论、参考文献以及调研经验研究来进行选择。在本书中，选取与农户能否获得小额信贷存在明显联系的以下三类变量：一是关于农户个人基本特征的变量，如性别、年龄、受教育程度、是否为建档立卡户；二是农户家庭的基本情况，包括经营的耕地面积、家庭总人口规模、家庭劳动力人数等；三是农户收入情况，包括具体的年平均的工资性收入、生产和经营性收入、转移性收入、财产性收入，其中生产和经营性收入、转移性收入和财产性收入属于非工资性收入。这些变量既能够影响处置选择（农户是否获得小额信贷），也会影响处置结果（农户获得小额信贷的效果），而且不包括处置选择（是否获得小额信贷）影响的变量，都是参与处置前的特征变量，符合运用倾向得分匹配法的基本要求。具体关于特征变量的基本描述如表6-7所示。

表6-7　　　　　　　　　　特征变量的基本描述

变量名称	基本描述
credit	是否获得小额信贷，是 =1，否 =0
farmer	建档立卡户（包含脱贫户）=0，普通农户 =1
sex	性别，女性 =1，男性 =0
age	年龄
education	受教育程度，小学及以下 =1，初中 =2，高中 =3，大专及以上 =4
selfemployed	家中是否有个体工商户，是 =1，否 =0
policy	亲朋好友中是否有村镇干部等，是 =1，否 =0
scale	家庭总人口规模
work	家庭劳动力人数
farmland	经营的耕地面积
dkxq	贷款需求量

续表

变量名称	基本描述
income1	工资性人均年收入
income2	生产和经营性人均年收入
income3	转移性人均年收入
income4	财产性人均年收入
income234	非工资性人均年收入

2. 构建 Logit 模型

农户是否接受处置（是否获得小额信贷）是一个二分变量，本书使用 Stata 15.1 软件，运用 Logit 模型进行回归判别，检验变量是否显著，剔除不显著变量，并且将估计的农户接受处置的概率作为获得贷款的匹配分数。Logit 模型的估计方程为：

$$\Pr(D_i = 1 \mid X) = F(\beta X) \qquad (6-18)$$

其中，$F(\beta X) = e^{\beta X}/(1 + e^{\beta X})$ 是 Logistic 分布的累积分布函数。

研究发现，所选变量并非都对农户能否获得贷款产生显著影响，具体结果如表 6-8 所示。

表 6-8　　　　　　　　　　Logit 模型回归结果

变量	(1)	(2)	(3)	(4)	(5)
credit					
farmer	-1.022 *** (-3.05)	-1.036 *** (-3.09)	-1.029 *** (-3.11)	-1.058 *** (-3.21)	-1.095 *** (-3.35)
sex	-0.387 (-0.55)				
age	-0.00254 (-0.18)	-0.00156 (-0.11)			
education	0.311 * (1.66)	0.319 * (1.70)	0.324 * (1.77)	0.343 * (1.89)	0.338 * (1.87)
selfemployed	-0.332 (-0.80)	-0.339 (-0.82)	-0.321 (-0.85)	-0.325 (-0.85)	
policy	0.0153 (0.04)	0.0287 (0.07)			

续表

变量	（1）	（2）	（3）	（4）	（5）
scale	0.193 * （1.66）	0.188 （1.62）	0.186 （1.62）		
work	− 0.443 *** （− 2.82）	− 0.437 *** （− 2.80）	− 0.435 *** （− 2.80）	− 0.339 ** （− 2.37）	− 0.354 ** （− 2.50）
farmland	0.0369 （1.61）	0.0380 * （1.66）	0.0382 * （1.69）	0.0443 ** （2.00）	0.0404 * （1.86）
dkxq	3.710 *** （9.40）	3.697 *** （9.41）	3.700 *** （9.44）	3.624 *** （9.44）	3.629 *** （9.46）
_cons	− 2.318 ** （− 2.06）	− 2.371 ** （− 2.12）	− 2.469 *** （− 3.36）	− 1.861 *** （− 2.99）	− 1.828 *** （− 2.97）
R^2	0.4435	0.4429	0.4429	0.4379	0.4365

注：t 统计量在括号中显示；* $p < 0.1$，** $p < 0.05$，*** $p < 0.01$。

（1）影响农户获得小额信贷的显著变量有：是否为建档立卡户、受教育水平、家庭劳动力人数、经营的耕地面积、农户贷款需求量。是否为建档立卡户对能否获得小额信贷为负向影响，我国在精准扶贫时期，扶贫小额信贷瞄准建档立卡户发放，而且在实践中具有较强的政策性，银行一般把扶贫小额信贷发放当作"政治任务"来完成，建档立卡户比一般农户容易获得小额信贷。农户接受教育的程度对能否获得小额信贷具有显著正向影响，接受教育的年限越长的农户一般具有更好的金融素养和农业生产技能，更加容易成为银行的合格贷款对象。农户家庭劳动力人数对能否获得小额信贷构成负向影响，原因可以解释如下，由于农业生产收益低下，农业产业发展选择难，农村劳动力大多选择外出务工，获得工资性收入，家庭劳动力数量越多，工资性收入越多，大多数能满足自身资金所需，从而不需要申请小额信贷。家庭经营耕地的面积对能否获得小额信贷构成正向影响，支持农户经营性生产是小额信贷的主要目的，耕地是农业生产基本的生产要素，耕地面积也反映了农业生产的规模状况。农户贷款需求量对能否获得小额信贷构成正向影响，说明农户的贷款需求越强，更容易获得小额信贷。

（2）农户性别、年龄、家庭规模、家中是否有个体工商户不构成显著变量。可能解释的原因是农村的信贷金融机构在发放贷款时，主要注重减贫的社会绩效和农户的还款潜力，农户的性别、年龄、家庭规模、家中是否有个体工商户与还款能力关系不强，不构成显著变量。

基于前面的研究，倾向得分匹配选取是否为建档立卡农户、受教育水平、家庭劳动力人数、家庭耕地面积、农户贷款需求5个变量进行匹配。

3. 倾向得分匹配估计

在筛选出显著变量以后，就要选择匹配方法，不同的匹配方法各有优缺点。本书将处置组（农户获得小额信贷）和控制组（农户没有获得小额信贷）进行近邻匹配、半径匹配和核匹配。在近邻匹配时，设置1∶4的比例进行。在半径匹配和核匹配过程中，分别用范围为0.05和common选项对共同取值范围的个体进行匹配。同时将处置组和控制组的收入分为工资性人均年收入、生产和经营性人均年收入、转移性人均年收入、财产性人均年收入和非工资性人均年收入逐一匹配，三种方法的匹配结果如表6-9所示。在匹配之前，本书通过对显著变量进行平衡性假设检验，检验结果显示匹配后其中四个变量标准化偏差大幅缩小，而且所有变量标准化偏差绝对值较小，变化明显，说明匹配效果较好，t检验值不拒绝原假设，证明模型通过平衡性假设检验，处置组和控制组不存在显著差异。

表6-9 农户倾向得分匹配估计结果

匹配方法	变量名称	样本	处置组（获得小额信贷）	控制组（未获得小额信贷）	平均处置效应	T检验值
近邻匹配	工资性人均年收入	匹配前	8517.13	15712.087	-7194.95	-3.06***
		ATT	8519.82	9815.49	-1295.67	-0.47
	生产和经营性人均年收入	匹配前	5929.83	1710.72	4219.12	5.70***
		ATT	5493.28	3373.23	2120.06	1.72*
	转移性人均年收入	匹配前	1321.04	568.08	752.96	5.55***
		ATT	1313.56	771.56	542.00	2.03**
	财产性人均年收入	匹配前	3534.27	1774.24	1760.03	1.90*
		ATT	3504.36	1821.41	1682.95	0.94
	非工资性人均年收入	匹配前	10785.15	4053.04	6732.11	5.77***
		ATT	10311.21	5966.20	4345.01	2.07**

匹配方法	变量名称	样本	处置组（获得小额信贷）	控制组（未获得小额信贷）	平均处置效应	T检验值
半径匹配	工资性人均年收入	匹配前	8517.13	15712.09	-7194.95	-3.06 ***
		ATT	8519.82	9528.10	-1008.29	-0.25
	生产和经营性人均年收入	匹配前	5929.83	1710.72	4219.11	5.70 ***
		ATT	5493.28	2872.42	2620.86	2.66 **
	转移性人均年收入	匹配前	1321.04	568.08	752.96	5.55 ***
		ATT	1313.56	896.38	417.18	1.90 *
	财产性人均年收入	匹配前	3534.27	1774.24	1760.03	1.90 *
		ATT	3504.36	2296.48	1207.88	0.83
	非工资性人均年收入	匹配前	10785.15	4053.04	6732.12	5.77 ***
		ATT	10311.21	6065.28	4245.93	2.49 **
核匹配	工资性人均年收入	匹配前	8517.13	15712.09	-7194.95	-3.06 ***
		ATT	8519.82	9516.96	-997.14	-0.25
	生产和经营性人均年收入	匹配前	5929.83	1710.72	4219.11	5.70 ***
		ATT	5493.28	2976.29	2516.99	2.50 **
	转移性人均年收入	匹配前	1321.04	568.08	752.96	5.55 ***
		ATT	1313.56	910.13	403.43	1.84 *
	财产性人均年收入	匹配前	3534.27	1774.24	1760.03	1.90 *
		ATT	3504.36	2113.44	1390.92	0.96
	非工资性人均年收入	匹配前	10785.15	4053.04	6732.11	5.77 ***
		ATT	10311.21	5999.86	4311.35	2.51 **

注：* $p < 0.1$，** $p < 0.05$，*** $p < 0.01$。

从表6-9的匹配结果来看，近邻匹配、半径匹配和核匹配的结果具有趋同性。处置组和控制组的各类收入在匹配前和匹配后均有差异，说明经过匹配以后消除了部分选择性偏差，达到了运用倾向得分匹配的预期效果。平均处置效应（ATT）在农户人均家庭年收入、人均生产和经营性收入、人均转移性收入、人均财产性收入和人均非工资性收入中显示正向趋势。从理论上说，小额信贷主要是支持发展农业生产，为具有一定创业能力的农户提供资金支持，主要帮助农户获得生产和经营性收入。国家政策也要求小额信贷应该用于农业生产经营，不能用于建房、婚丧嫁娶和其他大额消费等方面。

（1）从小额信贷对农户生产和经营性收入的影响来看。从近邻匹配的结果来看，没有获得小额信贷的控制组和获得小额信贷的处置组的生产和经营性收入分别为 3373.23 元和 5493.28 元，增收效应为 2120.06 元。从半径匹配的结果来看，没有获得小额信贷的控制组和获得小额信贷的处置组的生产和经营性收入分别为 2872.42 元和 5493.28 元，增收效应为 2620.86 元。从核匹配的结果来看，没有获得小额信贷的控制组和获得小额信贷的处置组的生产和经营性收入分别为 2976.29 元和 5493.28 元，增收效应为 2516.99 元。以上三种匹配方法结果都通过显著性检验，表明小额信贷对农户生产和经营性收入增收效果较好，符合我国小额信贷发展的政策初衷。

（2）从小额信贷对农户转移性收入影响来看。从近邻匹配的结果来看，没有获得小额信贷的控制组和获得小额信贷的处置组的转移性收入分别为 771.56 元和 1313.56 元，增收效应为 542 元。从半径匹配的结果来看，没有获得小额信贷的控制组和获得小额信贷的处置组的转移性收入分别为 896.38 元和 1313.56 元，增收效应为 417.18 元。从核匹配的结果来看，没有获得小额信贷的控制组和获得小额信贷的处置组的转移性收入分别为 910.13 元和 1313.56 元，增收效应为 403.43 元。以上三种匹配方法结果都通过显著性检验，小额信贷对于农户转移性收入增加都有显著影响，在农业生产上获得小额信贷的农户，一般具有较大的初始种、养殖生产规模，而且小额信贷更有利于进一步扩大生产规模，这些种、养殖规模农户一般都能获得政府相应的财政补贴资金。因此，小额信贷实际上也有利于增加农户的转移性收入。

（3）从小额信贷对农户财产性收入的影响来看。从近邻匹配的结果来看，没有获得小额信贷的控制组和获得小额信贷的处置组的财产性收入分别为 1821.41 元和 3504.36 元，增收效应为 1682.95 元。从半径匹配的结果来看，没有获得小额信贷的控制组和获得小额信贷的处置组的财产性收入分别为 2296.48 元和 3504.36 元，增收效应为 1207.88 元。从核匹配的结果来看，没有获得小额信贷的控制组和获得小额信贷的处置组的财产性收入分别为 2113.44 元和 3504.36 元，增收效应为 1390.92 元。但以上三种匹配方法结果均没有显著性检验，以上结果显示的小额信贷对农户财产性收入增加可解释为"分贷统还"或者"户贷企用"模式下的分红所得,"分贷统还"或者"户贷企用"模式后来被政策叫停。但在调查中也发现有部分农户获得贷款以后,交由企业统一使用贷款资金,由企业每年支付给农户3000~5000元不等的分红资金,这在当时确实在一定程度上增加了农户收入,达到了一定的减贫效果。

(4)从小额信贷对农户非工资性收入的影响来看。农户生产和经营性收入、财产性收入构成了非工资收入的主要部分。从近邻匹配的结果来看,没有获得小额信贷的控制组和获得小额信贷的处置组的非工资性收入分别为5966.20元和10311.21元,增收效应为4345.01元。从半径匹配的结果来看,没有获得小额信贷的控制组和获得小额信贷的处置组的非工资性收入分别为6065.28元和10311.21元,增收效应为4245.93元。从核匹配的结果来看,没有获得小额信贷的控制组和获得小额信贷的处置组的非工资性收入分别为5999.86元和10311.21元,增收效应为4311.35元。以上三种匹配方法结果都通过了显著性检验。

总体来说,我国小额信贷对于农户工资性收入增收影响不显著,这是因为政策初衷是要把小额信贷用于农户农业生产,缓解农业生产过程中的资金短缺问题,对于在外务工的农户来说,不存在小额信贷需求,不符合贷款发放条件。小额信贷对农户非工资性收入有增收效应,其中,对农户生产和经营性收入增收效果较好,也有利于增加农户的转移性收入。

第四节 乡村振兴时期接续推进小额信贷的难点与对策

2014年我国创新性发展扶贫小额信贷,目的是为那些具有一定的创业潜质、技能素质,有贷款意愿和还款能力的贫困人口提供贷款,通过支持发展特色产业来增加收入。小额信贷是金融减贫的重要抓手,发放金额增长很快,在整个脱贫攻坚期内累计发放7100多亿元,对于打赢脱贫攻坚战发挥了重要作用,具体如表6-10所示。

表 6 – 10 我国扶贫小额信贷发放情况

截止时间	扶贫小额信贷余额（亿元）	支持建档立卡农户数（万户）
2016 年 12 月	1658. 24	402. 06
2017 年 3 月	1812. 17	433. 52
2017 年 6 月	2038. 40	486. 10
2017 年 12 月	2496. 96	607. 44
2020 年 3 月	4443. 50	1067. 81
2020 年 9 月	5038. 00	1204. 30

资料来源：根据中国银保监会官网、《中国银行业社会责任报告》的相关数据整理。

为了更好地接续推进小额信贷，服务乡村振兴，对小额信贷实施过程中存在的不利于实现可持续性的问题进行仔细分析。

一、贷款标准和政策初衷"落地"难，不利于金融机构财务可持续

1. 客户选择难

小额信贷的推广首先要解决"客户选择"问题，在很多农村地区，一些素质较高、年轻的劳动力选择外出务工或者进城创业，真正留在农村的大多文化水平不高、年龄偏大，因此真正有创业潜质和市场拓展能力的符合贷款条件的人很少。小额信贷的客户选择面临着"两难处境"，符合条件的不能贷，不符合条件的必须贷，实际上不利于小额信贷可持续发展。2014 年"78号"文件也提到"采取'以社带户、以企带村'的方式，组织贫困农户参与扶贫特色优势产业建设，拓宽建档立卡农户获得贷款的途径"。针对符合条件的贷款对象不多和"应贷尽贷"的政策要求，小额信贷在实践中出现不少"创新性"行为，特别是在扶贫小额信贷实施的最初几年，很多地方曾经实施"户贷企用"或"分贷统还"模式，其主要目的在于更快地推行扶贫小额信贷，让扶贫小额信贷更快地发挥效应。表 6 – 11 是根据 2018 年中国银监会网站等相关渠道整理的数据，可以看出，当时扶贫项目贷款所占比重在不断增加，而到户贷款所占比重下降很快。到了 2017 年底，扶贫小额信贷总额为

2496.96 亿元, 其中到户贷款所占比例仅为 7.25%。另外, 根据对中部某省的调研数据了解, 2017 年底, 该省发放小额信贷 35.5 万笔, 贷款余额为142.9 亿元, 其中以"分贷统还"模式发放 13.4 万笔, 占总笔数的 37.7%, 贷款余额为 53.4 亿元, 占总额的 37.3%。

表 6 - 11　　　　　　　　　我国扶贫小额信贷总额及其构成情况

截止时间	扶贫小额信贷余额（亿元）	扶贫项目贷款余额（亿元）	扶贫项目贷款占比（%）	扶贫到户贷款余额（亿元）	扶贫到户贷款占比（%）
2016 年 12 月	1658.24	802.7	48.4	855.54	51.6
2017 年 3 月	1812.17	1147.68	63.3	664.49	36.7
2017 年 6 月	2038.4	1568.3	76.9	470.1	23.1
2017 年 12 月	2496.96	2316	92.75	180.96	7.25

资料来源: 根据中国银监会官网、《中国银行业社会责任报告》中的相关数据整理。

"户贷企用"或"分贷统还"通过简单的分红来增加农户收入, 有较大的临时性, 而且没有与贫困人口内在脱贫能力结合, 可能在短期内增加了收入, 但返贫风险较大, 缺乏可持续性。另外, 根据我国《贷款通则》规定, 通过银行贷款获得的资金是不能进行入股分红的, 因此"户贷企用"或"分贷统还"不能长期使用, 存在政策风险。小额信贷实施中的问题也引起了国家和社会各界高度关注, 对小额信贷客户选择中的问题进行"纠偏"。2017年中国银监会等五部门联合出台《关于促进扶贫小额信贷健康发展的通知》, 重申小额信贷基本原则。2018 年后, 随着扶贫小额信贷进入回收期, 对扶贫小额信贷从"增量扩面"转移到风险防控方面, 要求叫停"户贷企用"或"分贷统还"模式的扶贫小额信贷。在乡村振兴接续推进小额信贷过程中, 客户选择难的问题会依然存在, 应该从脱贫攻坚实践中吸取经验教训, 避免再出现"户贷企用"或"分贷统还"模式或者类似变相模式的情况。

2. 特色产业选择难

除了客户选择问题, 小额信贷还要以"产业"为依托。从当前的发放情况来看, 小额信贷支持产业存在同质化问题, 集中在种养殖方面, 主要是种大棚、栽果树、养牛羊。在脱贫攻坚时期, 由于时间很紧, 很多地方主要关心"是否有"产业支持, 对产业的发展质量和实际可操作性重视不够, 对市场前景等产业风险问题没有仔细考虑。贷款发放以后如果出现稍许偏离预期的因素，贷款损失的可能性就很大。因此，一些小额信贷发放以后发现如果按照预期途径投入使用，风险较大，出现不少临时改作他用的情况，对贷款发放银行的财务可持续性也产生不利影响。另外，由于同质化的产业选择，生产出来的同质化农产品市场销路存在困难，经常出现"价廉伤农"的情况。在脱贫攻坚时期，通过政府、帮扶对象和驻村扶贫干部努力来解决市场销路，但这种依靠也是不可持续的，贫困人口受不起农产品市场风险考验，同质化的农业创业存在可持续性问题。在脱贫攻坚任务完成以后，原有的贫困地区水、电、路等基础设施大有改善，农产品物流体系不断完善，以及通过加强对农户的技能培训，这些都为脱贫地区的产业发展创造了更好的条件。但脱贫地区产业发展基础依然相对薄弱，与乡村振兴"产业兴旺"的目标还有很长的距离，脱贫地区产业选择依然是难点问题。

二、乡村振兴时期接续推进小额信贷的对策

实现乡村振兴需要接续发挥小额信贷作用，需要以实现可持续性金融减贫为目标，以服务普惠金融发展为任务，妥善处理好当前"存量"与后续"增量"问题，要实现小额信贷的"双线"融合，应该把"特惠"模式的扶贫小额信贷引导到以市场力量为主的小额信贷道路上来，并在政策层面进一步优化，促进小额信贷健康发展。

1. 以普惠金融理念引领小额信贷"双线"融合与政策优化

在当前的衔接直至以后时期，相对低收入群体将成为我国金融减贫对象，金融减贫应该纳入普惠金融发展框架，要以普惠金融理念引领小额信贷"双线"融合与政策优化。要突出小额信贷的基本初衷，坚持商业、可持续原则，有效处理政府与市场的关系，注重促进农村金融市场机制培育。（1）合理界定小额信贷客户范围。坚持小额信贷有所为，有所不为。在全社会树立正确的金融减贫理念，金融减贫是为因金融服务缺乏致贫的人提供金融服务，在缓解贫困过程中，金融发挥支持而不是变革作用。小额信贷以服务弱势群

体为己任，但不能搞全覆盖，重点要看是否具有相应的承贷能力。对于符合条件的人，从原有建档立卡农户，扩大到所有真正需要贷款的人。在同一个村落，条件差不多的人，如果只因为"身份"不同，就执行两套不同的小额信贷政策，不利于我国普惠金融发展。（2）改变小额信贷的政府主导模式。不再按政治任务下达规模指标，摆正政府在小额信贷决策中的位置，突出银行在小额信贷决策中的主体地位。政府主要为银行提供农户信用、产业等信息，为银行开展小额信贷实施政策引导和激励。乡镇、村委、乡村振兴驻村干部与银行之间要有效分工，彼此相互配合。金融监管部门要突出行业规范和市场服务的职能，不单纯以规模绩效为考核依据，应注重贷款风险和质量考核。要坚决制止挪用贷款情况，计入信用档案，对失信行为加强惩戒力度。（3）在"功能观"指引下，扩大小额信贷的发放主体。不将小额信贷局限于中国农业银行、农村商业银行等体制内银行，发动一些体制外金融组织为低收入弱势群体提供各种小额信贷服务，鼓励小额贷款公司、NGO 小额信贷组织等专业性小额信贷机构的发展。特别要大力发展我国新型农村合作金融①，补上我国金融体系的短板，充分发挥它们在服务低收入弱势群体、支持乡村振兴方面的作用。

2. 在现代农业发展和乡村振兴中提升贫困人口创业能力

从前面理论分析可知，农户的创业能力是小额信贷发挥作用的前提，是实现可持续金融减贫的基础。创业能力包含多方面内容，涉及生产、销售等多个环节，也需要劳动技能、资金投入。乡村振兴是目标，现代农业是趋势，但小规模农户也不会消失，它仍将是农村经济主体的重要部分，提升农业创业能力要在现代农业发展和实现乡村振兴的大视角下进行。（1）加强创业技能培训。让小农户掌握农业生产新型技术，提升创业技能。让小农户能够根据个人优势、地方特色来选择创业方向和类型，能合理评估自身负债能力，避免过度负债，正确认识市场风险。（2）处理好小农户能力提升与规模经营

---

① 我国农村合作金融发展在经历了农村信用社商业化改革以后，目前正处在"探索阶段"，而且具有较强的"草根性"，只有少数地方的合作金融组织产生了较好的影响力，合作金融模式的扶贫效应尚未有效发挥。

的关系。提升小农户创业能力并非所有小农户都应该去开展"作坊式"经营，创业能力的提升不是自己全部包干，要与外界多联系而不是停留在贫穷的市场经济中。乡村振兴视角下的小农户要主动融入农业现代化"大潮"，避免"单打独斗"。在与合作社、龙头企业合作中提升自我能力，特别是在合作中强化市场信息、技术获取能力。(3) 实现小农户与"大市场"有机衔接。通过发展市场信息、农业技术和销售服务等现代农业社会化服务组织，为小农户创业提供社会化服务。同时要降低小农户农业社会化服务的"购买"成本，让小农户真正享受农业生产的福利，避免出现"精英俘虏"。(4) 政府要做好小农户创业支持，切实提升农业技能培训效果，引导小农户选择创业类型，营造良好的市场环境，大力促进农业社会化服务组织发展，构建大市场与小农户之间稳定的利益联结机制。

3. 加强政府支持，促进小额信贷可持续发展

为更好地服务乡村振兴，小额信贷"支农扶弱"和可持续发展都需要政府支持。(1) 优化财政贴息政策。小额信贷利息方面要逐渐改变由财政全额贴息的情况，由农户承担部分利息，培养农户的金融意识。将单纯的利息"全补"改为对资金使用良好、及时偿还的农户实施奖励。根据地区经济发展、财政收入等情况，确定中央、地方财政贴息资金负担比例，避免给中央或地方财政造成长期性利息补贴压力，增加贴息政策可持续性。根据农业生产周期，农户资金使用周转等简化贴息程序，使贴息政策有效落实。(2) 继续完善风险补偿政策。各级财政将风险补偿资金纳入年度预算，确保资金足额、按时到位，中央财政提高在经济落后或者财政困难地区的负担比例。要简化风险补偿程序，确保补偿真正落到实处。拓宽补偿资金来源渠道，增强风险补偿政策可持续性。设立风险补偿基金目的在于引导和激励银行放贷，降低小额信贷风险顾虑，但不是政府风险全包。因此，要明确风险补偿适用范围，要强化银行主体责任，避免银行出现"道德风险"。(3) 提高政府支持政策的"普适性"，无论是体制内银行还是一些体制外专业性小额信贷组织，不能有差异化政策，应该"雨露均沾"地享受政府支持政策。

第五节　本章小结

我国小额信贷的发展一直与减贫问题联系在一起，最初的小额信贷是在20世纪80年代初期作为国际援助机构减贫项目的一种资金使用方式，后来我国出现专业的小额信贷机构以后，小额信贷模式也逐渐被政府采用，小额信贷与减贫开发工作进一步融合。小额信贷减贫在我国经历了从扶贫贴息贷款到扶贫小额信贷的发展历程。扶贫小额信贷与扶贫贴息贷款在政策渊源上是"一脉相承"的，扶贫小额信贷是由扶贫贴息贷款发展而来，但二者在承贷机构、贷款资金来源、贷款对象、贷款条件等方面也存在一定的区别。扶贫小额信贷属于"特惠"金融减贫政策，在实践过程中由政府主导，行政色彩浓厚。但这种"特惠"金融减贫政策客户目标精准性更高，贷款偿还率也更高，在很大程度上有利于解决扶贫贴息贷款的目标"瞄准性"差、贷款不良率高的问题，符合精准扶贫的目标需要。

通过对小额信贷的作用机制和有效需求影响因素进行研究可以发现，小额信贷有助于缓解贫困地区金融排斥，实现收入增长，在总体方向上是正确和有理论依据的。但小额信贷不能解决所有原因造成的贫困，它的作用发挥需要一定的条件。小额信贷的发放要根据农户自身的实际情况和当地产业发展等实际因素来考虑，要在"供给层面"做好小额信贷的政策设计的同时，更加突出农村对小额信贷的"有效需求"导向。通过运用倾向得分匹配法进行实证研究发现，我国通过扶贫小额信贷支持农户开展农业生产，缓解了农业生产过程中资金短缺问题，对于提高农户收入有显著影响。

小额信贷是金融减贫的重要抓手，为打赢脱贫攻坚战发挥了重要作用，但在实施过程中也存在一些问题，不利于实现可持续性金融减贫。贷款标准和政策初衷"落地"难，不利于金融机构财务可持续。为了更好地接续推进小额信贷发展服务乡村振兴，实现可持续性金融减贫，需要处理好"存量"与"增量"问题，要实现小额信贷"双线"融合，把"特惠"小额信贷引到以市场力量为主的小额信贷道路上来，在政策层面进一步优化，促进小额信贷健康发展。

第七章 政策性金融持续支持全面 推进乡村振兴研究

从 20 世纪 90 年代创设政策性金融以来，我国政策性金融发展不断成熟，为解决农业、农村领域融资问题做出了重要贡献，充分发挥"先锋"作用[①]，为打赢脱贫攻坚战发挥了重要作用。目前，我国"三农"工作重心正实现历史性转移，处于脱贫攻坚与乡村振兴衔接时期，主要任务是巩固拓展脱贫攻坚成果，防止出现系统性返贫，全面推进乡村振兴，最终实现全体人民共同富裕的中国式现代化。全面推进乡村振兴是一个系统性工程，对金融服务的需求也是多元化的，脱贫地区基础设施建设、人居环境改善仍然需要大量、长期的资金投入，农业产业化各环节也需要相应的金融服务，这些不能完全由商业性金融来供给，需要政策性金融持续、有效发挥作用。2022 年 7 月，我国出台《关于推进政策性开发性金融支持农业农村基础设施建设的通知》，该通知明确提出，要坚持农业农村基础设施在全面推进乡村振兴中的重要支撑作用，项目向脱贫地区倾斜，要强化信贷资金保障，提高项目融资可得性。从理论上说，无论是当前衔接时期还是以后时期，政策性金融的本质不应该改变，都应该围绕实现农业农村优先发展，实现农民生活富裕发挥引导作用。值得注意的是，由于我国政策性金融体系自身发展还存在一些不足，也由于在脱贫攻坚时期的一些实践偏差，导致政策性金融在当前支持脱贫地区全面乡村振兴中还存在一些问题。这些问题的产生既有政策性金融自身发展的内

---

① 从理论上说，政策性金融包括政策性贷款、政策性担保、政策性利息补贴以及政策性保险等方面，这些内容在我国都有广泛运用，但这些范围涉及太广，本书所指政策性金融是政策性银行贷款。

在原因，也有政策环境变化的外在原因，在肯定政策性金融在脱贫攻坚中"先锋"作用的同时，也要结合全面乡村振兴的新时期和新任务，剖析当前存在的问题，寻求解决问题的途径和对策，才能更好地促进政策性金融支持脱贫地区全面乡村振兴，推进城乡融合，为我国经济实现质的有效提升和量的合理增长做出贡献。

第一节　政策性金融与减贫在理论逻辑上的一致性

政策性金融是为实现国家特定经济和社会发展政策目标而采取的金融手段，以国家信用为基础，以特殊融资手段筹集资金，通过优惠利率将资金运用在国家限定业务范围和经营对象上。政策性金融与减贫开发在理论逻辑上存在一致性，特别是我国作为发展中国家，"三农"问题是党和政府一直高度关注的问题，具有很强的"政策性"，减贫开发是"三农"政策的中心，政策性金融与减贫开发存在天然的"渊源"。

一、从起因看：农业政策性金融起因于农业的"双重"属性

众所周知，农业是国民经济的基础，是人们的衣食之源、生存之本，但农业也具有天然的弱质性。农业生产不仅面临着自然风险，也具有市场风险，容易出现"谷贱伤农"的情况。而且，农产品生产周期长且不易保存，农产品加工率低，附加值低。特别是在城镇化、工业化不断发展的大背景下，农业的弱质性更加明显，各类资金都不愿意进入农业领域。贫困地区的农业更是如此，贫困地区一般自然环境差甚至非常恶劣，交通不便，信息闭塞，有些地区甚至缺乏基本的农田、土地，整个农业生产基础条件差。贫困地区基本以传统农业为主，农户大多从事传统种植、养殖业，加工手段落后，缺乏竞争优势，农业产业化水平落后，农民增收缺乏"后劲"。因此，农业既是基础性产业同时也是弱质性产业，具有"双重"属性。提高贫困地区农业生产的产量和质量，提高农产品附加值，提升农业竞争力，离不开完善的交通

路网、水利、电力等方面的基础设施，也需要进行农田改造提升农业生产能力。农业产业化发展需要培育和发展龙头企业，需要仓储、冷链物流等方面的基本条件。贫困地区农业、农村发展所需的资金投入不仅数量很大，而且需要长期的资金投入。虽然大型商业性银行可以满足贫困地区农业产业化发展需要的部分资金，但总体来说，贫困地区更多地需要政策性资金投入，特别是贫困地区金融市场发育相对不够充分，金融市场作用运行机制不够畅通，贫困地区发展所需的资金更加短缺。政策性金融不以营利为目的，能够有效弥补市场机制不足的缺点，更好地向贫困地区聚集资金。因此，减贫开发需要大量的资金投入，首先需要政策性金融先行发挥作用，政策性金融是金融减贫的"先锋"。

二、从任务看：政策性金融与减贫开发都起因于弥补资源配置的市场失灵

市场经济可谓是当前人类社会最有效的资源配置方式，以价格机制为主要内容的市场机制在资源配置中发挥关键作用。金融是现代经济的核心，金融市场是现代市场经济资源配置的重要途径。但市场的力量不是万能的，也有自身的作用范围和边界，不能促使所有资源都自动达到优化状态，更重要的是，人类社会还存在政治、文化等多方面的非经济因素，"经济"标准并不能成为资源配置的唯一标准。因此，市场经济不可避免地会出现资源配置的"市场失灵"。市场化条件下的金融往往具有"嫌贫爱富"的偏好，或者具有"功利性"，金融的这些自身特征再加上金融市场竞争的不够充分，容易导致在引导资源配置过程中出现"金融市场失灵"。政策性金融的创设体现着政府的意志和力量，它具有财政和金融的"双重"属性，作为财政属性更多地体现为"无偿拨付"，作为金融属性更多地体现为"有偿借贷"。政策性金融的重点在于弥补商业性金融的"市场失灵"问题，或者在商业性金融之前先行发挥作用，以实现社会资源配置的市场有效性和社会合理性的有机统一。

在市场资源配置的过程中，由于不同人群所处自然环境或者自身资源禀

赋差异，导致不同人群参与市场交易或者获取资源的能力存在差异，这样就产生了富裕人群和贫困人群。因此，贫困人口的产生也是资源配置中出现"市场失灵"的结果，"减贫"就是要通过政府的行为介入对资源的初次配置结果进行"调整"，改变贫困人口在初次资源配置中所处的不利局面，减贫工作同样也体现了政府的意志和力量。因此，金融减贫离不开政策性金融的作用，金融减贫与政策性金融都是以低收入群体或者弱势群体为服务对象，以金融资源配置的社会合理性为目标。

三、从功能看：政策性金融与减贫开发都肩负社会责任

金融减贫一方面应该体现金融市场的逻辑，体现资金有偿性的原则，另一方面也包含减贫的逻辑，体现社会公平和正义的原则，体现着社会责任。政策性金融的创设是为了服务国家的特定战略，它不同于商业性金融，是融入了政府意志和市场行为的一种特殊的金融形态，资金来源和资金的运用都具有特殊性。政策性金融形态具有特殊的使命，要贯彻国家的意志，落实国家的指令，弥补经济发展中的短板，这也是一种社会责任。从已有的国际经验来看，无论是发达国家还是发展中国家，政策性金融都是经济社会发展中不可或缺的重要金融形态，政策性金融在解决贫困问题上发挥了重要作用。对于贫困地区不能完全依靠商业化市场原则来进行，需要有社会责任的资金投入，而且减贫开发需要大额、长期、低成本资金，政策性金融的功能能够有效契合减贫开发的需求。政策性金融通过发挥"杠杆效应"将有限的财政资金放大，可以缓解财政资金不足。通过改善贫困地区的人居环境，完善基础设施和推动贫困地区特色产业发展，可以缓解贫困地区财政收入不足与短期内需要长期、低成本资金集中投入之间的矛盾问题，对于贫困地区社会稳定和经济增长具有"压舱石"作用。党的二十大报告指出，在推动高质量发展中，既要发挥市场在资源配置中的决定性作用，也要更好地发挥政府的支持作用。通过政策性金融持续支持全面乡村振兴，就是要发挥政府在金融支持实体经济中的作用。

第二节　乡村振兴需要政策性金融
可持续性发挥作用

我国精准扶贫战略实施特别是打响脱贫攻坚战以后，让所有贫困地区和贫困人口一道迈入全面小康社会，是党和国家向全国人民做出的承诺，金融减贫成为社会责任和政治使命。金融减贫不仅要有超常规思维和理念，也需要超常规手段和方式，需要政策性金融发挥先锋作用。

一、政策性金融减贫主要模式——以中国农业发展银行为例

政策性银行都成立了扶贫金融事业部，主要发放易地扶贫搬迁贷款、贫困地区基础设施贷款和贫困地区特色产业扶贫贷款。（1）易地扶贫搬迁贷款。易地扶贫搬迁贷款主要用于支持建档立卡贫困人口安置区建设，以及搬迁以后的水、电、路等相关配套设施完善和就业安置、教育、卫生、文化等公共服务设施建设等方面。易地扶贫搬迁贷款遵循"政府主导、精准扶贫、专款专用、条件特惠、保本经营"的原则，一般由各省（区）级政府成立省级扶贫搬迁投融资主体承接贷款，省级投融资主体统贷和市（县）项目实施主体分贷相结合，还款来源主要是政府服务采购资金，贷款期限一般不超过20年，最长不超过30年。（2）基础设施扶贫贷款。基础设施扶贫贷款主要包括为政府主导大型项目提供的中长期项目贷款，用于贫困地区农村水利设施、公路桥梁、棚户区改造、农村人居环境改造等方面的贷款，用于高标准农田建设和中低产田改造项目的农村土地流转、土地规模经营贷款以及农村流通体系建设项目贷款、仓储设施项目贷款等，基础设施贷款的承贷主体主要是地方政府融资平台公司、国有企业等涉及政府信用的企业，还款来源主要是政府服务采购资金、项目运营收益、政府补贴等。（3）特色产业扶贫贷款。特色产业扶贫贷款主要是为农业产业化龙头企业、林业资源开发与保护、旅游扶贫、光伏扶贫等方面的贷款，通过支持县域特色产业和龙头企业发展，

安排建档立卡贫困人口就业或通过土地托管、吸收农民土地经营权入股或与贫困人口签订帮扶协议等途径发挥对贫困人口带动作用。产业扶贫贷款的承贷主体主要是经营特色产业的龙头企业，还款来源为企业运营收入。

从以上主要模式可以看出，政策性金融在金融减贫中重点发挥基础性作用，与一般商业性金融减贫不一样，政策性金融机构不直接给单个农户贷款，易地搬迁扶贫到省，基础设施到县，产业扶贫到村，它的效应具有间接性。易地搬迁扶贫贷款的受益对象是建档立卡农户，基础设施和产业扶贫贷款的受益对象包括贫困户和非贫困户在内，通过改善贫困地区基础设施，通过产业发展带动就业，带动地方经济发展，从而实现产业兴旺，达到农业经济增长、农村发展的目标，达到脱贫效果。

中国农业发展银行作为政策性金融机构，它与中国农业银行、农村商业银行等商业性金融机构在金融减贫的作用发挥上存在差异。中国农业发展银行要充分体现"当先导、补短板、逆周期"作用，业务体现保本微利原则。商业银行的金融减贫也体现为社会责任，甚至也是政治使命，但商业银行无论是对企业的业务还是对农户的业务，更多的是要考虑商业性原则。中国农业发展银行虽然贷款项目的数量少，但平均贷款额度大，一般选择金融减贫的关键、核心领域进行支持，它是金融减贫领域的"主动脉"，但在一些业务产品、模式方面与商业银行也存在一些重叠和相似之处。（1）国家开发银行也是政策性银行，现在一般理解为"准商业性银行"，它的业务范围也延伸到县域级别，在一些具有政府信用背景的扶贫企业和项目贷款上与中国农业发展银行会形成竞争关系。（2）中国农业银行等大型商业银行对扶贫龙头企业和县域特色产业的贷款也与中国农业发展银行贷款存在一定竞争关系，二者在农业领域的职能定位上有一些重叠[①]。（3）农村商业银行的服务深入农村，网点延伸到所有乡镇，覆盖范围最广，是金融减贫领域的"毛细血管"，主要通过扶贫小额信贷为符合条件的农户发放每户 5 万元、期限为 3 年

---

① 例如，为鼓励发展生猪养殖，2020 年中国人民银行分别给了中国农业发展银行和中国农业银行 100 亿元再贷款额度，专项支持生猪养殖企业。由此也可以看出，政策性金融与商业性金融特别是大型商业性金融服务存在一些共性之处。为更好地发挥各自职能和优势，共同服务乡村振兴，需要明确政策性金融与商业性金融的界限，避免相互重叠和相互排挤。

的财政贴息贷款，支持农户发展生产。同时也发放农村产业扶贫企业和项目贷款，但在规模上尚无法与中国农业发展银行进行竞争。

在以上扶贫模式中，"吕梁模式"是一种创新的产业扶贫模式，在全国具有较大的影响力。"吕梁模式"在吕梁市这个全国集中连片贫困区先行先试，是由中国农业发展银行与山西吕梁市政府 2017 年共创的产业扶贫风险补偿基金模式，2019 年在中国农业发展银行全行内部推广。由吕梁市联合各县政府共建农业产业扶贫贷款风险补偿基金，实行政府增信，建立农业产业扶贫项目库，由中国农业发展银行给予放大 5～8 倍的贷款支持，如果出现实质性风险导致不良贷款则按照约定比例由风险补偿基金代偿。"吕梁模式"充分发挥财政杠杆作用为龙头企业增信，破解龙头产业融资难、融资贵问题，积极支持和培育一批能带动农户长期稳定增收的优势特色农业。"吕梁模式"重视农业龙头企业与贫困农户之间利益联结机制，将龙头企业是否提供就业岗位和发挥产业扶贫带动效应作为能否进入产业扶贫项目库并获得中国农业发展银行信贷支持的前提条件，并将贷款额度与吸纳贫困人口就业数量挂钩，将利率优惠额度与扶贫效果挂钩。"吕梁模式"实施以来产生了良好效果，形成了政府增信、银行增贷、企业增产、农户增收的利益联结机制，不仅在中国农业发展银行内部多个省市地区推广，更有多家国有大行借鉴"吕梁模式"经验，因地制宜在模式上改进，不断推出新"吕梁模式"，在全国扶贫攻坚战中发挥了较大的作用。根据吕梁市政府提供的数据，截至 2019 年 6 月底，中国农业发展银行吕梁市分行支持企业 74 户，涉及吕梁市的红枣、小米、核桃、野生沙棘、奶牛等特色农业产业，发放产业扶贫贷款 6.55 亿元，通过对 74 户企业的产业扶贫贷款，拉动增加收入 39904.2 万元，实现利润 6720.9 万元。支持的 74 户企业直接吸纳 3748 名贫困人口就业，贫困人口人均年收入达到 25000 元以上，74 户企业还与 27401 名贫困人口签订产业帮扶协议，农户年均收入增加超过 5000 元。

二、全面推进乡村振兴离不开政策性金融的可持续性作用

按照 2020 年 12 月中央农村工作会议的精神，2020 之后的五年是脱贫攻坚与乡村振兴的衔接过渡时期，金融减贫的可持续性意味着政策性金融不仅

要在脱贫攻坚战期内发挥重要作用，更要在全面推进乡村振兴和农业农村现代化时期接续发挥重要作用。

1. 巩固拓展脱贫攻坚成果、防止返贫需要持续性政策性金融支持

由于我国各地经济基础和各方面条件不一样，全面乡村振兴的推进不能要求全国"整齐划一"，脱贫地区是我国全面乡村振兴的薄弱环节。在脱贫攻坚任务完成以后的五年过渡期内，巩固拓展脱贫成果是脱贫地区的重要任务，党的二十大报告也再次强调了这个问题，这也是为全面推进乡村振兴打下坚实基础。脱贫地区原来的绝对贫困人口已经脱贫，但他们的生产技能、生活条件以及各方面资源还具有很大脆弱性，因病、因灾、因产业失败等原因造成返贫的可能性较大。实现脱贫地区经济社会可持续发展，实现稳定性脱贫，依然离不开政策性金融的作用。经过几年的脱贫攻坚，脱贫地区固定资产投资和固定资本形成额有很大增长，但总体来说依然位于全国平均水平以下，基础设施欠账较多，人居环境依然还有很大改善空间，与实现全面乡村振兴的目标要求还存在较大差距，这些都需要大量持续性资金投入。另外，虽然易地搬迁任务已经完成，但如何让搬迁人口在搬过来以后能够"稳得住、真脱贫、不返贫"，是当前过渡期内的重要任务。易地搬迁以后还需要相关水、电、路、气、网等配套基础设施和教育、卫生、文化等公共服务设施建设，居住地的土地需要复垦及整理，这些配套项目和公共服务不可能在脱贫攻坚期内同步完成，易地搬迁的后续支持还存在大量的资金需求。政策性金融还需要继续加大对于搬迁安置区的产业发展、配套基础设施和公共服务完善等方面的投入，这些都有利于健全公共服务体系，增强均衡性和可及性，扎实推进共同富裕。另外，脱贫地区的产业发展是一个长期的过程，整体来说基础条件还比较薄弱，已有道路、水利、电网、物流等基础设施还需提质升档，龙头企业和合作社对低收入人群的带动能力也有待提升，这些所需的资金需求不能完全依靠商业性金融服务来满足，离不开政策性金融持续支持。

2. 支持全面推进乡村振兴是政策性金融的持久性任务

乡村振兴是农业农村的全面发展，是实现党的二十大提出的加快建设农业强国目标的重要内容。我国全面乡村振兴要实现产业兴旺、生态宜居、乡风文明、治理有效、生活富裕的总体要求。从这"二十字"目标来看，产业兴旺是基础，要在促进农村产业兴旺发展的基础上搞好农村生态文明建设，农村产业发展不能以破坏生态环境为代价，要实现农村物质文明和精神文明共同进步，实现农村治理能力现代化，最终实现农民生活水平的全面提升，推动实现共同富裕和中国式现代化。政策性金融在当前和未来都肩负实现全面乡村振兴的重任，2018 年中央"一号文件"就明确界定了中国农业发展银行作为政策性金融机构在乡村振兴中的功能定位，主要是为乡村振兴提供中长期信贷支持。虽然大型商业性银行可以满足农业产业化发展需要的部分资金，但更多地需要政策性资金投入，特别是脱贫地区金融市场发育相对不够充分，金融市场作用运行机制不够畅通，资金更加短缺。政策性金融不以营利为目的，能够有效弥补市场机制不足的缺点，更好地向农村聚集资金。为支持脱贫地区全面乡村振兴，统筹乡村基础设施和公共服务布局，建设宜居宜业和美乡村。政策性金融除了要在易地搬迁、基础设施和粮食安全等方面继续发挥基础性作用以外，还要按照市场运作、保本微利和财务可持续原则，加大对农业、农村重点领域和薄弱环节的支持力度，在促进脱贫地区产业兴旺发展、生态文明和美丽乡村建设等方面发挥作用。脱贫地区农业产业化经营和产业链延伸，农业生产规模化、专业化和产业化发展，农村一二三产业融合发展和农业农村现代化等方面也都离不开政策性金融支持。

3. 政策性金融自身要实现可持续发展

我国政策性金融经过近 30 年的发展，取得了一系列经验，但在实现机构自身可持续性发展方面还存在一些不足。在思想观念上，认为政策性金融机构是政府成立的"政策性"银行，钱都是政府的，也为政府办事，也有政府兜底，认为注重风险防范就不能体现政府意志，所以在风险管理理念、技术投入等方面都存在较大不足，资金的安全性、流动性管理与商业性金融机构相比也存在较大差距。如前所述，政策性金融在当前和未来都肩负实现全面脱贫和乡村振兴的重任，自身也要实现可持续发展，政策性金融机构不是用来临时应急的，而是需要长期运转下去。政策性金融重点在于弥补商业性金融的作用"盲区"，"政策性"是它的立足点，也是基本属性，但作为金融机构，也要体现"市场性"原则，只有在保持"政策性"的基础上兼顾"市场性"，才能在"三农"领域提供持续性服务。政策性金融机构应该破除传统经营理念，及时掌握国家政策动态，尽力避免"政策风险"，优化服务质量，增强自身可持续发展动力。

第三节　乡村振兴时期政策性金融减贫面临的问题

在我国金融减贫过程中，政策性金融通过易地扶贫搬迁贷款支持贫困人口搬得出、稳得住、能致富，改变贫困人口"一方水土不能养一方人"的恶劣生存环境，通过精准对接贫困地区基础设施以及基本公共服务的金融需求，夯实了贫困地区经济社会发展的基础，通过对贫困地区特色产业发展贷款，直接带动了贫困人口脱贫致富，这些共同为我国在 2020 年圆满完成精准扶贫目标，打赢我国脱贫攻坚战发挥了非常重要的作用。虽然政策性金融的"阶段性"精准扶贫任务已经完成，但并不意味着这些扶贫模式的具体实践是"无可挑剔"的。未来政策性金融将继续服务相对贫困治理，服务国家的乡村振兴战略。因此，需要对过去特别是脱贫攻坚时期政策性金融减贫可持续性方面存在的问题进行剖析。

一、政策性"存量"贷款可能影响支持乡村振兴的"增量"投入

政策性金融不等同于财政支持，既要体现国家政策意图，也要体现市场原则，要考虑机构自身的财务可持续性，讲究"有借有还"的"有偿性"基本原则。脱贫攻坚时期政策性金融投入了大量资金，体现了政策性银行的使命和担当。由于脱贫攻坚是由政府主导进行的，因此政策性金融的贷款投向与政府息息相关，主要以贷款在当地能产生的脱贫效果作为考虑依据，并据此来确定利率优惠幅度，"政策绩效"占有很大的比重，资金偿还也是由政府"隐性担保"。易地搬迁项目属于民生工程，贷款一般是发放给地方政府投资公司，政府投资公司作为政府融资部门，为政府办事，有政府兜底。对

于政策性金融机构来说，这在一定程度上能够确保贷款按时回收，也是政策性金融机构为完成当时扶贫任务的"有效举措"。贷款由地方统筹安排财政预算，列入地方债务范围，由地方安排偿还本金和利息。但不容忽视的是，政策性金融贷款列入了脱贫地区的地方债务，容易造成地方债务负担过重，不利于脱贫地区全面乡村振兴的实现。政策性贷款大多是 10 年以上的中长期贷款，很多贷款缺乏担保、抵押品等风险缓释措施。贷款风险点主要集中在贷款客户单一，作为承贷主体的地方融资平台往往负债较高。脱贫地区本身财政收入来源非常有限，一般都处于"支不抵收"状态，每年靠上级财政转移支付来运转，地方政府每月还本付息压力大。特别是在新冠疫情防控常态化背景下，企业普遍效益下降，脱贫地区地方财政收入大幅收紧，而支出反而增加。若上级政府不能兜底，将是牵一发而动全身，所有贷款将会无法偿还，以致政策性金融机构遭受损失。因此，脱贫地区政策性贷款形成地方债务"存量"能否及时偿还，不仅直接影响政策性金融机构自身的财务状况，也将影响后续"增量"投入，影响政策性金融机构乡村振兴资金投入的积极性和力度。

二、政府购买服务的还款模式在乡村振兴时期存在"合规性"风险

政策性金融贷款应该注重"政策性"，体现政府意志，服务国家政策，长期以来，为解决地方资金困境问题，政策性金融机构发放低成本、长期的专项贷款，这些贷款一般以政府购买服务的方式作为还款来源。在全面推进乡村振兴时期，这种模式容易导致政企不分，有变相增加地方债务的嫌疑，与我国防范和化解系统性金融风险的总体政策是不相符合的，存在政策风险。因为，随着国家对地方政府举债融资行为的不断规范[①]，政府购买服务方式

---

①　2017 年 7 月全国金融工作会议召开，习近平总书记发表重要讲话，指出各级地方党委和政府要树立正确政绩观，严控地方债务增量，终身问责，倒查责任，充分显示中央对规范地方政府融资行为的决心与力度。2017 年 7 月 24 日召开的政治局会议再次指出，要积极稳妥化解累积的地方债务风险，有效规范地方举债融资，坚决遏制隐性债务增量，这是对金融工作会议严控地方债务增量这一精神的落实。

的融资模式在乡村振兴领域将受到限制。按照 2017 年 6 月财政部发布的《关于坚决制止地方以政府购买服务名义违法违规融资的通知》要求，地方政府不得利用或虚构政府购买服务合同变相举债，不得将金融机构提供的融资行为纳入政府购买服务的范围。2018 年 3 月，财政部再次出台《关于规范金融企业对地方政府和国有企业投融资行为有关问题的通知》，将管理对象直指金融企业，严格规定国有金融企业不得为地方政府提供融资，要求金融企业在防范地方金融风险中担负起应有的责任，要有责任地放贷，不能"助长"地方债务扩张。在脱贫攻坚时期，国家政策对于政策性金融的易地搬迁贷款予以了特别对待，留出了"窗口期"①。在乡村振兴时期，这种"特别优待"会改变。从政策趋势来看，严控地方举债行为管理的趋势是不会变的，对于地方预算管理会越来越严格，会进一步健全地方政府债务融资机制②。

由此可见，由于政策变化具有不可预见性，已经发放出去的易地搬迁、基础设施、农业综合开发等方面贷款将面临更大的风险敞口。政策性银行对于已经发放的贷款还是存在担忧，如果出现大面积贷款无法回收的情况，必将直接影响后续支持乡村振兴的资金投入。另外，为实现全面乡村振兴，脱贫地区还需要大量基础设施和易地搬迁后续安置等方面的政策性贷款，按照国家政策要求，这些贷款将实行"公益性项目，市场化运作"，地方政府提供的还款承诺或隐性变相担保存在"合规性"风险。虽然政策性金融理应以政策性目标为首，但也要注重资金的安全性，在没有找到新的替代传统的"政府财政"的担保品之前，政策性金融机构对于乡村振兴贷款会显得谨慎，

---

① 2017 年财政部发布的《关于坚决制止地方以政府购买服务名义违法违规融资的通知》规定易地扶贫搬迁按照国家相关规定执行，2018 年财政部出台的《关于规范金融企业对地方政府和国有企业投融资行为有关问题的通知》一方面提出要确保合规性和完备性的承贷主体，打造自有经营性现金流，以此作为债务偿还保证，另一方面也允许把财政补贴作为自有现金流的内容，这对当时贫困地区来说是很有利的。特别是对于深度贫困地区来说，获得的各种财政补贴资金更多，说明当时的政策文件实际上为脱贫攻坚开了"绿灯"。

② 2017 年 10 月党的十九大报告提出，要坚决打好防范化解重大风险、精准脱贫和污染防治的"三大攻坚战"。2018 年 4 月 2 日第十九届中央财经委员会第一次会议召开，这是中央财经领导小组升格为中央财经委员会之后的首次会议，会议主题再次聚焦"三大攻坚战"。习近平总书记再次强调指出，防范化解金融风险事关国家安全，要尽快降低地方政府债务杠杆率，要强化各地方政府对于属地风险处置的责任。

时刻担心触犯政策红线，这必将影响政策性金融支持乡村振兴的可持续性。政策性金融机构过去一直依靠政府隐性担保来发放中长期信贷，在思想观念、信贷机制等方面还没有完全适应国家关于地方债务政策的转变。政策性金融支持乡村振兴可能面临两难困境，既要加大对乡村振兴的中长期信贷支持，又要遵守国家的"合规性"政策要求，这两个方面存在一定矛盾。

三、地方融资平台转型缓慢制约政策性金融支持乡村振兴投入

政策性金融支持乡村振兴的资金投入不直接到户，一般由地方融资平台公司作为承贷主体，地方融资平台作为我国分税制改革后出现的金融创新安排，为一些社会民生、基础设施和关乎经济转型升级发展的政府投资项目快速筹集资金，为地方经济发展特别是城镇化发展发挥了重要作用。但值得注意的是，在地方政绩驱动下，地方融资平台的"政企不分"也使地方债务问题越来越严重。据统计，2013 年末中央政府摸底地方债务，当时地方债务总额为 17.9 万亿元，2018 年末地方政府债务额为 18.4 万亿元[①]。根据 2020 年11 月 17 日财政部网站提供的数据显示，截至 2020 年 10 月末，全国地方债务余额为 25.8 万亿元。地方债务中有很大部分是通过对地方融资平台的担保和承诺造成的，使地方政府产生了大量隐性债务。2014 年 10 月国务院出台《关于加强地方政府性债务管理的意见》，这是我国规范地方政府举债行为的开端，自此以后，我国对于地方政府债务的管控越来越严厉。

在当前全面推进乡村振兴时期，政府对地方融资平台承接政策性贷款的融资行为的管控越来越规范，要求地方融资平台剥离政府融资职能，实施市场化转型。我国政策性金融自身关于易地扶贫搬迁贷款的管理办法也对此做出了相关规定，要求承接贷款的地方融资平台通过市场化改制，不再承担政府融资职能。但地方融资平台转型是一项复杂工程，需要改变原有商业模式，重构新的职能定位和盈利模式，成为真正自负盈亏的市场主体。在实践中真正实施市场化改制、规范发展的地方融资平台不多，特别是对于脱贫地区来

---

① 蒋亮，郭晓蓓. 加快地方融资平台的市场化转型［N］. 第一财经，2019 – 9 – 10.

说，地方债务原本就很重，刚刚摆脱贫困状态，地方融资平台在盈利能力方面不足以实现自负盈亏。与此同时，实现全面乡村振兴又需要大量资金投入，地方政府支出压力很大。平台公司与地方政府的关系在法理上难以厘清，一些地方迫于国家政策压力，或者为了融资需要，走个形式或者发个声明表示不再承担政府融资职能，平台转型也是"有名无实"，没有多大实质性变化。由此可见，对于国家规范地方政府举债，要求地方融资平台转型的政策要求，政策性金融机构与地方政府之间有不同反应，政策性金融机构希望融资平台能真正市场化转型，但地方政府无论从能力还是法理上往往做不到。因此，政策性金融支持全面乡村振兴中面临着一个矛盾问题，一方面，地方融资平台市场化转型难度很大，进展缓慢；另一方面，各地全面推进乡村振兴急需资金，在国家严控地方政府债务，防范系统性金融风险的政策环境下，政策性金融对于支持全面推进乡村振兴的新增贷款存在顾虑。

四、支持乡村振兴的资金市场化来源与政策性运用之间的矛盾不断加大

全面推进乡村振兴需要大量资金投入，政策性金融机构首先要解决资金来源问题。当前，贷款资金来源主要是政策性金融债券、存款资金、中央银行的再贷款和资本金，其中主要来源于银行间债券市场融资。政策性金融贷款具有规模大、期限长和低利率特征，如何筹集大额、长期可用的资金，同时控制融资成本，成为政策性金融机构的重要任务。（1）从融资总量上看，在当前银行间债券市场上发债主体大幅度增加的情况下，金融债券能否顺利发行及流通，受到宏观调控及货币政策的制约。在当前金融"去杠杆"的大背景下，金融监管部门也通过宏观审慎监管控制金融企业负债增长。为了满足乡村振兴的巨大刚性资金需求，政策性金融机构能否在市场上筹集到如此巨大规模的资金本身就是一种挑战。（2）从融资结构上看，政策性金融的市场化筹资与乡村振兴中长期信贷投放体量大、回报低的属性不匹配，面临资金运营的"融短贷长"矛盾，可能导致中长期信贷资金供给不稳定，加大流动性风险与期限错配风险，进而影响支持乡村振兴业务的可持续性。（3）从

融资成本上看，政策性银行吸收存款的手段不多，存款和中央银行再贷款等低成本资金所占的比例只有 1/3 左右，为满足乡村振兴长期而且"刚性"的资金需求，必须发行十年以上期限的长期债券，融资成本也要比短期融资成本更高。债券发行市场各发行主体之间的竞争也会使债券发行成本显著增加。在融资成本增加的同时，政策性金融贷款一般执行中国人民银行基准利率政策，利差持续减少，融资成本与贷款收益之间的"错位"很明显。这些都导致政策性金融支持乡村振兴的资金来源，在市场化来源和政策性运用之间存在矛盾，而且这种矛盾导致的压力不断加大。

五、政策性金融支持全面推进乡村振兴中存在的一些薄弱环节

在乡村振兴时期，政策性金融除了继续对脱贫地区易地搬迁、基础设施等领域进行支持以外，脱贫地区农业综合开发、农村产业发展和生态文明建设等方面也是政策性金融主要作用领域。农村产业发展是实现全面乡村振兴目标的基础和前提，产业兴旺是首要目标，它是其他目标实现的基础和保障，是建设现代化产业体系的重要内容，只有做大、做强、做优乡村产业，才能为全面推进乡村振兴提供不竭动力。在乡村振兴实施过程中，基于政策性金融的比较优势，政策性金融机构仍然要将支持脱贫地区建设现代化产业体系作为重点工作内容，支持龙头企业及农业生产、经营、服务一体化发展，促进乡村一二三产业融合发展。从当前情况来看，还存在一些薄弱环节问题需要进一步解决：（1）脱贫地区产业基础薄弱不利于政策性金融支持。虽然已经脱贫摘帽，产业发展基础条件有较大改观，但产业发展风险高、企业成长能力弱、产业同质化等问题依然存在。大多数脱贫地区仍然以传统农业为主，缺乏竞争优势，农业产业化水平落后。一些地方对农业产业发展缺乏整体规划，有关部门对农村基础设施建设和农业产业发展融资积极性不高，按照国家规划、土地、环保等相关规定进行规划、立项且符合信贷支持条件的项目较少，产业可持续性前景不明朗，运营主体专业能力不强，技术能力、营销能力、财务能力等均难以达到政策性项目贷款审批标准。政策性金融机构贷款时面临尴尬处境，既要完成支持乡村振兴的"政策性"任务，但真正符合

贷款条件的项目又不多，往往导致贷款发放不足。（2）政策性金融机构在一些地方的影响力不足。我国农村政策性金融机构主要是中国农业发展银行，政策性金融机构在省级层面的影响力很大，但在市、县一级的影响力不够，而农村产业发展主要在市、县层面，县域发展是推进全面乡村振兴的"新支点"①。政策性金融机构虽然每年对地方贷款投放规模较大，但业务范围较窄，导致在地方的影响力不足。政策性金融服务网点较少，农村覆盖面和覆盖密度较低，商业性投放相对较少，没有个人信贷业务，在农村基层知名度和影响力较小。在一些县域甚至没有政策性金融的分支机构，一些地方政府对政策性金融机构的认可度也不高，影响彼此之间的合作、沟通。（3）一些地方的政策性金融政策不够灵活。政策性金融机构贷款流程烦琐，对农村产业发展项目评级、授信、用信以及支付等流程环节比较多。贷款审批权集中在总行或者省级分行，基层分支行自主权较小，需要经过层层报批，办贷程序复杂，运行效率较低，服务成本较高。信贷政策和信贷产品相对比较集中统一，各分行政策执行和产品创新缺乏灵活性。

第四节　实现可持续性减贫的政策性金融发展对策

乡村振兴是"三农"工作重心，脱贫地区仍然存在大量资金需求，政策性金融需要持续发挥作用，但脱贫地区产业基础依然薄弱，国家对于地方债务管控日益严格，政策性金融自身发展也需要不断完善。在此背景下，要按照党的二十大提出的重要思想指引，深化金融体制改革，健全农村金融服务，政策性金融着重支持乡村振兴产业体系建设、基础设施提质升级和公共服务可及性、均衡性建设，政策性金融支持乡村振兴要实现由追求规模、速度的外延式增长向实现质量、效益的高质量发展转变，在总体思路上，要以"政策"为基础、以"合规"为底线、以"创新"为动力、加强"政银"合作，

---

① 2022 年中央"一号文件"中有 14 次出现"县域"的相关表述，提出要大力发展县域经济，明确将"县域发展"纳入乡村振兴范畴。2022 年 5 月，中共中央和国务院印发《关于推进以县城为重要载体的城镇化建设的意见》，提出要推动县域经济高质量发展，为全面推进乡村振兴提供有力支撑。

促进脱贫地区实现全面乡村振兴，助力我国农业强国目标的加快建设。

1. 顺应国家政策变化，加强政策性金融"存量"贷款管理

（1）政策性金融要注重"政策性"任务，也要体现"市场性"原则，在脱贫攻坚和其后的乡村振兴时期，政策性金融机构都已经为脱贫地区发放了大量贷款，政策性金融机构和地方政府应该加强合作，共同努力，加强对存量贷款的管理，不能只重视贷前发放而轻视贷后管理。因为，政策性金融支持乡村振兴是一个长时期的过程，存量贷款能否及时回收，关系到后续支持全面乡村振兴的积极性和效果。（2）随着国家对于地方债务风险防控的日益重视，严格地方融资举债行为，"公益性项目，市场化运作"已成必然趋势，政策性金融服务再执行过去简单的政府购买服务模式将不太现实。对于已经发放出去的贷款，机构要与地方政府协调做好贷款整改，确保及时回收，做到不影响后续支持乡村振兴的资金投入。乡村振兴与脱贫攻坚是一个相互衔接的过程，对于由于各种原因与国家债务管理政策存在违背的贷款，应该努力采取地方债务置换等方式在政策范围内尽可能减少损失，对于支持乡村振兴的资金投入，不能采取简单抽贷、停贷的办法来应对政策变动。一方面，防止地方债务资金链条断裂，出现新的风险敞口；另一方面，也避免出现债务悬空影响机构自身财务可持续性，影响脱贫攻坚与乡村振兴有机衔接。（3）随着国家关于地方政府债务管理相关政策的调整，对于采取政府购买服务模式的项目进行了清理排查，存在的一些违规问题进行了整改，这已经对政策性金融业务开展造成了一些影响。对于脱贫地区的易地搬迁项目等"绿灯"政策领域，虽然有政策性现金流做保证，但是政策性金融机构也要有前瞻意识和行动，抓紧政策"窗口期"积极推进业务创新，提防出现新的政策风险，要按照政策要求打造自有经营性现金流，确保合规性和完备性的承贷主体和项目，项目评估要从简单的捆绑财政现金流向多元化、科学的现金流转变。

2. 在创新中强化政策性金融对乡村振兴的"增量"支持

（1）政策性金融机构坚持政策性金融的基本方向，全力支持乡村振兴中实体经济发展，在执行政府意志的同时，及时跟进研究国家政策变动，加强对国家整体经济形势和发展趋势的研判，特别是在政策的前瞻性方面多下功夫，在政策变化时争取主动。要加强自我学习，更新落后的思想观念，不打"擦边球"，更不能躺在政策上"不思进取"，避免新的政策出台后造成业务发展无所适从甚至被动停滞的局面。（2）在全面乡村振兴时期，脱贫地区依然需要大量易地搬迁后续贷款、基础设施和产业发展贷款，政策性金融要抓住重点、体现优势，对于原来基础设施、产业基础薄弱的脱贫地区要重点发挥作用，除了对已经发放的贷款加强管理、确保回收以外，对于增量贷款资金要注重合规性管理，要进一步规范贷款发放，将贷款使用限定在特定区域，指向特定群体。对于产业开发项目，每个项目应结合乡村振兴目标制定具体方案。要防范政策风险，特别关注第一还款来源是否可靠，第二还款来源是否落实，要充分考虑当地信用环境、财政承受能力与项目实际需要。在贷前核实风险借款人是否具备相应项目资质以及项目组织实施、建设资金管理等能力，严格落实贷前条件，按项目建设进度发放贷款，严防资金被挤占挪用，做到投放、使用精准，防范承贷主体风险。（3）在全面支持乡村振兴过程中，对于新增贷款，要努力实现原有政府购买服务信贷模式的转型升级，由信贷的高速度增长向高质量发展转变。要积极顺应国家政策转变，改变长期以来依赖政府信用，主要面向政府背景的项目和主体发放贷款的思维模式，在发展手段上改变依赖财政资金的贷款模式，注重项目现金流和企业综合收益。要加强市场化主动变革创新意识，在风险可控前提下对一些实现了角色转换、资产优质的政府融资平台进行支持，积极支持政府投融资公司向经营实体转变，避免出现政府背景平台"不能贷"、市场化公司类平台"不敢贷"的尴尬局面。

3. 扩展政策性金融支持乡村振兴的低成本资金来源

在乡村振兴实施过程中，农村基础设施建设、美丽乡村建设等方面需要稳定持续而且大额的资金支持，对于金融机构来说，政策性金融贷款由于其"政策"导向，贷款利率一般相比较同期市场利率要低，资金投入具有低回报性，而且贷款期限很长。因此，稳定、低成本的资金来源是政策性金融机构为乡村振兴服务的基础。（1）国家应该给予政策性金融机构资金来源方面更大的支持，各级政府要扩大在政策性金融机构的财政性存款，中央银行应该为政策性金融支持乡村振兴做好资金保障，用好央行再贷款、抵押补充贷款（PSL）以及央行专项债券等工具，对政策性金融机构予以更大的资金倾斜。（2）对于支持乡村振兴的业务要逐渐完善贷款定价机制，不能不考虑资金成本和收益，即使不考虑管理费用成本，也至少应该将资金成本、税率和贷款拨备等因素考虑进入贷款最低利率，力保金融机构的财务可持续。（3）要完善对于政策性金融支持乡村振兴的专项补贴机制，除了对政策性贷款业务实施补贴以外，应该从资金源头入手，对乡村振兴债券发行成本进行补贴，多角度保证政策性金融机构的财务可持续。

4. 加强"政银"在全面乡村振兴方面的沟通合作

（1）政策性金融是国家财政职能的延伸，需要有效处理政府与市场的关系，在政策性金融服务乡村振兴过程中，要加强政府与政策性金融机构的沟通、合作，构建合规化、市场化的新型"政银"关系，更好地发挥政府作用。总体来说，政策性金融应该做到"依靠但不依赖"政府，要按照政策来办事，但不能完全依赖政府。政府应该是以组织方、增信方而不是作为担保或者直接还款方参与金融服务，要在构建地方良好金融生态、整合财政补贴和共建担保机制等方面发挥作用。（2）政府要积极推动地方融资平台转型升级，提升项目承贷主体的偿债能力，增强机构支持乡村振兴的积极性，不能以"政策性任务"为借口把风险全部甩给政策性金融机构。要统筹可支配的财力，努力开辟还贷来源，把城乡建设用地增减挂钩政策用好，把增减挂钩节余指标交易形成的收益优先支持政策性贷款偿还。对于有政府确定的稳定还款来源或者各类财政补贴、补助的产业、基础设施项目，可以创新性运用"过桥贷款"模式来扩大还贷资金来源，还可以进一步统筹涉农资金整合作为还款来源。（3）由于政策性贷款期限很长甚至可达30年，政策风险很大，政策性金融机构也要密切关注政策连续性，特别是在政府换届前后做好衔接工作，防范各种潜在风险，确保政策性金融健康发展。要加强与政府沟通交流，了解到政府特别是发改、交通等部门即将实施的符合支持政策的项目，并积极争取。要创新性加强县域的政策性金融分支机构建设，对于暂时没有分支机构的县域，可以与政府合作，在农业农村、发改、交通等部门设立

"政策性金融专员"，加强在项目规划、资金需求等方面的合作沟通。政策性金融机构要凭借辐射到县级的营业网点及服务优势，积极支持地方经济发展，可以适当购买政府债券，扩大机构在地方的影响力，维护与政府的良好合作关系。（4）政府与机构要努力合作，强化政策性金融资金与财政资金协调配合，加强银行、政府、担保三方合作，积极探索担保模式创新，建立"农业担保＋"或者"风险补偿资金＋"的增信机制，共建风险补偿基金撬动政策性资金投入。也要扩展风险补偿基金的多元化来源渠道，可以包括政府专项财政资金，涉农整合资金或者财政转移支付等。除了政府出资以外，可以由企业缴纳风险补偿金来充实风险补偿基金，做到政策性贷款"贷得出、收得回"。（5）为实现乡村产业振兴，政策性金融机构是金融供给主体，农村产业是需求主体，不能让政策性金融机构和农村产业两类主体陷入"相互指责"的互不信任状态，政府要充分发挥外部支持和引导作用，优化金融生态环境，强化农村产业发展基础条件，构建政策性金融和农村产业主体相辅相成的良性循环体系，创新政策性金融支持产业发展新模式。

第五节　本章小结

政策性金融体现国家战略和整体社会、经济发展政策需要，是国家财政职能的延伸。政策性金融不以营利为目的，能够有效弥补农村地区市场机制不足问题，弥补商业性金融"市场失灵"问题，引导资金向农村聚集。"三农"问题是党和政府一直高度关注的问题，具有很强的政策性，精准扶贫是"三农"政策的中心，政策性金融与精准扶贫存在天然的渊源，实现精准扶贫目标首先离不开政策性金融的作用。政策性金融在过去的脱贫攻坚战中发挥了先锋和基础性作用，政策性金融通过易地扶贫搬迁贷款改变贫困人口"一方水土不能养一方人"的恶劣生存环境，通过对贫困地区基础设施以及基本公共服务的贷款服务，夯实了贫困地区经济社会发展的基础，对贫困地区产业发展贷款带动了贫困人口脱贫致富。脱贫攻坚已经取得全面胜利，但进一步巩固脱贫效果，实现全面乡村振兴，都需要政策性金融持续性发挥作用。因此，相对贫困时期政策性金融发展问题是实现可持续性金融减贫的主要内容。

易地搬迁、基础设施扶贫贷款大多纳入地方财政预算，导致地方政府债务压力很大，政策性扶贫贷款实际上形成了地方债务，在未来不具有可持续性。在防范系统性金融风险上升为"三大"攻坚战之一的大背景下，我国对于地方政府债务的管控越来越严厉，而地方融资平台转型难度大，进展缓慢。除此以外，一些地方政府购买服务的还款模式存在"合规性"风险。政策性金融机构自身也存在资金来源期限错配，资金成本压力大等问题，这些都会制约政策性金融的投入。另外，产业扶贫"吕梁模式"已经完成阶段性任务，但由于模式本身设计和地方政府等方面的原因，在具体的实践过程中还存在一些问题需要改进。为实现可持续性金融减贫，在整体思路上要继续坚持政策性扶贫的基础性作用，政府要加强激励、引导，强化政策性金融功能发挥。政策性金融机构要在思想理念上顺应政策变化，树立创新意识，构建合规化、市场化的新型"政银"关系，持续性服务乡村振兴。

第八章 乡村振兴时期村级金融服务站高质量发展研究

随着脱贫攻坚任务的完成，我国"三农"工作重心转向全面乡村振兴和共同富裕。乡村振兴时期，由以政府力量为主的"扶贫"变为以市场力量为主的"减贫"，反贫困将由"攻坚战"变为"持久战"，由以帮扶建档立卡户摆脱绝对贫困为任务，转向以解决相对贫困为重点，支持全体农户的生产生活发展需要。我国村级基础金融覆盖率高，是基础金融服务的主要依托，"最后一公里"的物理网点已经打通，但基础金融服务的环境和质量依然不高，我国普惠金融高质量发展的短板依然在这些农村地区①，需要通过金融服务供给侧改革把更多资源配置到农村地区特别是脱贫地区。脱贫摘帽以后依然需要强化信贷、支付、结算等方面的金融服务，更需要提升脱贫人口的金融素养，以形成良好的农村金融生态环境。政府、银行为村级金融服务站的布局也投入了大量资源，站点已经实现广覆盖，村级金融服务站的第一阶段任务也已完成。未来，现有的村级金融服务站建设要进一步加强，应该充分利用已有的条件和基础，通过数量整合、服务深化和功能升级来实现高质量发展，更好地为全面乡村振兴和共同富裕提供金融服务。目前，已有的研究主要集中在对村级金融服务站过去存在问题的研究，关于乡村振兴时期如何前瞻性谋划站点高质量发展的问题，社会各界尚缺乏仔细辨析和深入思考，更缺乏统一定论。本章重点研究乡村振兴时期村级

---

① 2022 年 2 月，习近平总书记主持中央全面深化改革委员会第二十四次会议，通过了《推进普惠金融高质量发展的实施意见》。

金融服务站为什么需要高质量发展，发展目标是什么，如何实现高质量发展，这是强化乡村振兴金融服务和普惠金融高质量发展的基础性问题①，也是实现可持续性金融减贫的重要内容。

第一节　村级金融服务站高质量发展的思想逻辑

2004 年以来，我国大力消除农村金融服务空白，积极设立助农取款点，储蓄和结算方面的基础金融服务普及率大幅度提高。2006 年我国出台《关于做好农村地区支付结算工作的指导意见》，希望解决当时农村支付需求日益增长但结算方式单一、服务手段陈旧的问题，开启我国农村支付服务环境建设序幕。2009 年出台《关于改善农村地区支付服务环境的指导意见》，明确阶段性目标和具体工作思路，全国各地积极布局助农服务点。截至 2012 年末，助农取款服务覆盖行政村超过 40 万个，消除金融服务空白乡镇比率达 70%。2013 年党的十八届三中全会正式提出发展普惠金融以后，村级基础金融服务建设进一步加快，成为普惠金融发展的重要内容，助农取款点也不断升级成助农金融服务站。2016~2018 年，全国助农金融服务站数量有所减少，此后两年开始缓慢增长，至 2020 年末，全国助农村级服务站数量达 89.33 万个，具体情况如图 8-1 所示。另外，从站点的交易量来看，根据 2020 年《中国普惠金融指标分析报告》显示，2020 年全年助农村级金融服务站的交易笔数为 3.99 亿笔，交易金额为 3531.24 亿元。

脱贫地区的村级金融服务发展相对滞后，在 2015 年中央扶贫开发工作会议后，村级金融服务建设明显加快，各地对脱贫地区村级金融服务站点数量、位置、设备均有具体要求，各级政府部门和中国人民银行积极推进脱贫地区村级金融服务站建设，打通金融服务"最后一公里"。2016 年 1

---

① 2022 年 1 月，中央"一号文件"《中共中央　国务院关于做好 2022 年全面推进乡村振兴重点工作的意见》首次单列提出要"强化乡村振兴金融服务"。

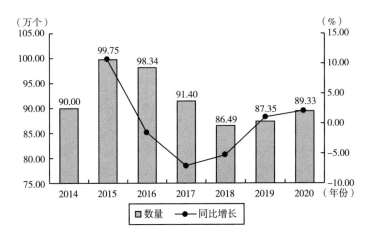

图 8 - 1　2014～2020 年助农金融服务站点数量变化

资料来源：2014～2020 年助农金融服务站点，相关业务数据简析［EB/OL］. 中国人民银行网站，2021 - 12 - 31.

月《推进普惠金融发展规划（2016～2020 年）》提出，要有效提高金融服务覆盖率、可得性和满意度，开始按照"政府支持、人行主导、金融机构主建"的原则建设村级金融服务站，改善支付结算环境，推进农村信用体系建设。2019 年 5 月《关于切实做好 2019 年～2020 年金融精准扶贫工作的指导意见》明确提出，要提升金融体系普惠性，优化金融生态环境。脱贫地区的村级金融服务站是顺应精准扶贫特定要求而产生，它当时的职责重在"减贫服务"，建立农户金融服务档案，开展信息采集工作，做好农户授信评级工作，了解并反馈农户金融需求，做好农户和金融机构之间的沟通工作，推动小额信贷发放。在具体实践中，为了更好地利用现有资源，脱贫地区村级金融服务站的各项服务有所延伸，村级金融服务站与原有的助农取款点整合，实现助农服务点与减贫服务站"两站融合"，不仅在物理位置上实现融合，也在功能上实现一定的融合升级。特别是原有的助农取款 POS 机具的功能单一，也需要升级换代，村级金融服务站不仅通过站点帮助发放扶贫小额信贷，还通过站点发展取款、汇款、代理缴费等支付业务，基本涵盖了助农取款点的业务。

图 8 - 2 所示为村级金融服务站高质量发展的思想逻辑。在过去几年里，

金融减贫一直是精准扶贫的重要内容，扶贫小额信贷支持特色优势产业发展，是我国金融减贫的生动表现。全国各地积极落实村级金融服务站建设工作，实现了贫困村全覆盖，村级金融服务站成为金融减贫服务的重要依托。高覆盖率的村级金融服务站处于执行落实扶贫小额信贷政策的"前沿"地带，直接服务贫困农户，对贫困地区开展信用评价，接受农户的信贷申请，有利于推动扶贫小额信贷的发放，帮助农户稳定增收。站点也是金融服务供给方和需求方的信息沟通中介，传达金融减贫政策思想，使农户能更便捷地获得金融服务，为打赢脱贫攻坚战发挥了较大作用。由于村级金融服务站整合了农村支付、结算和转账等基础金融服务，有利于促进农村普惠金融发展，因为"减贫服务"的功能实现也要以基础性金融服务功能的实现为基础，只有先满足农户的支付、结算需求，农户才可以高效、灵活地使用资金，才能更好地发挥信贷资金对脱贫增收的作用，扶贫小额信贷才能更高效地发挥作用。在解决绝对贫困的"攻坚战"中，村级金融服务站注重服务"精准"，而在解决相对贫困的"持久战"中，村级金融服务站需更注重服务"普惠"。村级金融服务站的标准应该更严格，客户范围应该更广，服务产品应该更多元、作用发挥应该更重大，脱贫地区村级金融服务站应该实现高质量发展，为乡村振兴提供高质量服务。

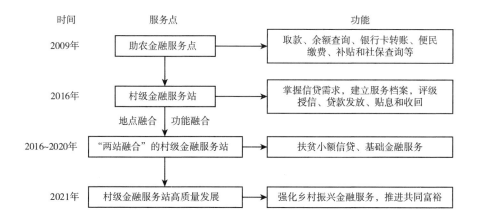

图 8 - 2　村级金融服务站高质量发展的思想逻辑

第二节 乡村振兴时期村级金融服务站 高质量发展面临的问题

2020年6月至2021年12月，通过对湖南①、贵州等武陵山连片地区进行实地调查研究发现，整体来说，我国村级金融服务站在帮助落实国家金融减贫政策，便利村民支付结算，提高农户金融素养等方面发挥了较大作用，但与实现我国普惠金融高质量发展以及全面推进乡村振兴的金融需求之间还存在一定的差距，这些问题可以集中归纳成以下四个方面。

一、站点布局不够科学

我国设立村级金融服务站目的是利用农村"熟人社会"治理机制，发挥村级组织的优势，降低金融服务成本，提高减贫精准度，将它打造成为农村基层金融服务供给的重要平台。当前我国村级金融服务站已经实现全覆盖，这主要是出于精准扶贫的任务要求，站点的设立具有较强的政府色彩，村级金融服务站的设立采取指标分配方式进行，不完全是按照"成熟一家，设立一家"来进行的，对于地理、资源条件、产业发展前景、经济情况等考虑不周，一些村级站点实际上设置条件并不成熟，但为了"全覆盖"的指标任务也要求设立站点。很多站点使用效率低下，业务量很小，也有很多站点的设备因为疏于维护而沦为摆设。不少地方因为扶贫小额信贷发放状况不好，站点在服务金融减贫方面的"定性"功能发挥也不够，

---

① 2016年以来湖南省积极部署村级金融扶贫服务站建设，得到了时任国务院副总理汪洋的肯定性批示："把村级组织用起来，是个好办法，互利双赢"，在全国产生了较好的示范效应。截至2018年9月，建成6923家村级金融服务站，实现在贫困村的全覆盖。因此，对湖南开展相关调研也使研究更加具有代表性（资料来源：《怀化市2018年扶贫工作总结和2019年工作打算》，https：//www.huaihua.gov.cn/huaihua/c100237/201901/43bce22401a94dd89dae9f931f44a8ad.shtml；《6923家金融扶贫服务站覆盖所有贫困村》，https：//hnsfpb.hunan.gov.cn/tslm_71160/JZFP/201801/T20180118_4928106.html）。

存在"走过场"和"简单应付"的情况，造成资源浪费。未来村级金融服务站应该如何布局，是否要把当前所有的行政村的村级金融服务站和助农取款点全部打造成为"聚合"金融服务站？站点布局要依靠政府推动实现还是依靠市场行为来实现？不同金融机构设立的站点之间应该如何协调和合作？这些问题都需要解决。另外，还有关于村级金融服务站的身份定位问题。村级金融服务站的身份定位一直比较模糊，一般认为村级金融服务站是不以营利为目的，不增加村民负担的自助性组织，属于社会服务性机构。在政府色彩浓厚的精准扶贫时期，这个模糊的身份定位不会对任务的完成有太大影响，但在乡村振兴时期，村级金融服务站的具体定位需要明晰，模糊的定位会影响站点功能的发挥，也不利于实现高质量发展，影响乡村振兴金融服务的供给。

二、站点高质量发展所需人才缺乏

村级金融服务站要实现高质量发展，人员短缺和金融知识不足是最直接的制约因素。村级金融服务站无论在信用评价、金融教育还是风险防范方面，都要求工作人员自身素质过硬，具有相当的金融素养和金融技能。目前村级金融服务站的工作人员一般由村干部、驻村帮扶队成员和金融机构联络员组成，缺少专业的工作人员。金融机构联络员虽然熟悉金融业务，但一个联络员往往要负责几个村或者一个片区，本身精力有限，具体业务实际上交由村干部打理。村干部大多数金融知识储备不足，不太熟悉金融业务，金融服务能力有限，自身还有很多村里的其他事务需要处理，没有太多时间顾及服务站的具体工作，只是利用空余时间来打理站点。加上缺乏相关的政策和利益激励，所以村干部参与站点业务的积极性也不高。农村是一个"熟人社会"，村干部与村民接触较多，或者存在各种血缘、亲缘关系，金融机构联络员相对村干部处于信息缺乏的地位，有可能出现村干部与村民"合谋"的道德风险行为，增加站点运营风险。因此，实现村级金融服务站高质量发展，需要加大对所需人才的培养和选拔力度。只有这样，才能真正建设完备的农村信用数据信息库，构建有效的信用评价体系，才能真正在农村地区普及金融教育，提升农户的金融意识和金融能力，避免出现农村信用评价简单、统一和农村金融教育流于形式的情况①。这些人才仅仅依靠主办银行的力量是无法解决的，特别是金融风险防范、金融教育等方面的人才，更加需要依靠金融监管部门、政府部门共同努力来培养。因此，在全面推进乡村振兴时期，如何培养或者通过何种途径来培养站点高质量发展所需要的金融人才显得非常重要。

三、站点运营的财务可持续性不强

村级金融服务站需要投入不少的人力、物力，各方面的运营成本也比较高。政策要求村级金融服务站按照"八有"标准建设：有场地、有设施、有人员、有牌匾、有操作流程、有支付器具、有业务台账、有宣传资料。监管方面也要求每个服务站要安装助农金融服务终端，并配置保险柜、高清晰联网监控设备、点验钞机、UPS不间断电源等设备。据统计，每个村级金融服务站投入大约7万元，这些费用都由商业银行自己解决，当地财政只是对每个服务站一次性给予补贴1万～2万元，这对商业银行来说经济压力较大。由于站点覆盖率高，这些站点主要是由县域农村商业银行来建设②，对于农村商业银行这种小型农村金融机构来说，几百万元的建设成本不是小数目。另外，村级金融服务站还需要后续运营费用，从后续运行情况来看，村级金融服务站收入来源非常有限，可以依靠助农支付结算获得一定收益，但很多助农取款的手续费本来就很低甚至免费，助农支付服务费也是按照交易金额或交易量提取，站点业务量少，导致收益来源不大。而服务站日常运行各种费用较高，靠服务站本身的服务收费远远不能弥补成本，运营可持续性有待加强。村级金融服务站的主要任务是配合精

---

① 通过调研发现，有些农村对于农户授信评级的指标设计过于简单，还是以农户的家庭收入指标作为评级的重要依据，对于农户信用程度的评价很模糊，没有体现出不同农户的评级差异。有些地方虽然实现整村授信，但对于金融机构放贷时的参考作用很有限。

② 通过调研发现，目前各地农村商业银行出资设立的金融扶贫服务站占比大约70%左右，中国邮政储蓄银行和中国农业银行设立站点占比为15%和10%左右，其他银行占比5%左右，调研中也了解到有些地方90%的站点由农村商业银行设立。

准扶贫工作特别是扶贫小额信贷的发放，相关成本支出从理论上说应该属于政府减贫成本范围，不应该由主办银行来承担。当前主办银行主要是在政府号召下出于社会责任承担了绝大部分建站成本。在乡村振兴常态化金融减贫时期，要打造农村聚合金融服务点，村级金融服务站具有正外部性，主办银行投入的成本难以内化在它获取的收益中，实际上承担了很大部分的社会成本。因此，增强站点运营可持续性对实现村级金融服务站高质量发展十分重要。

四、站点业务受到农村移动支付的挑战

我国一直非常重视完善和深化农村支付服务环境，这是金融服务"三农"和农村普惠金融建设的重要内容①。村级金融服务站搭载着农村支付结算业务，但当前村级金融服务站的支付结算服务的实际使用量并不大，主要是以一些老年人为主，而且主要是新农合、新农保等账户的余额查询服务和小额取款为主，加上越来越多的支付、转账和查询业务等都可以在移动终端完成，村级金融服务站已有的支付结算业务正受到移动支付越来越大的冲击。另外，随着我国乡村振兴全面推进，农村支付环境建设将进入新阶段，也会产生新的支付结算需求形式，由于金融创新的不足，村级金融服务站的服务供给显得滞后。农村支付方式将改变过去单一依靠"物理网点"的局面，支付方式更加多元化，农村移动支付会被越来越多的人接受并成为主流趋势。农村支付结算服务的主要需求者也将发生变化，由现在的以老年人为主转向以家庭农场主、种粮大户、"田秀才"、"土专家"和返乡创业人员为主。另外，农村移动支付将走向"集约化"，由"一户多码"走向"聚合支付"。当前，村级金融服务站难以顺应乡村产业新业态、新园区、新链条的出现和农村移动支付发展趋势，"物理化"的站点与农村移动支付不能融合发展。

① 2022年1月我国印发了《数字乡村发展行动计划（2022～2025年）》，对"十四五"时期我国数字乡村发展作出部署安排，特别提出要深化农村普惠金融服务，开展农村支付服务环境建设。

第三节 乡村振兴时期村级金融服务站
"四位一体"发展路径

脱贫地区村级金融服务站由各地人民银行联合乡村振兴局共同推动组建，主办银行具体负责，充当执行者角色，各乡镇、村委多方参与，发挥辅助作用。我国为村级金融服务站建设投入了大量的人力、物力，当前脱贫攻坚已经结束，过去推动站点建设的行政力量可能会有所减弱，但这些站点不能废弃，应该把这些站点充分利用起来。基于前面研究的村级金融服务站已有基础和存在的问题，提出村级金融服务站"四位一体"高质量发展路径。

一、"四位一体"高质量发展路径的内容

"四位一体"高质量发展路径中的"一体"即为高质量发展的目标，可以如此理解它的基本内涵：（1）乡村振兴时期，站点的高质量发展应该在广覆盖的基础上，实现数量整合、服务深化和功能升级，而且整个过程应该尽可能突出市场作用的发挥，避免完全的政府主导模式。（2）村级金融服务站应该顺应金融减贫变化趋势，顺应互联网金融发展趋势，实现物理网点升级。要利用"贴近村庄、贴近市场、贴近农户"和"人熟、地熟、情况熟"的优势，发挥桥梁和纽带作用，充当金融机构的"脚"和"眼"，"沉下去"并"浮上来"，引导乡村人口获得各类信息和资源，村级金融服务站应该为普惠金融高质量发展打下"先机"。（3）要充分挖掘乡村人口的潜力，将扶贫和扶志、扶智相结合，融入社会公共服务，拓展金融服务范围，服务乡村振兴金融需求，实现自身高质量发展。特别是在当前我国面临人口老龄化挑战的时期，村级金融服务站要在补齐农村老年群体普惠金融服务短板中有效发挥作用，让农村居民享受现代金融制度和信息技术的优越，切实获得金融主体的权利与义务。

以上是乡村振兴时期村级金融服务站高质量发展的整体目标。此为"四位一体"路径中的"一体"，要实现站点高质量发展，应该从以下四个方面的具体路径出发。

1. 打造服务乡村振兴的"普惠金融服务点"

乡村振兴时期的脱贫人口需要可持续的普惠金融服务，但信息不对称是金融机构与低收入人群之间的"天然障碍"，村级金融服务站应该发挥制度与地理位置方面的天然优势，利用"熟人社会"缓解金融机构与农户之间的壁垒，扫除双方理念障碍，实现金融服务可持续供给。首先，村级金融服务站作为金融机构服务范围的拓展，可以延伸金融触角，因地制宜、因户制宜地提供金融服务，帮助农户学会使用非现金支付结算工具，优化支付结算环境，让农民足不出村就能存款、取款、转账。其次，站点不仅要提供支取各类涉农补贴，办理社保、医保等业务，也要把普惠金融服务与党建和政府公共服务结合起来，实现普惠金融与社区治理的有效融合。最后，移动互联网和信息技术的发展对现有农村支付、结算方式既是一种挑战，也是一次创新的机会，为了更好地服务乡村振兴，要充分利用移动互联网的优势，开展普惠金融产品创新，把村级金融服务站打造成为农村普惠金融服务的"前沿阵地"，为乡村振兴提供高质量的金融服务。

2. 打造服务乡村振兴的"金融信息采集点"

在全面推进乡村振兴时期，我国金融减贫政策发生了变化，村级金融服务站的"行政性减贫"功能应该弱化，"市场性服务"的功能应该增强，服务站关注的金融需求主体也应该扩展到所有农户、农业农村经营主体以及乡村振兴时期产生的新业态组织。村级金融服务站应该优化信用评级方法，实现授信的全覆盖，建设成为农村"金融信息采集点"。而且对于"信息"所涉及的范围应该进行扩充，除了传统的"有借有还"等金融信用信息，还应该包含政治、文化、生态和社会等多方面信息，特别要包括农户自我积极上进的意志和能力方面的信息。站点应该充分融入村级社区，借助村支两委的力量，搜集农户经济、政治、文化、生态和社会等多方面的信息并进行信息整合，建立健全农户信用信息电子档案，实现农户信用信息共享。站点还要协助金融机构开展贷前调查和信用评级，为金融机构收集农户融资、理财、现金等各类需求信息，接受农户的金融服务咨询和贷款需求的申请，通过站点服务"下沉"，帮助金融机构更有针对性地开发各类金融产品。村级金融服务站要成为金融机构和农村服务对象的信息互通纽带，具体如图8－3所示。

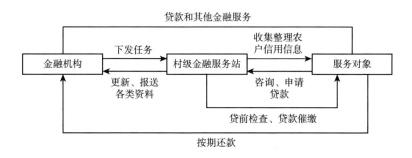

图8－3　村级金融服务站信息整合和报送流程

3. 打造服务乡村振兴的"金融知识教育点"

在全面推进乡村振兴时期，脱贫人口需要高质量金融服务，也需要获取社会资本、各类金融信息资源乃至精神食粮，这也是乡村振兴的内生之源。村级金融服务站可以依托现有资源和优势，为农户提供反洗钱、反假币、防诈骗、支付结算、信贷产品等金融知识和政策宣传，加强金融知识推广，提高农户金融素养和金融能力，激活他们的内生动力，帮助实现自我发展。村级金融服务站摆放配套宣传资料展示架，宣传资料可以包括乡村振兴宣传手册、扫黑除恶知识读本、社会保障卡宣传资料、"一卡通"发放宣传手册、网络安全小知识和其他社会公共服务宣传册。定期开展"送金融知识进乡村"系列活动，召开与群众面对面的金融知识交流会，鼓励农户通过金融改变生活，并为大家答疑解惑。特别要针对老年群体进行有温度的宣教，采取喜闻乐见的方式普及金融知识，增设金融知识问答平台，建立多层次、多角度的金融知识宣传阵地，提升农户对金融知识的了解和信任度，打造农村金融"明白人"，扶贫、扶智齐头并进，帮助防范金融风险，增加有效金融需求。站点也要将金融服务和社会服务功能结合在一起，树立敢于承担社会责

任、努力增进民生福祉的良好形象，倡导诚实守信的乡风文明，致力于树立
"亲民、便民、惠民"的品牌形象。

4. 打造服务乡村振兴的"金融电商政务融合点"

在全面推进乡村振兴时期，应该进一步利用村级金融服务站现有行政
资源、社会资源和农村熟人社会治理机制，继续推进村级金融服务站、助
农取款服务站和电商服务站的"三站融合"，不仅实现"三站"在物理空
间上有效整合，更要在服务功能上深度融合。村级金融服务站要与助农取
款点实现进一步融合，村级金融服务站要通过站点升级，朝"聚合"金融
服务的方向努力，也要搭载电商、政务等其他服务，更好地服务乡村振兴。
在金融减贫工作链中引入电商元素，要打造集"便利店""收发快递"等
功能于一体的综合服务中心，让农产品进入农村电商服务网络，打造全流
程的金融减贫服务模式，实现"区域社群化、村民联结化、产品品牌化、
配送乡村化"的大格局，打造"一站多能、一网多用"综合服务平台。产
业发展是乡村振兴的重中之重，打造金融电商融合点可释放农村消费潜力，
改善农村人群的消费结构，也抓住农产品销售的有利时机，提升销售的时
效性，为农产品开拓新市场，还可以将金融服务项目从生产融资端延伸至
农产品销售端，为产业发展和乡村振兴提供有力支撑。村级金融服务站也
可以融入政府公共服务，将金融业务与社会民生业务相互嵌入，在公共服
务方面能够派得上、用得上、靠得住，利用自身的渠道、人员和信息优势，
帮助农户解决生产、生活中的问题和困难。乡村振兴时期农村更加强调村
民之间的关联性，社群互动可增加村民之间的信任，金融与政务融合基于
站点发展电子化、服务人群多样化，可以作为社群互动的重要平台，通过
提供一系列增值服务，增强村民与站点之间、村民与村民之间的联系，提
升农村的凝聚力和契约精神。

二、"四位一体"高质量发展路径的内在关联

"四位一体"的路径既是基于当前发展的总结思考，也是基于乡村振兴

的要求而提出的，四个方面的具体路径互相协调、层层递进，存在一定的内在关联性，共同服务乡村振兴时期村级金融服务站的"一体"功能。（1）农村普惠金融服务点功能主要解决基础金融服务问题，延伸金融服务触角，虽然不会直接增加农户收入，但它是农户接受其他金融服务的基础，让基础金融服务嵌入农户生产、生活的每个环节，在提供基础性金融服务的过程中"得民心""知民情"，这是强化乡村振兴金融服务的基础。（2）农村金融信息采集功能利用熟人社会优势，通过农村金融信息收集、整合与评价，特别是通过与当地基层政府建立良性互动关系，将站点的金融服务融入社会治理，获取政治、文化、生态和社会等多方面信息。另外，站点协助开展农村信用评价和评级授信，助力农村信用体系建设，与普惠金融服务功能形成良性循环，这是强化乡村振兴金融服务的前提。（3）农村金融知识教育功能主要是帮助农户提升金融素养和金融能力，提升农户对金融的认可度和自我风险防范意识，降低金融交易成本和金融交易风险，提供金融服务支持乡村振兴所需要的内生动力，这是强化乡村振兴金融服务的保障。（4）农村金融电商政务融合功能主要是充分融合农村移动互联网和现代信息技术，实现服务站点的功能升级，使站点的发展与时代接轨，与乡村振兴的需求吻合，是提升服务乡村振兴能力的必然趋势，也是实现站点高质量发展的重要途径，这是强化乡村振兴金融服务的关键。综上所述，乡村振兴时期村级金融服务站"四位一体"高质量发展路径的内在关联如图8-4所示。

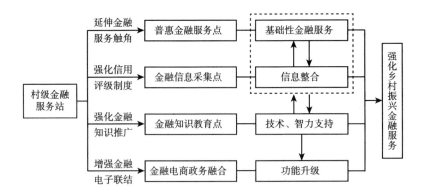

图8-4 "四位一体"高质量发展路径的内在关联

第四节 乡村振兴时期村级金融服务站
高质量发展对策

脱贫攻坚时期的村级金融服务站在辅助金融机构完成农户信用评级和扶贫小额贷款发放工作等方面发挥了不可替代的作用。绝对贫困消除以后，相对贫困比绝对贫困问题更具隐蔽性、精神性和多维性，治理难度更大也更复杂，需要整合多层次、多体系资源。需要将村级金融服务站发展置于农村普惠金融发展的整体框架下进行，通过政府、金融机构乃至全社会的共同努力逐步解决目前存在的主要难点问题，通过站点高质量发展为乡村振兴提供持续性服务。

一、实现站点的科学布局和定位

村级金融服务站在全国各地铺开，并且已投入很大的人力、物力和财力，脱贫攻坚完成后村级金融服务站的工作仍会继续，为更好地贴近农村需求，服务乡村振兴，应该明确村级金融服务站的属性和定位，应该把村级金融服务站作为扎根农村的中介机构和服务乡村振兴的"前沿哨所"，这是实现站点高质量发展的前提。（1）目前我国各大金融机构与农村地区不管是在地域上还是在实质关系上都存在一定的距离和"隔阂"，金融机构十分需要村级金融服务站作为中介机构，为其搭建与农户之间的桥梁，辅助其开拓农村金融市场。村级金融服务站应该定位为主办银行的农村服务中介机构，充分发挥联络职能。（2）循序渐进、因地制宜推进村级金融服务站的功能升级。把村级金融服务站打造成为农村的聚合金融服务中心，为乡村振兴和相对贫困治理提供可持续性金融服务，但应该在现有基础上因地制宜、循序渐进地推广，尽可能避免政府对金融机构下达行政指令任务，充分发挥市场机制的作用。目前我国村级金融服务站虽然实现了在脱贫村的全覆盖，但服务站的实际效用发挥程度存在较大差异，不排除存在一些为了应付检查和完成政府指令性任务而设立的站点。要容忍当前服务站功能发挥上存在的不足，给予它们一定的时间来"成长"，但是对于"成长期"以后仍然不能实现应有功能的服务站点可以考虑撤销或者和其他周边站点合并，以"优胜劣汰"的方式来激活有实力的服务站、淘汰不必要的服务站，尽可能同时实现高覆盖率与高效性。（3）建立对于村级金融服务站的科学评价体系，不能从服务站自身获得经济效益来进行简单的定量考察。村级金融服务站在金融教育、信用环境优化等方面实际上承担了部分政策性业务，对我国普惠金融发展具有正的外部效应。应该更多地从服务站挖掘农村金融客户，提升农民金融素养，改善整体农村金融环境等方面进行全面定性考察。

二、提高站点服务水平和发展能力

脱贫摘帽以后，乡村振兴目标的实现是一个长时期的过程，需要调动农村各阶层群体的积极性、主动性和创造性，需要持续性金融服务，要更加注重金融帮扶对象的志、智的提升，培育其自力更生实现增收致富的意识和技能，激发相对贫困人口的内生动力。（1）利用自身贴近农户的天然优势，做好客户需求的深入挖掘。除了对已有的产品进行创新以外，还要紧密围绕乡村振兴的新型需求进行"私人订制"，在保证基本服务的前提下，提供既有普适性又符合目标客户需求的个性化服务，真正形成有特色、有差异、有层次的金融服务。针对有实际需求而未形成相关需求理念的客户，要积极引导其树立起新的金融理念并选择相关金融产品。（2）逐步加大站点功能拓展力度。乡村振兴和未来相对贫困治理时期，以新型农业经营为代表的"大产业"农业和单个农户的"小产业"农业并存发展，小农户依然是农村重要生产经营主体，小额信贷具有很大的发展空间。因此，村级金融服务站不仅要为农户发放贷款，还要强化授信评级机制，将客户拓宽至全体农户，特别是要针对小农户生产特征设计适合的小额信用贷款等金融产品。政策上要适当允许站点功能拓宽，逐步推动站点服务内容从基础支付结算向综合金融服务延伸。适当推广"贴息贷""农担贷""种粮大户贷""小农贷"等个性化贷款业务，在注重风险防范的前提下，适当允许村级金融服务站接纳存款或办理农户理财业务等。（3）创新金融知识宣传的方法和渠道。坚持日常宣传与定期宣传相结合，要强化日常宣传，除每年固定日期的集中宣传外，每个月由各金融机构轮流主办集中宣传活动，推动金融知识普及常态化。专设"反假宣传站""打黑宣传站"等，吸纳农村热情人士为宣传站带头人，站点工作人员对其培训后让其通过实际案例以讲座形式为村民讲解并答疑解惑。（4）强化站点工作人员联络基层服务的能力。将联络基层成为村级金融服务站工作人员的职责，建立相应制度对站点工作人员进行约束和考核。督促工作人员有意识地在接触的客户中对易返贫人员进行预警、指导以及跟踪，提高站点工作人员对返贫人员的警觉性，拉近工作人员与相对贫困人口的距离，真正扎根当地，下沉服务。

三、打造"数字＋村级金融服务站"的综合平台

数字金融可以缩小农户之间金融服务可得性的差距，提高村级金融服务站的服务能力和效率，有利于降低相对贫困概率，"数字＋村级金融服务站"能提升金融服务的时效性、增强站点抗风险能力，为村级金融服务站高质量发展提供重要途径。（1）将"数字"嵌入普惠金融、信息采集、金融教育和金融电商功能实现的每个环节，加强与政府、电商的合作，充分利用国内大型电商平台，实现农户信息链、资金链、产业链相融相通。运用大数据、云计算、人工智能等对农户信用信息进行分析，从而在农户征信和风险防控方面建立模型，并积极探索符合产业发展特点的"POS 贷""流水贷"等信贷新产品。利用互联网技术加强站点的监督和管理，提高抗风险能力，发生不可抗力风险时，利用"数字"高效减少相应损失。（2）正确处理"数字＋村级金融服务站"与移动支付之间的关系。"物理化"的站点与移动支付的关系并不冲突，移动支付在农村地区普及，可适当减轻"物理化"站点支付结算等基础服务的业务量，更好地实现站点的功能升级，拓展服务的广度和深度。"数字"的融入可使两者的联系更加紧密，"数字"融入站点为移动支付的实现提供有力支撑，移动支付的普及为站点功能深化提供有利条件。要充分利用金融知识教育普及网上银行、

手机银行等电子支付方式，提升移动支付在农村的普及率，提升金融服务的时效性和便捷性。加强"数字"金融教育，解决相对贫困人群面临的数字鸿沟。（3）要健全"数字＋村级金融服务站"的配套基础设施，加快农村"数字乡村"建设，提升农村移动通信、光纤宽带数字化金融基础设施建设，为"数字＋村级金融服务站"提供完善的硬件条件。要引进金融科技企业等主体，构建信用信息共享平台，推进乡村信用体系建设，为"数字＋村级金融服务站"发展提供良好的软件环境。（4）村级金融服务站未来应该打造成为集信用评级、金融教育和移动支付于一体的"聚合"金融服务中心，支付结算服务是它的部分而不是全部业务，支付结算的移动互联网化要与信用评级和金融教育业务统筹发展。

四、完善政策支持和激励

全面推进乡村振兴要充分发挥市场机制的作用，政府要加强对各级金融机构和金融服务站服务创新的激励和奖励力度，充分发挥好市场机制的导向和激励作用，将金融服务站的建设融入乡村振兴的长期战略中去，为村级金融服务站的高质量发展提供保障。（1）政府要在财政补贴、资金投入等方面给予支持，建立相应的利益补偿机制。对村级金融服务站的主办银行要实施政策激励，设置支农奖励等方式鼓励主办银行承担社会责任，提升其开展工作的积极性和主动性。对于主动将村级金融服务站发展视为己任的金融机构，中国人民银行应依托金融管理优势，在业务开办、货币政策工具运用等方面给予倾斜，对成效显著的金融机构给予政策重点扶持，大力给予支持、鼓励和宣传。（2）建立完善、科学的考核机制。村级金融服务站特殊的性质和功能决定了绝不能单纯以经济效益来衡量它所发挥的作用，政府要加以引导，强化其作用，从站点每日咨询人数、贷款数额、存取款基础业务笔数、增信人数、村镇金融诈骗降低概率等方面对村级金融服务站进行考核。充分肯定村级金融服务站在解决相对贫困问题上所发挥的作用，对考核优秀的村级金融服务站要加大补贴和奖励力度，加强对优秀站点的宣传和推广。（3）加大村级金融服务站所需人才的培养力度。要加强农村金融教育的各方面投入，要从农村内部进行培育，把村干部培育为服务站所需要的专业人才，从而带动他们向村民普及金融知识。地方金融监管部门、中国人民银行等要与服务站的主办银行协调，加大对服务站所需专业人才的培养和输送力度。（4）地方政府金融监管部门和中国人民银行对村级金融服务站实施双重监管，强化安全管理，防范农村金融服务风险。要将村级金融服务站纳入社会治安防控重点，增强服务站人防、物防、安防能力。加强远程监控，跟踪监测交易记录，杜绝服务站借银行名义进行非法集资等违法行为。对于站点的管理与经营要制定报备机制，按照"谁设点、谁负责"的原则，完善相关法律法规，引导金融机构健全和完善服务站的管理和检查制度。对于有违反规定的行为要根据监管部门权限依法进行处理。各金融机构、各站点之间也要加强信息沟通协调，共同打击农村非法金融行为，防范站点各类风险的发生。

第五节　本章小结

除信贷支持以外，支付、结算等基础金融服务也是金融减贫的重要内容。我国农村地区基础金融服务点覆盖率高，主要由助农取款服务点提供基础金融服务。实施精准扶贫以后，在脱贫地区建立了全覆盖的村级金融服务站，这些减贫服务站融合了助农取款服务点的基本功能，提升了农村基础金融服务水平，协助发放扶贫小额信贷，对实现精准扶贫目标发挥了重要作用。但由于这些站点构建时间不长，运行过程中存在利用率不高、运行成本高、可持续性不足等问题。当前我国减贫重心由解决绝对贫困转向相对贫困，为实现服务乡村振兴的长期需要，同时也基于当前基础金融服务站点存在的不足，需要充分利用好现有基础金融服务站点，促使其实现可持续发展，这是可持续性金融减贫的重要内容。

在当前互联网快速发展时代，本书在对湖南、贵州所在县市调查研究的基础上，提出村级金融服务站服务乡村振兴的"四位一体"发展目标，村级金融服务站应该努力建成集普惠金融服务、金融教育、信息采集于一体的"聚合"金融服务中心。要实现这个目标，也存在一些难点问题，目前村级金融服务站发展还受定位不清晰、人才缺乏、财务可持续性不够等方面的制约。为实现我国基础金融服务更好地服务乡村振兴，需要将村级金融服务站融入我国发展普惠金融的整体战略，通过政府、金融机构和全社会共同努力，明确目标定位，增强自我发展能力，融入数字金融元素，完善政策支持和激励措施。

第九章 实现可持续性金融减贫的融资增信研究

可持续性金融减贫需要金融机构、农户和政府等各主体相辅相成、密切配合、共同努力，要遵循普惠金融发展的基本原则，有效处理好政府和市场的关系。要求农户具有良好的金融素养，有一定的生产能力和技术，具有自我发展的内在能力，有接受金融服务的条件。金融减贫不是慈善行为，金融机构贷款要放得出，也要收得回，金融减贫才有可持续性。金融机构要有"扶弱减贫"的社会责任意识，不能把自己当成纯粹的"理性经济人"。政府也应该在金融机构和农户之间发挥"桥梁"和"纽带"作用，为农户融资"增加信用"，鼓励金融机构通过技术创新降低服务成本，实现可持续性金融减贫①。有效的融资增信机制是普惠金融高质量发展的重要内容，也是实现可持续性金融减贫的基本保障。本章主要基于我国乡村振兴的需要，探讨可持续金融减贫模式下农户和新型农业经营主体的融资增信问题。对农户的融资增信通过以信用建设为主线，把农村基层治理与普惠金融发展结合起来，构建良好的农村信用体系，增加农户的信用评级。对新型农业经营主体的融资增信主要是通过"政银担"合作，进一步完善政策性融资担保体系来实现。

---

① 在可持续性金融减贫模式中，从以上所提及的农户、金融机构和政府三方的条件和任务来看，农户金融素养的培育、内在脱贫能力的提升，更多地应该通过宣传、教育去解决，而且是一个较长时期的过程。农户能否找到合适的农业生产项目，当地是否具有可持续性的产业发展条件，这些客观问题在本书中暂不进行研究。

第一节　融资增信是可持续性金融减贫的基本保障

长期以来，贫困地区对资金的吸引力很弱，经常出现本地资金向发达地区外流的现象，农户难以获得金融支持，面临融资难、融资贵的问题，特别是贫困农户一般被认为不应该是金融服务的对象，导致贫困地区金融需求与供给脱节。贫困地区资金瓶颈问题从根本上是缺乏吸引资金进入的信用体系和市场机制，信用能力的强弱是破解融资难题的关键，建立有利于信用持续发展的区域金融生态能显著降低农户与金融机构之间的信息不对称（陈雨露和马勇，2009），信用评级对缓解农户信贷约束有明显的促进作用，能否提供合格的抵押品，自身信用能力强弱对新型农业经营主体信贷可得程度也很重要（熊学萍，2009；叶剑平等，2010；张三峰等，2013），政府也非常重视缓解农村抵押、担保难的问题。土地抵押担保能有效提升融资主体的信贷可获得性，2015 年 12 月，我国在 232 个县、市、区开展农村土地经营权抵押贷款试点，使农村有了新的抵押、担保品，但实践效果受到农地规模、抵押价值、处置抵押品交易成本等诸多因素影响（Carter & Olinto，2003；Field & Torero，2006；张龙耀等，2015），因此，我国融资增信是要通过"财政＋金融"或者"政府＋市场"属性的工具来增强融资客户的信用评级，发挥"四两拨千斤"的杠杆效应。党的十八大特别是脱贫攻坚以来，农村金融改革力度不断加大，形成了多种代表性的融资增信模式，缓解了农户、新型农业经营主体与金融机构之间的信息不对称，从客户"增信"的角度助力金融减贫。

一、我国金融减贫中主要的融资增信模式

1. "农村信用体系建设"的融资增信模式

我国在很长时期内农村信用信息建设滞后，各金融机构在信息采集和使用方面"各自为战"，存在重复采集，采集方法和评价指标不一等问题，而

且征信耗时长、成本高。近年来随着农村金融改革深入以及金融减贫工作的需要，各地方越来越重视农村信用体系建设。归纳后发现，各地构建农村社会信用体系的整体增信模式基本上是由地方政府主导，当地中国人民银行推动，金融机构、农户参与进来，具体运行模式如图9-1所示。通过搭建信用信息平台，整合各类信用资源，推动农村的信用户、信用村建设，努力改善农村信用环境。在获评信用户或者所在村被评为信用村以后，农户的信用等级也会提升，也有利于金融服务的进入，因此，农村各类经营主体都能从这种整体增信模式中受益。

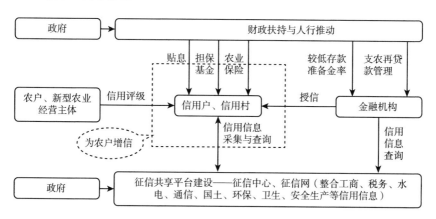

图9-1　"政府主导、人行推动、多方参与"的农村社会信用体系建设模式

2. "政府+银行+担保"的融资增信模式

2015年5月，财政部、农业部印发《关于调整完善农业三项补贴政策的指导意见》明确提出，支持粮食适度规模经营资金重点要支持建立完善农业信贷担保体系，我国开始形成"政府+银行+担保"的融资增信体系。2015年7月，财政部、农业部、银监会联合发布《关于财政支持建立农业信贷担保体系的指导意见》，对全国农业信贷担保体系建设进行了全面部署，开始在全国范围内进行政策性农业信贷担保体系建设。2016年成立全国农业信贷担保工作指导委员会，2016年5月国家农业信贷担保联盟有限责任公司成立。2017年5月，财政部、农业部、银监会印发《关于做好全国农业信贷担保工作的通知》，2018年全国农业信贷担保视频会议召开，推动农业担保政策落实和业务发展。2020年4月，财政部、农业农村部、银保监会等部门印

发《关于进一步做好全国农业信贷担保工作的通知》，对全国农业信贷担保体系可持续发展提出了要求。2016～2021 年连续 6 年的中央"一号文件"都对推进农业担保体系建设发展作出部署和安排。2021 年 4 月，国家农业信贷担保公司印发《关于持续做大农业信贷担保规模促进全国农担体系高质量发展的意见》，向整个农担机构发出动员，引领农担服务全面推进乡村振兴。由此可以看出，我国农业信贷担保政策体系不断健全。迄今为止，31 个省份中除了西藏、上海以外，各省份都建立了政策性农业信贷担保机构，并向各市县延伸，我国已经形成一个从中央、省级到市县的完整的政策性农业担保、再担保组织体系。在经营运作上，各地政策性农业信贷担保机构通过完善资金投入、管理、风险补偿、再担保等机制，创新担保产品和反担保措施，为农户和新型农业经营主体融资增信。

3. "政府 + 银行 + 保险"的融资增信模式

农业保险可以缓解农业生产过程中的高风险、脆弱性，脱贫攻坚以来，我国非常重视农业保险的发展，在保险业务产品创新方面，除了继续完善并不断推出新的"农业生产型"保险以外，"农业信贷型保险"也开始直接助力金融减贫。农业信贷保险发挥保险与信贷合力，降低金融机构减贫信贷的风险，如湖南推出的"财银保"，广东、浙江、河北、内蒙古等地推出的"政银保"。由于农业信贷风险相对较大，保险公司一般缺乏开展农业信贷保险的积极性，因此，无论是"财银保"还是"政银保"，在本质上是一样的，都是要利用政府财政资金引导保险公司设立农业信贷保险产品，是发挥政府的引导作用，通过财政资金设立农业信贷保险的风险补偿专项基金，政府发挥"桥梁"作用，引导保险公司与金融机构平等合作。"政府 + 保险"模式通过创新政策支持方式，整合政府、市场各方力量，缓解金融机构贷款顾虑，间接增加了农户或新型农业经营主体的信用等级。在实践中，一般由农户或者新型农业经营主体向保险公司投保农业信贷保险，金融机构再以保险单作为担保，发放贷款。如果出现不能按约按期还款的情况，保险公司按照约定比例承担赔偿责任，风险补偿专项基金对保险公司给予补偿，具体思路如图9－2 所示。

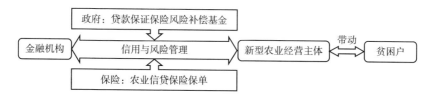

图9-2 "政府＋银行＋保险"增信模式的基本思路

二、"融资增信"之于可持续性金融减贫的作用

众所周知，在金融减贫实践中，信息不对称问题一直是无法避开的难题，农村农户信用级别低，导致金融服务成本高、风险大，不利于农村金融服务持续开展，需要政府出面增加农村客户的信用级别，完善农村信用环境，开展抵押、担保创新，努力让更多的农村客户成为金融机构的合格服务对象。

（1）从金融服务供给方的视角来看。为乡村振兴提供可持续的金融资源，对金融机构来说是一种社会责任，同时也蕴含着更多的发展新空间、新机遇。特别是对于农村中小金融机构来说，乡村振兴为它们提供了广阔的发展空间。金融机构应该顺应我国农业、农村经济发展的新形势，主动创新。但值得注意的是，在这个可持续性金融服务的过程中也存在"信用"难点，这就是为什么需要政府在融资增信方面发挥作用。

（2）从金融需求主体的视角来看。我国已经消除绝对贫困人口，但还存在相对贫困的农户。新型农业经营主体在我国发展很快，他们通过特色产业发展提供就业岗位，给农户分红或者带动农户发展产业，在过去的脱贫攻坚战中发挥了重要的作用。乡村振兴需要大力加强新型农业经营主体的发展，但也依然会存在众多分散的小农户。不管在哪个时期，农村经济主体与金融机构之间都存在天然的"隔阂"，相对于传统农户来说，新型农业经营主体虽然具有规模、技术等方面的优势特征，但是在金融机构面前依然处于不利地位。我国农村产业和新型农业经营主体的发展还处于不够发达阶段，新型农业经营主体仍然是依托于传统农户，它从事的依旧是高风险的农业生产，脱贫地区的农村产业发展面临着地形、交通等更多的不利因素。新型农业经营主体发展和乡村振兴符合国家政策导向，但金融机构依旧"心存芥蒂"。最关键的问题在于新型农业经营主体和农户缺乏有效的抵押、担保物，这也是实现可持续性金融减贫需要解决的基本问题，这就需要努力增加贫困人口特别是新型农业经营主体在金融机构面前的"信用等级"。

（3）从政府视角来看。可持续性金融减贫更多地应发挥市场主体作用，帮扶对象应该是"合格"的，金融机构应该具有帮扶的内在意愿，不应该是政府的"拉郎配"，政府应该着重为帮扶主体和帮扶对象提供相应的"服务"，通过政策推动，调动聚合其他减贫资源向贫困人口集聚，其中重要的问题就是为贫困人口和新型农业经营主体的融资进行"增信"。融资增信有融资主体"自我努力"或者"自发"的增信，例如，融资主体通过互助联保等方式自我增加"信用等级"，这在国际微型金融发展过程中，小组联保以及一些信用互助模式就属于成功的"自发"增信模式，但小组联保和信用互助等"自发"的增信模式是需要在一些既定的条件下才能发挥作用，这些条件在我国目前不一定完全具备。另外，"自发"增信模式发挥作用的空间范围有限，不完全符合我国全面乡村振兴的需要。这就需要充分发挥政府的优势，借助政府力量为贫困农户和新型农业经营主体进行融资"增信"。

因此，通过政府力量介入，在尊重农户和金融机构意愿的前提下，开展信用风险评价、管理，扩大合格抵押担保物的范围，建立风险保障和补偿机制，为农户和新型农业经营主体融资增信。这种融资增信模式具有信息优势，能够克服"自发"的增信模式进程缓慢、成本高、作用范围窄的问题，也有利于改变完全依靠市场力量可能存在的自发、无序方面的不足，促进融资主体的自我成长，实现可持续性金融减贫。可持续性金融减贫中融资增信的理论逻辑具体如图9-3所示。

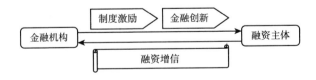

图9-3　金融减贫中融资增信的理论逻辑

第二节　农户融资增信的新思路：
"普惠金融＋社区治理"

目前，发展普惠金融，实现可持续性金融减贫，成为乡村振兴的重要手段。我国农村普惠金融发展取得了很大的成就，但也依然存在业务发展不平衡，风险防范和分担机制不健全，金融机构开展普惠金融业务积极性低和客户定位的"目标偏移"等问题。经过仔细分析可以发现以上问题都与信息不对称问题有关。农村普惠金融发展中的信息不对称不仅包含金融机构与农户之间的信息不对称，也体现为政府与农户之间的信息不对称，还体现在金融机构与政府之间的信息不对称。（1）由于金融机构与农户之间的信息不对称，农户抱怨金融机构不愿意贷款，而农户信用等级相对较低又难以成为金融机构的合格贷款对象，引发农村金融交易成本高，一直是横亘在农村金融机构与农户之间的最大难题。（2）由于农村信用体系不够健全，农户对政策了解不充分以致存在"误解"，对普惠金融发展的参与度不高。由于政府与农户之间的信息不对称，一些政策的出台往往更多地基于政府自身意愿，与农村实际情况和农户需求出现偏差。（3）由于政府与金融机构之间缺乏有效协调，信息沟通不力，政府职能容易出现"错位"，出现金融机构与农户之间的"不信任"。

关于解决信息不对称问题，已有的相关研究和一些具体实践都集中在增加抵押、担保等方面。另外，对于缓解信息不对称方面的政府行为也有相关研究，但更多地集中在中央和省级政府如何出台法律、法规等方面，对于镇、村和社区等地方基层如何参与缓解信息不对称问题缺乏有效的研究。本书认为，解决农村普惠金融发展中的信息不对称问题还得从农村内部出发寻求新的思路，增进政府、金融机构和农户的相互了解程度，拉近彼此的距离，增进彼此的信任①。金融机构要以"服务"赢得"口碑"，普惠金融服务不应该

---

① 近年来，数字金融科技的发展大大缓解了农村普惠金融发展中的信息不对称问题，但当前最大的问题是农户在运用金融科技过程中也存在很大的"数字鸿沟"问题，这个问题也值得进一步研究解决。

只是简单的"贷款"服务，应该是以金融为主的综合服务生态体系。特别是在目前我国建设服务型政府，实现国家治理体系和治理能力现代化的大背景下，以农村信用建设为主要内容，把普惠金融服务与社区公共服务结合起来，发挥金融机构和政府各自的优势，有助于真正缓解农村普惠金融发展中的信息不对称问题，更好地实现金融机构可持续发展，实现可持续性金融减贫，为全面脱贫和乡村振兴提供持续性金融服务，"普惠金融＋社区治理"有望成为我国普惠金融发展的新思路①。本节研究从我国可持续性金融减贫面临的"信用"难点出发，基于社区治理的实际需要，研究"信用建设"联结普惠金融与社区治理的理论机理，形成"普惠金融＋社区治理"的新思路，提出持续推进"普惠金融＋社区治理"的对策建议。

一、实现可持续性金融减贫依然面临"信用"难点

目前我国对于城市社区居民和企业的金融信用体系已基本建立，早在2009 年，中国人民银行就出台了《关于推进农村信用体系建设工作的指导意见》②，而后逐渐形成了由中国人民银行牵头，政府部门、金融监管部门和农村金融机构共同参与的农村和中、小微企业信用体系建设组织框架，通过对农村信用村、信用户的评定，改善了农村信用环境，对破解农村贷款难问题发挥了较大作用，有利于促进我国普惠金融发展。但总体来说，对于农村信用信息的搜集过于宏观，对于农村地区居民的信用记录还不够具体，农村信用体系不健全依然是实现可持续性金融减贫的难点。

1. 农户的"硬"信息不足

信息不对称使农村金融服务风险高，农户融资难、融资贵的问题依然显

---

① 社区和村都是人类居住的基本形式之一，二者在人口规模、经济发展和居住环境等方面都存在一些区别，随着城镇化的推进，农村社区越来越多，在本书中不考虑这些差异。把社区和村都看作农村基层组织，本书所指的"社区治理"也可以理解为"地方基层治理"。

② 2014 年和 2015 年中国人民银行相继出台《关于加快小微企业和农村信用体系建设的意见》和《关于全面推进中小企业和农村信用体系建设的意见》，将中、小微企业纳入我国信用体系建设的范围，是促进我国普惠金融发展的重要举措。

著存在。为了降低信用风险，金融机构一般要求客户提供合格担保或者抵押品，而农户的土地、房屋和生产设备等资产存在确权难或变现难的问题，抵押价值不高，导致农户拥有的金融机构所需要的"硬"信息不足，容易成为金融排斥的对象。对于如何解决信息不对称问题，政府部门和金融机构都一直在努力，近年来我国大力试点发展土地承包经营权、宅基地和林地等抵押贷款创新，构建农业政策性融资担保体系，成立小额信贷风险补偿基金等，这些"融资增信"措施或者通过增加农户特别是一些新型农业经营主体可用于抵押、担保的资产，提高农户的信用等级，有利于缓解信息不对称问题。或者通过引入政策性担保或者政府出资的风险补偿基金，降低金融机构的贷款风险顾虑，提高金融机构贷款积极性。最终目的都是改变农户在金融机构目前"硬"资产不足的问题，使他们成为金融机构认可的合格贷款对象，最终提高农户的信贷可获得性。这些措施在我国金融减贫中发挥了较大作用，但实施效果的可持续性有待加强，在未来实现乡村振兴过程中需要加强和完善。因为，这些"融资增信"措施更多的是基于对农户贷款的高风险预期，由政府为金融机构提供保障，是从外部增加农户信贷担保的渠道或者降低金融机构贷款亏损的程度，是从信息不对称产生的"事后结果"中去寻求解决办法，信息不对称这个问题本身在"事前"并没有有效解决。在实践中往往政府介入较深，容易引发农户的道德风险，把政策支持当成免费的午餐，对于贷款"能拖多久就多久"，甚至恶意逃废债务，把偿还责任甩给政府或政策性担保公司。

2. 农户"软"信息的搜集成本高

农户虽然不拥有健全的抵押、担保"硬"资产，但拥有道德品质、家庭状况、社会关系、个人能力等"软"信息。这些信息能够反映农户偿还贷款的主观意愿，是体现贷款风险的重要因素，在很大程度上可以成为金融机构贷款决策的重要依据。但这些信息难以定量描述，只能定性判断，而且这些信息比较隐蔽，需要入户搜集。由于农村地区地域广阔、居住分散，很多地方交通不方便，农户信息的采集难度大，采集成本特别是后续维护成本很高。另外值得注意的是，随着我国城乡一体化发展，出现了很多城乡接合地区，这些城乡接合地区不同于传统的农村，虽然在社区面貌上要比原来农村漂亮了，但人与人之间的交往比原来少了，彼此之间的了解少了，甚至关系也生疏了，金融机构在搜集信息时更加不便，传统农村金融机构在这些城乡接合地区的信息优势、地域优势逐渐降低，如果运用传统的信息搜集方法则面临高昂成本。而普惠金融发展要求做到成本覆盖收益，追求金融机构可持续发展，这也是确保金融机构能够提供持续性金融服务的前提。因此，农户"硬"资产的不足和高昂的"软"信息搜集成本是导致信息不对称问题的根源，也是我国农村普惠金融发展的根本难点。而且，这种信息不对称不能依靠市场机制自动解决，那样反而会导致农村资金持续外流，出现农村金融供给和需求的双重萎缩。

3. 可持续性金融减贫需要寻求农村信息搜集的新途径

农户的"硬"资产不足，"软"信息的搜集成本较高，为了从"内部"真正缓解金融机构和农户之间的信息不对称，金融机构应该努力寻求新的信息搜集途径和方法，提高金融机构对农户"软"信息的搜集能力，降低信息搜寻成本，努力挖掘那些低风险、高信用等级的客户，而且这种信息搜集途径应该满足两个基本条件：（1）要尽可能确保搜集的信用信息全面、可靠，能够及时更新，尽可能降低搜集成本。因为高昂的交易成本将严重降低金融机构开展信息搜集和信用评价的积极性，直接损害金融机构的财务可持续性，这不符合普惠金融发展原则。（2）要能够顺应乡村振兴中建设生态宜居、乡风文明和治理有效的社会对各项信息的需求。我国乡村振兴不仅要实现"物质生活"层面的产业兴旺和生活富裕，更要实现"精神生活"层面的生态宜居、乡风文明和治理有效，这些目标的实现需要所有人共同努力，也需要所有人不仅有物质方面的追求，更要有精神方面的素养，实现乡村振兴不能完全依靠政府的大包大揽，更多地应该依靠各类经济主体发挥自身的自我能动性，提升农户的内在能力是实现乡村振兴的重要条件。

因此，为顺应乡村振兴的需求，对于"信用"所涉及的范围应该进行扩充，对农户的信用评价除了包含传统的"有借有还"等道德层面的金融信用信息，还应该包含政治、文化、生态和社会等多方面信息，特别是要包含农户自我积极上进的意志和能力方面的信息，要通过信用评价引导农户树立勤劳致富的信心和理念，提高自我发展能力。这就要求金融机构充分融入社区，借助地方政府和社区的力量，搜集农户经济、政治、文化、生态和社会等多方面的信息，这些多方面的信息搜集和信用评价离不开地方政府的作用，因为这些信息很多是来自政府。因此，单靠金融机构而没有地方政府支持的信用建设是不完整的，金融机构只有深入民间、融入社区，才能真正挖掘提高农户信用等级的"软"信息，促进普惠金融发展。

二、农村信用体系建设是社区治理的重要抓手

实现服务乡村振兴的可持续性金融减贫是较长时间内的重要任务，这个任务的实现需要在国家治理体系方面下更大功夫。党的十八届三中全会首次明确提出要推进国家治理体系和治理能力现代化，党的十九届四中全会通过《中共中央关于坚持和完善中国特色社会主义制度　推进国家治理体系和治理能力现代化若干重大问题的决定》，把国家治理作为治国理政的重要方针提到了前所未有的高度，这为我国农村信用体系建设提供了很好的机遇。有效的社区治理是推进国家治理体系和治理能力现代化的基础，把普惠金融发展融入社区治理过程中，不仅有利于实现普惠金融高质量发展，也有利于借此实现可持续性金融减贫。

1. 有效的社区治理要以全方位的"信息"为基础

社区治理是国家治理的基本单元和"落脚点"，有效的社区治理是国家治理体系和能力现代化的基础内容，对于实现全面脱贫和乡村振兴具有基础性作用。我国乡村振兴战略的"二十字"目标中，治理有效是产业兴旺、生态宜居、乡风文明和生活富裕的保证。加强和完善社区治理，提升我国社区治理的法治化、科学化和精细化水平，是各级政府的一项重要工作，也是政府职能转变的重要体现。在"社区治理"概念被提出之前，我国使用的是"社会管理"概念。随着传统国有企业改制，城乡一体化发展，社区治理不同于以往的社会管理，它面对的是一个更加开放的社会，面对不同阶层的人

群，这些人群的身份更加多元化，人口流动性也更大。社区治理变成一个包括地方政府在内并由全社会共同参与的协同治理过程，它不仅包含政府治理的内容，更多地要体现社会的自我调节和社区居民的自治以及政府与居民的良性互动。社区治理不能简单地依靠自上而下的行政指令来进行，而要以基层社会的全方位的"信息"为基础，农村信用建设是社区治理的重要抓手。社区治理需要搜集社区人口包括政治、经济、文化、社会、生态在内的信息，并以这些信息为基础，结合现代数字技术来进行分析，让每个人的"信用"在实现社区治理手段创新，提高社区治理能力和水平方面发挥基础性作用。特别是在当今移动互联网时代，每个人的生活方式和行为都发生了很大变化，每个人的社会行为也变得更加透明化，"信用"将成为每个人最重要的资源和财富，"信用＋"将成为我国社区治理的新思路。

2. 各级政府在社区治理所需的信用建设中要发挥基础作用

我国现有的农村信用信息主要是关于农户是否存在借钱不还或逃废银行债务等"金融信用"信息，而对于教育、医疗、社会保障和其他生活方面的信用信息则缺乏系统性记录，而且这些"金融信用"信息以外的信息对于推进社区治理能力现代化十分重要。由此可见，实现国家治理体系和治理能力现代化要求地方政府也积极参与到社会信用体系建设中来，社会信用体系建设不再只是金融部门的事情，它也是提升我国社区治理水平的重要抓手。2020 年中央"一号文件"提出"鼓励地方政府对农户和中小企业开展信用等级评价"，突出了"地方政府"在信用体系评价中的重要地位。一方面，地方政府参与农户和中小企业信用评价，并将政府部门掌握的社保、工商、法制等信息融入对农户和中小企业的信用评价指标体系，使农村信用评价指标体系更加符合乡村振兴的目标要求。在农村信用体系评价中加入政府的力量，发挥政府在公信力和执行力等方面的优势，有利于克服原来过于依赖金融部门推动农村信用建设的不足，可以有效缓解政府、农户和金融机构之间的信息不对称，有利于推动我国普惠金融的长效发展。另一方面，通过融入地方政府力量推动农村信用体系建设，更好地实现国家治理体系和治理能力现代化，这也是当前我国推进社会信用体系建设的应有之义。

3. 金融机构在社区治理所需的信用建设中"大有可为"

尽管当前身处互联网时代，但农村信用信息的全面搜集和信用档案建设还得更多地依靠"脚"的力量，金融机构特别是县域法人金融机构（以农村信用社或农村商业银行为主体）数量众多，一直扎根在服务"三农"和促进普惠金融发展的前沿地带，在农村信用建设方面具有先天优势，能够在参与和推动乡村和社区治理方面发挥不可替代的作用。县域法人金融机构从产生以来一直深耕农村，它的分支机构也延伸到农村各个角落，与县、镇（乡）、村的各级政府和社区治理存在很深的渊源。一直以来通过开展信用户、信用村的评价，在农村信用体系建设方面做过很多工作，与农户存在较深的感情基础。虽然我国社区治理所需要的信用体系建设需要政府发挥基础性甚至主导性作用，但也离不开金融机构的作用，地方政府要充分借助金融机构在信用建设方面的优势和基础，共同推进提升社区治理水平。

三、以信用建设为纽带的"普惠金融＋社区治理"新思路的提出

1. "普惠金融＋社区治理"的创新内涵

综合前面两部分的研究可以发现：（1）普惠金融发展是实现全面脱贫和乡村振兴的重要支撑，但信息搜集难、信息不对称问题一直是普惠金融发展的难题。普惠金融发展需要大力加强农村信用体系建设，金融机构应该顺应乡村振兴需求，寻求解决信息不对称问题的新方法。普惠金融发展主要是市场层面的问题，应该以金融机构为主导，但也离不开地方政府的作用，农村信用建设更加需要政府的支持。（2）社区治理是实现全面脱贫和乡村振兴的重要内容，农村信用建设是社区治理的重要抓手，也是建设我国服务型政府的重要内容。社区治理在更大程度上属于政府公共服务与管理的范畴，应该以政府和社区为主导，但金融机构也可以在其中发挥重要作用。由此可见，普惠金融和社区治理共同服务于全面脱贫和乡村振兴，"农村信用建设"既是我国未来普惠金融发展需要加强的地方，也是我国国家治理体系和治理能力现代化的重要建设内容。基于以上逻辑理论分析，本书提出以信用建设为

纽带，实现普惠金融与社区治理融合的新思路。"普惠金融＋社区治理"新思路形成的理论逻辑可以总结如图9－4所示。

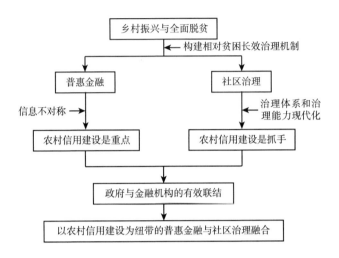

图9－4 "普惠金融＋社区治理"新思路形成的理论逻辑

2. "普惠金融＋社区治理"的主要思想

（1）从宏观层面来看：加强政府与市场的作用协调。"普惠金融＋社区治理"新思路是"有效处理政府与市场的关系"这个重大理论命题在普惠金融领域的典型运用，因为普惠金融高质量发展既需要中央、省级政府从宏观层面出台激励和支持政策，也需要县、乡（镇）和村（社区）层面的具体参与和配合。"普惠金融＋社区治理"打造"金融机构＋社区＋农户"的普惠金融发展新思路，整合政府基层组织和金融机构的比较优势，破解金融机构与农户之间的信息不对称，真正打通农村金融服务的"最后一公里"。使金融服务有了新的平台，使政府服务有了新的抓手，使金融机构与政府的对接有了新的纽带。这种新思路以农村信用建设为主线，实现"金融信用"与"社区信用"的有效结合，能有效缓解信息不对称问题。通过利用金融机构与地方政府各自的优势，实现二者的"双赢"，使各项普惠金融服务真正落地生根，促进普惠金融高质量发展，为扎实推进乡村振兴和共同富裕提供坚实的金融服务。

（2）从微观层面来看：促进社区、金融机构和农户信息互通。"普惠金融+社区治理"通过加强农村信用建设，促进社区、金融机构和农户信息互通，有效缓解金融机构、农户和地方政府彼此之间的信息不对称问题。第一，对于金融机构来说，充分利用政府的资源开展信用建设，建立与政府的良性互动关系，获得政府各方面的支持，也可以更好地树立自身品牌形象，建好长期、稳定的客户资源，解决我国普惠金融力度不够和难以落地的问题。第二，对于地方政府来说，借助金融机构的力量实施社区治理，可以弥补社区资源的不足，也可以更好地将农户的"无形"信用资源转化为"有形"金融资产，提高对农户讲信用、守信用的激励，把抽象的社区治理通过金融手段转化为群众实实在在的获得感，使优化社区治理有了可靠的抓手。第三，对于农户来说，借助于金融机构的走村入户以及一些政策宣传、金融教育，能够提升自我信用意识和金融素养，增强对金融产品和国家政策的了解程度，增强对所在社区的归属感。

四、"普惠金融＋社区治理"助力可持续性金融减贫的具体路径

"普惠金融＋社区治理"使农村普惠金融发展有更加可靠的抓手和切入点，能有效缓解信息不对称，使各项普惠金融服务真正落地生根，助力可持续性金融减贫，服务全面推进乡村振兴。

1. "政银"合力构建"互信"机制

在"普惠金融＋社区治理"的新思路下，首先依托政府治理的优势，从省级层面对普惠金融与社区治理的融合做出"顶层设计"，省级政府出台文件对普惠金融与社区治理融合做出指导性意见。其次，各县市党委具体下文做出普惠金融与社区治理融合的行动实施方案，考虑将普惠金融与社区治理融合的实施、落实情况列入乡镇、村委干部责任考核指标，提高乡镇、村委参与普惠金融和社区治理融合的积极性，共同推进农村信用体系建设。最后，各金融机构通过与地方基层在不同层面实现合作。地方金融机构总行与乡（镇、街道）实行合作，各支行与村（社区）实行合作，党员与农户实行合作。（1）金融机构与政府构建彼此互信的合作机制，不仅有利于加强二者在

发展普惠金融问题上的共性认识，降低二者的协调成本，还有利于金融机构更深入了解当地整体经济状况，挖掘当地的优势与特色，更好地寻找加强金融服务供给的切入点，通过联合政府的力量，使普惠金融服务不再成为金融机构"一家"的事情。（2）通过"政银"信息互通，能有效降低金融机构信息搜集难度大、成本高的问题，发挥政府和金融机构各自掌握的信息资源，共同推进农村信用体系建设，有利于建设包括政治、文化、生态和社会等信息在内的完备的农村信用数据库，更加顺应乡村振兴战略的目标要求。通过加强信用建设，可以把每个人的信用记录转变成实在的效益，让"无形信用"转化为"有形资产"①，提升每个人参与信用建设的积极性，进一步提升普惠金融的服务广度和深度。

2. 金融机构深入农户获取"软信息"缓解信息不对称

在"普惠金融＋社区治理"的新思路下，金融机构发挥网点、人员优势，可以及时把国家的重大部署传达到农村基层，在关键时刻用得上、靠得住，利用基层营业网点和机具、站点承接和延伸政府一些公共服务，打通公共服务的"最后一公里"，积极推动和参与社区治理体系和治理能力的现代化，为缓解信息不对称打下基础。（1）通过融入社区开展社区网格化服务，金融机构深入农村开展入户走访、面谈，了解农户家庭的基本情况。前面的研究提到，人格化的"软"信息对于降低信用风险更加重要，但这些信息搜集成本较高，是目前金融机构要努力的方向，借助于金融机构的社区网格化服务和入户访谈，金融机构不仅可以搜集金融服务所需要的传统"硬"信息，更重要的是可以充分利用农户的人缘、地缘、亲缘等社会化因素，识别农户的"性格脸谱"，搜集更多的"软"信息，发现农户的人格"亮点"，识别农户的偿债能力，借此寻找农户融资增信的新路径。（2）通过加强农村信用建设，特别是借助当前金融科技的力量，增加农户的"无形资产"价值，提升普惠金融服务的便捷度，有效缓解金融机

---

① 目前有一些地方开展"信用积分"和"信用有礼"活动，社区居民参加社区公益活动能够获得信用积分，积累一定数量的信用积分就能兑换相应的物品，这也是将居民的无形信用转化为有形资产的一种方式。

构和农户之间的信息不对称问题。

3. 金融机构通过与农户的信息互通实现业务拓展和风险控制"双赢"

在"普惠金融＋社区治理"的新思路下，金融机构通过融入社区治理，参与社区公共服务，在社区网格化管理中积极发挥作用，与农户真正做到信息资源共享，增强彼此的了解和信任。金融机构通过了解农户获取金融服务的现状，借此分析农户受金融排斥的原因。特别是随着社会发展，农户需求越来越多元化，金融机构通过融入社区可以及时发现潜在的金融需求，通过建立金融需求信息档案，开发农户需要的金融产品。针对农村弱势群体的生存状态，推出特别贷款服务，鼓励他们创业就业，带动更多的人帮扶弱势群体，真正实现打通金融服务"最后一公里"的目标。金融机构以喜闻乐见的形式把金融知识教育、推广与社区服务结合起来，可以增强农户的金融意识，提高信贷管理和财富管理的能力，让农户能更快了解并接受金融产品，降低农户对金融产品的使用排斥情况，让农户深入了解国家普惠金融政策，特别是当农户有资金需求或者创业就业的想法时，会在第一时间想到并联系到金融机构工作人员，缓解农户与金融机构的信息不对称。通过社区的金融网格化管理，金融机构在拓展业务的同时，可以更加便捷地了解农户的生产和资金使用情况，及时跟踪和控制金融风险，达到"双赢"效果。

4. 金融服务嵌入社会民生助力农村信用体系建设

在"普惠金融＋社区治理"的新思路下，金融机构利用自身的渠道、人员和信息优势，帮助农户解决生产、生活中的问题和困难，加强与农户的情感交流，努力为老百姓提供温暖、贴心的线下金融服务，尽可能满足一些弱势群体的金融服务需求，充分地回应客户的期盼和诉求。在开展脱贫攻坚、春耕备耕特别是疫情防控等关键时刻，对符合条件的农户实施"应贷尽贷"，对暂时出现还款困难的农户合理采取续贷、展期。金融机构通过加强与社区的密切合作，将金融服务和社会服务功能结合在一起，能够树立敢于承担社会责任、努力增进民生福祉的良好形象，倡导诚实守信的乡风文明，致力于树立"亲民、便民、惠民"的品牌形象。因此，通过"普惠金融＋社区治理"，金融机构赋能社会治理，在与政府、社区的合作中发展普惠金融，将金融业务与社会民生业务相互嵌入，促进社会公平、进步与和谐，使社区治理主体更加多元化，为真正形成我国社区治理共建共治共享的发展局面做出贡献。金融机构在服务社区中开展信用建设，拓展新客户，为信用客户创造价值，可以借此寻找自身未来发展的新机遇、实现自身财务效益和社会效益的有机统一，提高自身的信誉度，增强全社会对金融机构的了解和信任程度，减少客户道德风险，有利于推进农村信用体系建设。

五、"普惠金融＋社区治理" 是助力可持续性金融减贫的保障

实现普惠金融目标是我国未来较长时期内的目标任务，普惠金融发展要与乡村振兴战略的目标要求相结合，推动国家治理体系和治理能力现代化，"普惠金融＋社区治理"是一项长期性工作，需要金融机构、政府部门以及社会各界共同努力，在理念创新、人才培养和制度完善等方面做好保障，才能达到真正助力可持续性金融减贫的目的。

1. 金融机构要树立并落实可持续、综合金融服务理念

"普惠金融＋社区治理"就是要充分发挥基层治理在缓解信息不对称问题上的制度优势和组织优势，金融机构要顺应优化社区治理的需求，要以乡村振兴目标为指引，树立可持续发展的综合金融服务理念。（1）培养员工服务社区的情怀，转变服务理念，从过去单纯的金融服务向现代综合服务生态提升。普惠金融是讲情怀的，从短期来看可能没有太多效益甚至亏本，但从长期来看是能够实现财务绩效和社会绩效双赢的。（2）把融入社区治理作为农村市场精耕细作的一项长期坚持的工作，真正扎根农村，把客户走访、服务营销、信用评价这些短期投入较大，但有利于长期可持续发展的基础性工作做好，坚持感情为先、服务为基、盈利可靠的基本理念。（3）加强与地方政府的沟通联系，树立金融机构在社区治理中的金融服务优势，但不能过于依赖地方政府，对自身任务和工作要有充足认识。在社区治理方面能够派得上、用得上、靠得住，建设好自身长远发展的群众基础。将"人本主义"嵌入普惠金融中，不断提升农户接受度和认可度，将贷款授信从"求人办"逐

渐变为"主动办"。不能将走访定位为单纯的上门营销,也不能定义为纯粹的宣传活动,要创新服务手段和方式,降低服务成本,达到既服务社区又有利于自身可持续发展,找到二者的平衡点,坚持"义利并举"。

2. 政府部门要在普惠金融融入社区治理中切实发挥作用

过去我国普惠金融发展过程中基层组织参与的主动性不够,"普惠金融 + 社区治理"模式必须有效发挥基层组织的作用,社区等基层组织对于普惠金融与社区治理融合的重要性要有充足认识,在整治信用环境上要强化积极性,构建健全的"政银"联动机制。(1)上级政府要将农村信用建设和普惠金融工作纳入服务"三农"和服务乡村振兴的考核指标体系,并且制定具体的考评细则,明确各部门的工作职责并形成责任和动力,将金融机构与地方政府的合作协调机制切实落地。(2)基层部门在思想上要有高度认识,把农村信用建设和普惠金融工作作为自身工作的重要内容,要在宣传动员、入户走访、信息搜集、民风评议等多个方面为金融机构融入社区提供方便和支持配合,要号召广大农民踊跃参与,建立诚信档案,推动农村信用建设。(3)实现政府政务信息资源对金融机构开放,实现"银政"信息资源共享,让金融机构接入公安、工商、房产、税务、社保等方面的信息系统,降低收集信息的成本,便于更好地开展信用评价和信用建设。(4)发挥政府部门在农村失信惩戒机制中的作用,地方政府和基层组织要利用行政管理优势,帮助金融机构开展贷款管理,构建健全的风险防范机制,做好对失信者的联合惩戒,要坚决制止漠视银行债权的心态和行为发生。而且要做到"政银"联合惩戒应该是"可置信的",要让失信者承担高于违约收益的违约成本,对借款者信用行为形成强约束。对于失信"老赖"要"政银"联合打击,加强起诉贷款的执结力度。

3. 注重"信用"与"能力"的结合,避免过度授信

"普惠金融 + 社区治理"模式通过联合社区力量开展农村信用评价,通过信用建设缓解信息不对称,注重以信用创造价值,营造诚实守信的信用环境,提高普惠金融服务广度。当前国家对于扶贫小额信贷和农村普惠金融服务也是要求"应贷尽贷",一些地方对于信用模范户也专门推出了优惠的信

贷产品，农户可以凭自身的"社区信用"获得无抵押、无担保和低利率的贷款。这些政策措施有利于解决农民贷款难、贷款贵的问题，真正实现我国普惠金融目标。应该注意的是，"普惠金融＋社区治理"模式在操作过程中，对农户开展信用激励的初衷是好的，但在实践中要把握尺度，注重"信用"与"能力"的结合，避免过度授信。（1）对农户的信用引导和激励要与农村的素质教育相结合，不能以农户信用"绑架"银行贷款，避免产生新一轮的道德风险问题。要注重农户的"信用"与"能力"的有效结合，以农户对信贷的有效需求为前提，不能让人觉得只要有"信用"就能从银行拿到"钱"。（2）要注重农户的多头贷款，各金融机构之间要加强信息共享，从源头上防止过度授信。对农户信息的采集不应该是"一劳永逸"的，要把融入社区作为一个常态化工作，及时进行信息的动态更新。（3）要进一步明晰普惠金融服务的"应贷尽贷"政策，完善对金融机构的考核评价机制，避免金融机构和农户对政策的误读。

4. 大力培养普惠金融与社区治理融合所需要的人才

普惠金融融入社区治理过程中无论是入户走访、金融教育、信用评级还是风险评价都需要具有专业素养的人才，要求工作人员自身素质过硬，他们是确保农村采集信息真实性和准确性的第一道关口。（1）要加强农村金融教育的各方面投入，要从农村内部把村干部、农村有志青年培养为普惠金融和社区治理所需要的专业人才，依靠他们带动整个农村金融知识的普及和教育。基层政府和金融机构可以相互派驻工作人员进行挂职锻炼或者进行定期的人才交流，让双方工作人员熟悉彼此业务。（2）金融机构要与地方政府联合搭建经济信息发布平台，激发农户创业的积极性。要培养知农、爱农的员工队伍，银行员工不仅要懂金融，还要了解农业技术，不仅要送金融服务下乡，也要和相关部门合作送技术下乡，提高农户创业成功的可能性。选派一批责任心强、素质高的员工挂职到乡镇（街道）、村委，培养一批懂农业、爱农民、熟悉农村经济的基层治理和金融服务队伍。（3）地方金融监管部门、中国人民银行以及各金融机构要相互协调，加大对普惠金融融入社区治理所需专业人才的培养和输送力度。

第三节　新型农业经营主体可持续性融资增信研究*：
政策性农业信贷担保视角

党的二十大报告指出，发展新型农业经营主体和社会化服务，发展农业适度规模经营。目前，我国农村地区特别是脱贫地区产业发展基础依然薄弱，产业附加值低，产业发展风险较高，全面推进乡村振兴需要加快乡村产业发展。乡村产业发展的依托是要围绕乡村主导产业延长产业链，促进农业产前、产中、产后相关产业的发展，这都离不开新型农业经营主体的作用。对新型农业经营主体的融资增信，既有利于增加资金可获得性，促进乡村产业发展，也有利于培育新型农业经营主体的诚信文明意识，涵养乡风文明，最终达到全面乡村振兴目标。2015年以来，我国开始构建政策性农业担保体系，形成"政府＋银行＋担保"的新型农业经营主体融资增信模式，该模式为全面完成脱贫攻坚任务发挥了重要作用，全面推进乡村振兴需要继续发挥该模式的作用，完善政策性农业信贷担保是可持续性金融减贫的重要保障。目前我国持续加大对政策性农业信贷担保服务的投入，其发挥的作用越来越大，但在脱贫攻坚与乡村振兴的衔接及以后时期，农村、农业信贷需求呈现新的特点，持续完善政策性农业信贷担保体系是十分必要的。2021年《中华人民共和国乡村振兴促进法》着重提出要完善政府性融资担保机制，这既是对过去农业信贷担保工作的充分肯定和认可，也对农业信贷担保更好地服务乡村振兴提出了新要求。本书对政策性农业担保现状进行深入研究，全面总结实施过程中的经验和不足，结合全面推进乡村振兴的目标要求，提出完善政策性农业担保体系，助力可持续性金融减贫的对策建议。

---

* 对于新型农业经营主体的融资增信问题，我国已经形成代表性的"政府＋银行＋担保"和"政府＋银行＋保险"融资增信模式，本节主要基于"政府＋银行＋担保"视角研究可持续性金融减贫模式下新型农业经营主体的融资增信。

一、我国政策性农业担保体系基本概况

1. 政策性农业担保的组织体系构架

我国已形成广覆盖的"三级"农业信贷担保组织体系，即国家农业信贷担保联盟、省级农业信贷担保公司和市县级农业信贷担保机构。（1）国家农业信贷担保联盟有限责任公司（以下简称"国家农担"）。国家农担于2016年5月成立，2017年4月正式挂牌。它是整个农担体系的"龙头"，不以营利为目的，实施市场化经营，主要为省级农担公司进行再担保，对省级农担公司行使指导服务职能。确定再担保业务范围和再担保费率，制定完善业务规则，为省级担保机构提供人才培训、政策咨询、业务创新指导和规范指引等服务，建立全国统一的农业信贷担保数据库。做好省级农担公司的准入、项目纳入、代偿补偿和保后管理等工作，积极促进农业担保项目落地，为省级农担的业务发挥指导和示范作用。做好农担体系的风险监测、评估评价和风险条线培训，全面提升整个农担体系的风险管理水平。（2）省级农业信贷担保公司。省级农业信贷担保公司是政策性农业信贷担保业务的实施主体，按照发展粮食适度规模经营、培育新型农业经营主体、建立新型农业社会化服务体系三个方面的国家政策要求，与地方政府、金融机构合作，为新型农业经营主体"融资增信"，打造农村抵押担保创新的新格局。截至2020年底，全国已经建成33家省级农担机构、1584家分支机构。（3）市县级农业信贷担保机构。市县级农担机构是省级公司向下延伸分支机构，进入实质运营阶段的体现，一般由省级公司在主要的农业市县设立办事处、金融服务中心等，由市县级政府财政方面牵头，成立诸如金融协同支农领导小组的形式，将农担工作延伸至各个重点乡镇地区。各省级农担公司对市县级分支机构的担保额度、担保申请条件、综合融资成本做出了限制，各分支机构在执行时可以在政策范围内适当调整。

2. 政策性农业信贷担保业务的相关主体

政策性农业信贷担保的主要目的在于通过政府的引导和激励作用，构建

"政银担"三方协作模式，改变传统抵押担保机制的不足，为农业、农村融资起到"增信"作用。(1)政府及其各部门。由于农业信贷的高风险性，农业信贷担保具有很强的"政策性"，自然离不开政府的作用。但政府不能直接经营农业信贷担保业务，主要是发挥完善农担体系配套设施的作用，为农担体系构建和业务发展"保驾护航"。履行财政出资人的职责，制定各类奖补政策，会同农业等部门提供技术指导服务，对农担机构工作进行考核。通过完善法律制度，明确各类可操作的担保规范，发挥政策导向作用。负责统筹和细化监管制度，建立代偿风险预警机制。截至 2020 年底，我国整个农担体系与 1380 个市县级政府签署了合作协议，推进省级农担接入央行征信系统，主动对接农业农村和金融等相关政府部门。(2)合作银行。合作银行是政策性农业信贷担保模式的重要组成部分，在银担合作中，遵循风险分担、利率优惠的原则由合作银行承担一定比例的风险，减轻担保机构的负担，也促使银行建立良好的风险防控体系，做好对农业经营主体的贷款审查工作，规避"道德风险"。省级农担公司通过网点下沉，与地方银行建立广泛合作关系，合作银行掌握着比较全面的客户信息和历史信贷数据，银担合作可以激励银行主动选择符合条件的农业经营主体提供信贷支持，主动开展利率优惠，降低规模经营主体的融资成本。截至 2020 年底，国家农担与 17 家合作银行开展"总对总"战略合作，在国家农担"总对总"的"银担"合作战略指导下，各省级农担公司均已开启"银担合作"。(3)规模经营主体。随着我国农业、农村发展，传统农业需要开展变革，专业化、集约化和规模化是现代农业的发展方向，根据国家政策要求，政策性农业信贷担保业务要聚焦于服务农业适度规模的新型农业经营主体和农业龙头企业。脱贫攻坚结束以后，新型农业经营主体实施集约化、规模化程度高的经营方式，是引领农业供给侧改革、实施乡村振兴战略的重要力量。与此同时，新型农业经营主体也存在多元化信贷需求，购置农机、开展农田基础设施建设、一二三产业融合和产业链延伸需要更多的金融资源配置。农业信贷担保为新型农业经营主体融资增信，充分顺应了乡村振兴战略要求，是可持续性金融减贫的重要内容。政策性农业信贷担保业务相关主体之间的关系如图 9-5 所示。

　　政策性农业信贷担保构建"政银担"合作的融资增信模式，需要政府、

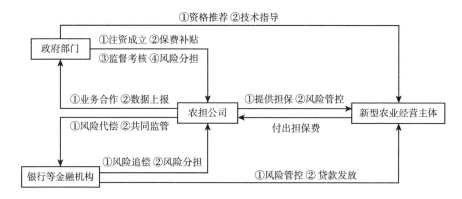

图 9-5　政策性农担机构与相关主体关系示意

银行等金融机构参与，新型农业经营主体是主要服务对象，业务流程大致如图 9-6 所示。

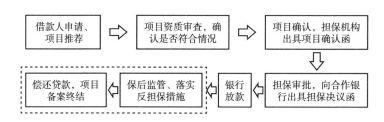

图 9-6　政策性农业信贷担保业务流程

3. 政策性农业担保业务开展情况

（1）政策性担保业务规模不断突破。

根据财政部 2015 年印发的《指导意见》，政策性农担机构业务应该专注农业，以"扶农、惠农、为农"为核心，强调准公共产品的属性，实施"双控"①，实现市场导向和银担共赢。根据国家农业信贷担保联盟报告，截至2020 年末，全国 33 个省级农业信贷担保公司，注册资金超过 644.07 亿元，

---

① 为确保我国农业信贷担保的政策性定位，国家政策对担保范围和担保额度进行两方面控制，在担保范围上要求粮食生产、畜牧水产养殖等优势特色产业，农资、农机和农技等农业社会化服务，观光农业、休闲农业等农村新业态以及与农业生产直接相关的一二三产业融合等方面。另外，在担保额度上也有相应的规定，单户在保余额一般在 10 万~200 万元，最高不超过 300 万元。各省级农担机构"双控"业务所占比例不低于 70%。

全国各级农担累计担保项目 134 万余项，累计担保金额 4123 亿元，政策效能比注册资金放大了 6.4 倍。净资产放大倍数为 3.4 倍，其中 33 个省份中有 6 个省份的放大倍数超过 5 倍，有 18 个省份的放大倍数超过了 3 倍。截至 2021 年 3 月末，农担体系累计服务 150 万个新型农业经营主体，提供担保贷款 4745 亿元，政策效能放大 7.4 倍。全国农担体系坚持"扩面增量"的同时坚守"政策性"业务定位，实现担保业务规模总体上扬。第一，从新增情况来看。2015 年全国农担体系开始之年，新增担保项目 9797 个，新增担保金额 37 亿元，2020 年新增担保项目 68.84 万个，新增担保金额 1920 亿元，是 2019 年 1059 亿元担保金额的 1.81 倍，具体如表 9-1 所示。新增担保金额中 1752 亿元属于政策性担保项目，占比 91.2%。第二，从在保余额情况来看，截至 2020 年末，在保项目 75 万个，在保余额 2118 亿元，同比增长 80%，占 2019 年全行业涉农融资担保项目余额 82 万户的 91%。在保项目中属于政策性业务项目占 53 万项，政策性在保余额 1926 亿元，所占比例为 90.95%。到 2021 年 6 月底，农担体系的政策性在保项目突破 90 万个，在保余额达到 2748 亿元，在 2020 年末基础上增长 630 亿元，累计担保金额达 5586 亿元，比 2020 年末增长 1463 亿元，政策效能放大了 8.7 倍，业务规模增长很快。

表 9-1　　　　　　　　2015~2020 年全国农业担保体系的业务增长情况

年份	当年新增项目数量（万个）	当年新增担保额（亿元）
2015	0.97	37
2016	4.1	176
2017	7.73	291
2018	19.19	641
2019	33.09	1059
2020	68.84	1920

资料来源：国家农业信贷担保联盟。

（2）担保期限、对象和领域符合政策性定位[①]。

从担保期限来看，担保期限一年以内的担保余额为 1145.9 亿元，占比为

---

① 此部分相关数据是根据国家农业信贷担保联盟有限责任公司 2020 年业务总结报告整理。

54.1%，1~3 年担保期限的担保余额为 929.8 亿元，占比为 54.1%，担保期限以 1 年以内的为主，1~3 年的担保期限占比也很大，既可以满足融资主体短期资金周转需求，也可以满足生产过程中因为基础设施投入等较长期限的资金需求，在担保期限上符合农业生产对于资金需求的特征。从担保对象来看，种养大户、家庭农场、农民专业合作社和农业企业在保余额所占比例分别为 62.4%、9.82%、6.37% 和 21.41%，在服务对象上符合国家构建农业担保体系的政策初衷。从担保领域来看，全国政策性农业信贷担保主要支持特色农产品种植、其他畜牧业、粮食种植等重要农业生产领域。如图 9-7 所示，全国农业信贷担保对上述三类行业的担保金额分别达到了 523.1 亿元、353 亿元和 336.9 亿元，合计占全部在保余额的 54% 以上。除此之外，农产品流通、农产品初加工和社会化服务类也是政策性农业信贷担保重点支持的产业。

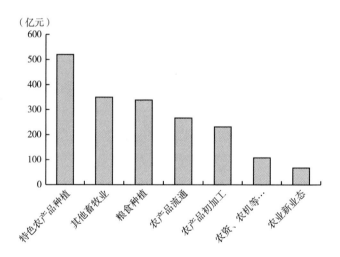

图 9-7　2020 年全国政策性农业担保在保项目的行业分布情况

资料来源：国家农业信贷担保联盟。

（3）农业担保机构和业务"下沉"深入基层[1]。

全国农担体系成立以来，我国农担体系深度契合脱贫攻坚和乡村振兴需

---

① 此部分相关数据是根据国家农业信贷担保联盟有限责任公司 2020 年业务总结报告整理。

求，农担机构和业务实现不断"双下沉"。各省级农担公司相继建立深入县域的分支机构，扩大了农业信贷的担保覆盖范围，提升了业务深度。截至2020年末，全国分支机构达到1584家，比2019年增加337家，33家省级农担公司共有专职员工3410人，分支机构专职员工有2104人，分别比2019年增加了436人和256人，保证各级机构工作顺畅协调衔接，确保中央支农政策落实执行到位。截至2021年6月底，全国农担业务已覆盖全国2650个县级行政区，占所有2751个县级行政区的96%（上海、西藏未设立农担公司，未计入总数），累计支持了96万个担保项目，撬动银行贷款3163亿元，累计担保余额超过1亿元的县达1348个，超过3亿元的县有563个，超过5亿元的县有301个，超过10亿元的县有59个，深度契合各地全面推进乡村振兴的战略方向，对县域农业的发展形成有力的支持。特别是在我国的一些农业大县，农担业务发挥了重要作用，全国农担业务已经覆盖了1029个农业大县，业务覆盖率达98%，累计支持了56万个担保项目，累计撬动银行贷款1776亿元。通过与1380个市县级地方政府签署了合作协议，累计担保金额超过1亿元的县达875个，其中累计担保金额超过3亿元的县达225个，打造出"政担协同"支农的新局面。截至2021年3月，业务覆盖所有728个国家级贫困县，累计担保金额超过1000亿元，县均超过1.5亿元，促进贫困地区乡村特色产业发展，助力打赢脱贫攻坚战，为乡村振兴战略注入了发展新动能。

二、农业信贷担保发展中的问题分析：基于可持续性视角

在全面推进乡村振兴时期，更加需要发挥政策性农担的作用，这也是实现可持续性金融减贫的要求，但目前还存在一些问题值得关注。

1. 政策性要求与自身盈利性存在矛盾影响可持续发展

农业信贷担保机构在运营过程中，要坚持服务"三农"，助推乡村振兴的政策性导向，也要注重遵守现代化企业的制度规范，实现可持续发展，故而面临政策属性和市场化运作之间的矛盾。（1）提高担保放大倍数等政策性

任务指标与资金补充机制不明确之间的矛盾。按照国家的政策要求，在农业信贷担保体系搭建的同时要加强业务拓展。近年来，全国农担体系的政策效能放大倍数逐渐扩大，但业务规模增长的同时也面临资本金不足以及补充机制不明确的问题，不利于农担业务进一步拓展以服务乡村振兴，也不利于机构可持续发展。（2）弱化反担保要求与资本保全、有效追偿之间的矛盾。国家政策要求农业信贷担保要发挥政策性作用，加大融资担保力度，放宽信用担保准入条件，弱化反担保条件，使担保机构的保前审查和保中、保后管理面临不利处境，不利于农担机构资本保全和实现可持续发展。（3）产品标准化、运营规范化要求和农业生产弱质性之间的矛盾。基于全面乡村振兴的要求，为实现可持续性金融减贫，要求开发标准化的农业信贷担保产品，通过融资增信降低经营主体的融资成本，同时加强基层服务网络建设，推进机构、人员和业务下沉，实现运营规范化，实现机构可持续性发展。但与此同时，农业作为弱质性产业，农担机构不能依靠提高担保费来"创收"，反而要降低担保费，提高服务效果，引导合作银行降低贷款利率。另外，我国农业生产区域发展不平衡，规模化程度不高，农业信贷担保基层网络布局和管理成本高，标准化担保产品在现实使用中会面临尴尬处境。

2. 服务效能提升不足影响可持续发展

随着乡村振兴的推进和农业农村现代化的发展，对融资增信需求越来越大，目前政策性农担的融资增信服务还不完全能跟上需求步伐。（1）农业信贷融资增信的宣传方式传统，农担产品推介力度不够，农担相关政策和服务不能以有效的方式让农户获知，除了一些管理水平较高、知名度较大的龙头企业和种养大户以外，农担政策对一般农户来说知晓率不高，制约农担支持乡村振兴作用的发挥。（2）与政府、银行的合作尚未实现常态化。政策性农担具有政府引导作用，也具有金融属性。各省级的农担公司基本还是借助省财政厅甚至省政府的影响力与地方县市达成合作，一些地方县市与农担合作的积极性不高，没有实现农担业务在县市的全覆盖。一些地方因为财政资金紧张或者基于对财政资金风险的考虑，设立风险补偿基金的积极性不高。从银行的角度来说，因为担保费的存在，银行往往认为农业信贷担保增加了客户的融资成本，认为担保反而挤占了银行的利润空间。因此，农担机构与银行在谈判时也存在一些困难。（3）信息化建设滞后，数字化转型缓慢。近几年，农担机构主要通过与第三方合作开发业务信息系统，尚处于试运行或者普及阶段，业务信息系统与工商、社保、政务等外部数据的整合、接入程度有限，全面接入中国人民银行征信系统的也不多，农担机构的科技赋能水平普遍有限，利用大数据进行业务开展和风险管理的能力不足，制约了服务效率提升。与信息化建设相关的人才储备不够，我国各大高校也没有专门开设担保专业，没有设置类似银行、证券和期货从业的资格考试，员工主要是财政部门人员和曾经的银行工作者，业务拓展、产品开发和风险管控等方面的信息化人才不足。

3. 风险控制机制需要进一步完善

农业本身是弱质性产业，农业信贷担保肩负"政策性"使命，在当前脱贫攻坚和乡村振兴的衔接时期，乃至未来全面乡村振兴时期，更加需要整个农担体系的持续健康发展，农担机构要实现优良的业务扩张，也要实现收益覆盖成本，实现财务可持续性，有效的风险管控对于实现农担体系可持续发展非常重要。（1）从代偿情况来看，根据国家农业信贷担保联盟提供的数据，2020年省级农担公司代偿项目有3317个，代偿金额为14.9亿元，年度代偿率为1.5%。截至2020年底累计代偿项目有5002个，累计代偿金额为34.5亿元，累计代偿率为1.65%。从目前的代偿率指标来看，全国农担体系整体代偿率不高，整体运行平稳。但从未来发展的情况来看，我国农担发展刚刚起步，还有很长的路要走。目前多家省级农担公司的累计代偿率超过了3%，有部分省份农担公司代偿率达到7.94%。（2）从代偿项目的追偿情况来看，截至2020年底，全国农担体系累计追偿的项目有1638项，追偿金额为8.2亿元。而且不同省份的追偿情况存在很大差异，有些省份累计只追偿1个项目，不少省份累计追偿项目尚不到10项。整个农担代偿回收期限较长，难度较大。目前，政府、合作银行和农担机构按照一定比例进行风险分担，表9-2显示部分省级政府和农担的风险分担比例，大部分合作银行承担的风险比例在20%，不利于银行在贷款审查、损失追偿上发挥协同作用，容易引发道德风险问题。一些地方政府除了给予农担公司风险补偿之外，没有直接参与风险分担，政策性农担机构承担大部分风险，以致陷入容易失败的"窠臼"。大部分发生代偿的情况下，风险准备金不足以支持风险兑付，代偿奖补机制也并未有效形成，风险分担的实质性效果有待提高，农担机构的代偿风险压力仍然较大，对农担体系的可持续发展产生潜在不利影响。

表9-2　　　　　　部分省份农业信贷担保业务风险分担比例　　　　　单位:%

省（区、市）	风险分担比例		
	政府	合作银行	农业担保机构
北京		20	80
河南		20	80
江苏	20	20	60
湖北	40	20	40
安徽	30	20	50
青海	30	30	40
广西		20	80
山东	20	20	60
湖南		20	80
浙江		20	80

资料来源：根据国家农业担保联盟官网数据整理。

三、政策性农业信贷担保可持续发展的对策

在当前巩固脱贫和全面乡村振兴时期，离不开金融的作用，实现农业信贷担保的可持续发展是实现金融减贫可持续性的重要保障。农业信贷担保应该继续坚守政策性职能定位，担保费是农业信贷担保业务收入的主要来源，但盈利不是主要目标，要在努力扩展客户覆盖面，提供优质服务的基础上尽可能降低运营成本和风险成本，要加强自身创新、完善政府支持，通过多重手段为农业经营主体融资增信，实现可持续性服务乡村振兴的目标。

1. 完善内部治理，加强风险防范

（1）完善农业信贷担保体系内部治理，理顺国家、省和县市级农担机构的职能定位，国家农担应发挥主体职能和指导作用，省级农担推进合作、设计产品、控制风险和审批考核，市县级机构建立档案、拓宽业务，不同层级机构各司其职。（2）对于县市农业信贷担保机构专业水平不足、管理效能低下的问题，省级公司应将风控、资金和人力资源等核心要素集中配置，人才集中培养，打造"懂农业、爱农村"的工作队伍。县市级农担机构应深入农村，延伸建立乡镇网点，通过与农村村级金融服务站合作，打通农户的信息链、资金链和产业链。（3）坚持市场化运作，提高自身造血功能。在财政托底的传统下，要以提高"担保放大倍数"和"融资担保规模"为重点，创新融资担保产品，拓宽客户的获取渠道，积极探索强化资金运用的方式，提高经营水平，保证经济效益。（4）由于政策性农担面临政策风险、自然风险、市场风险等多重风险，在促进乡村振兴，服务农业农村现代化的背景下，应趋向于弱化反担保措施，更加应该注重农业信贷担保业务的风险管理，建立统一的风险管理标准和审批中枢，执行"审核—担保—代偿"相互分离，相互监督、协作。风险管理不仅包括贷前审查、担保审批、保后管理和代偿管理等相对集中的阶段，还应建立完善的风险预警机制，建立政府、专业化组织、机构多主体共同参与的风险分析、检测和预警体系。

2. 加强产品创新，提高服务效率

乡村振兴是农业、农村的全面振兴，围绕实现农业农村现代化，会产生很多新业态、新形式的金融服务需求，农业信贷担保应该顺应这个需求，开展产品创新、不断提高服务效率。（1）要根据当地经济发展特色、优势设计特色担保产品，设计不同担保期限、还本期限和额度标准，开发乡村振兴专项担保产品，既具有标准化的特性，也考虑投资回收期。既有利于推动区域特色产业发展，也有利于风险控制。（2）应全面介入农村产业融合发展，重点支持农业产业化组织、农产品加工产业、休闲农业、农业电商以及农产品物流行业等与产业融合紧密相连的行业，放宽准入条件和有效抵押范围，降低融资门槛，促进乡村产业兴旺。（3）创新农业产业链融资的担保服务模式，对各环节产业链加强合作，开发"信保＋银行＋担保"产业链担保模式，对核心龙头企业实施深度合作，利用核心企业的信息优势了解产业链上下游各经营主体的经营现状，形成自主可控的农业产业链支持服务。（4）以发现、培养和服务客户为目标，通过多渠道和多维度加强对惠农政策和担保服务的宣传，提升农担服务效率。农担机构依托资金、信息、专业、政策等方面的优势，在推广产品时也要深耕服务意识，加强对客户生产等过程中的技术指导，丰富服务内容，传播农业市场信息，营造诚信环境，实现农村经济和农担体系良性互动发展。（5）运用现代信息技术，加快数字化转型。精简审批流程，提高客户识别效率，优化业务流程，借助合作主体的信息优势批量开发客户，推广建档立卡批量模式，集群担保，提高服务效率。

3. 构建"政府＋金融机构＋担保机构"的深度合作

农业信贷担保模式是财政支农模式的创新，具有很大的政策性，这一点在 2021 年通过的《乡村振兴促进法》中有明确规定，但政策性农业担保也属于金融业务，应该构建市场化运作机制，离不开政府的作用。（1）进一步加强农担机构与地方政府的合作，形成互相联动的良好机制。积极探索与现代农业产业园的合作，要持续推进省级农担公司的数据接入央行征信系统①，对接农业农村、工商、税务等部门的信息系统，加强人员协同合作和研究成果共享。科学设计风险补偿制度，放宽补偿范围，提高补偿资金可获得性，以保证担保体系金融杠杆的作用能够持续发挥作用。（2）提高财政对政策性农担的支持力度。要通过加强注资的办法提高农担机构的实力，财政部门应认真落实国家税收优惠政策，对达到考核条件的实施担保费用补助和奖补资金，享受免征增值税，集体风险准备金税前扣除待遇，降低贷款主体的贷款成本。要整合涉农资金，加大对农担机构的财政贴息支持。中央财政根据实际情况为各省分配适度规模资金，设立风险救助基金，对符合"双控"标准的业务提供担保费用补助，对有风险的代偿支出进行补助。完善国家农担再

---

① 2021 年 1 月，浙江农担成为全国首家获得央行征信系统查询权限的农业担保公司，为其他省级农担公司实现与央行征信数据对接提供了借鉴经验。

担保的风险转移机制，在保证自身可持续的基础上，提高对省级农担的风险分担比例，提高政策性农担的实质效果。（3）完善银行与担保机构之间长期战略合作机制。在"总对总"战略合作框架下，持续推动省市级担保机构与省市级银行分行开展合作，加强数据对接、信息沟通和业务协作，扩大合作广度与深度。在风险可控的基础上，增加银行在合作流程上的业务自主性。科学安排银行与担保机构间的风险分担机制，政府采用税收等激励手段鼓励银行积极主动寻求银担合作，不断优化担保机构与合作银行的风险承担比例。（4）积极引入农业保险、期货等金融工具，探索多方风险分担措施。目前我国各类涉农金融工具支农热情高涨，但缺乏有效的介入路径，尤其是各类工具之间缺乏协调统筹。要打破单一机构容易引发风险累积的桎梏，与保险、期货期权等多方机构整合资源、加强合作，建立风险分担的链条，形成利益连结体。

4. 完善农担体系可持续发展的配套机制建设

（1）完善法律法规，建立农担业务发展的长效机制。目前政策性农业信贷担保体系的建立依托的是《担保法》《物权法》等，缺乏专门法律解释。应尽快建立全国政策性农业信贷担保的专门法规，实现支农的可持续性。要逐步放宽农村资产可用以抵押担保的范围，解决担保物缺乏、担保形式单一问题。努力改善农村信用环境，为信用担保广泛开展打好基础。建立健全代偿、追偿机制和保障性风险补偿机制。国家应从立法层面对省级农担的代偿、追偿工作提供指导，解决农业担保体系支农的后顾之忧，为加快培育农业发展新动能、推动乡村振兴战略实施发挥政策效用。（2）完善绩效评价标准，注重激励约束机制建设。绩效评价应该更加突出农担的政策性定位，各级财政应该加强对农担业务拓展、风险防控的督导，必要时可采取多部门约谈方式加强监管，保证不偏离政策性方向。财政应该细化对农担业务的具体支持范围，在考核评价时对"担保放大倍数"等指标的权重可以适当调整。（3）调动各方力量共建新型农业经营主体信息库。农担机构要对辖区内潜在客户的资产、生产经营、土地流转等进行综合考察，结合征信情况建立担保项目数据库，定期形成担保业务的风险统计报告，完善数据管理系统，保障信息安全。（4）加强对政策性农担业务人才培养，充实县市级担保机构办事处或者分公司的人才队伍，简化业务流程，提高基层担保机构的自主权，使政策性农担的服务对象逐渐扩展到单个农户层面，解决农户贷款担保难的问题。政府要"牵线搭桥"，构建担保机构与银行之间的良性合作关系。

第四节　本章小结

我国农村信用体系不健全，农户融资面临担保难的问题。因此，需要为农村客户融资进行"增信"，要通过政府的作用，运用"财政＋金融"属性的工具增强客户信用评级，才能发挥"四两拨千斤"的杠杆效应，解决农业、农村融资难问题，融资增信是实现可持续性金融减贫的基本保障。我国形成了"农村信用体系建设"的整体增信模式、"政府＋银行＋担保"和"政府＋银行＋保险"等代表性的融资增信模式。

全面乡村振兴时期，农村信用体系不健全依然是难点问题，农户的土地、房屋和生产设备等资产存在确权难或变现难的问题，抵押价值不高的"硬"信息不足，容易成为金融排斥的对象。包括道德品质、家庭状况、社会关系、个人能力等"软"信息的搜集成本高，需要寻求农村信息搜集的新途径。与此同时，有效的社区治理要以全方位的"信息"为基础，各级政府在社区治理所需的信用建设中要发挥基础作用，金融机构在社区治理所需的信用建设中"大有可为"，以信用建设为纽带的"普惠金融＋社区治理"是农村信用体系建设、融资增信的新思路。"普惠金融＋社区治理"使农村普惠金融发展有了更加可靠的抓手和切入点，有效缓解信息不对称问题，使普惠金融服务真正落地生根，服务全面推进乡村振兴。

我国政策性农业担保为新型农业经营主体融资增信，在政府部门的主导推动下，从中央、省级以及市县级分支机构各个层次的担保机构框架已经建立，显示出较好效果。如何处理政策性要求与自身盈利之间的矛盾，提升服务效能，完善风险控制机制，这些问题值得进一步关注。全面推进乡村振兴更加需要政策性农业信贷担保发挥更大的作用，这是可持续性金融减贫的重要内容。本书对现有政策性农业担保体系中各层级机构的担保现状进行深入研究，全面总结实施过程中的经验和不足，结合全面推进乡村振兴战略的目标要求，从多维度对完善政策性农业担保体系提出建议，需要完善内部治理，加强风险防范，加强产品创新，提高服务效率，构建"政府＋金融机构＋担保机构"的深度合作，完善农业信贷担保发展配套机制建设。

第十章　研究结论与政策建议

第一节　研究结论

第一，运用规范分析和实证分析法，回顾金融减贫历程，提炼金融减贫思想，研究金融减贫效应，得出以下两点研究结论。

（1）我国金融减贫经历了政策性扶贫贴息贷款形成，小额信贷模式引入减贫领域，多元化组织参与小额信贷减贫，综合性金融精准扶贫与金融服务全面脱贫和乡村振兴这五个阶段。这五个阶段可以分成三个大范围的阶段。第一阶段：改革开放以来到党的十八大以前的阶段，这个阶段整体上体现农村金融改革"市场化"趋势，主要是通过农村金融改革和普惠金融发展缓解农村融资难，注重为贫困人口提供金融服务。第二阶段：党的十八大后精准扶贫战略和脱贫攻坚战以来的金融减贫阶段，对建档立卡贫困人口实施精准金融减贫，这个阶段的金融减贫时间紧、任务重，有很强的政策性。第三个阶段：2020 年脱贫攻坚结束以后，对脱贫地区和相对贫困人口的金融服务，该阶段金融减贫在减贫对象、目标等方面都不同于前两个阶段。

（2）狭义的金融减贫是指脱贫攻坚时期内的精准金融减贫行为。改革开放以来我国通过农村金融改革和普惠金融发展缓解农村、农户融资难，为低收入群体提供金融服务，可以视为广义的金融减贫。基于广义金融减贫的视角，运用 GMM 方法，基于 2011~2019 年全国 31 个省份面板数据，对我国金融减贫效应进行实证研究发现，从整体上说我国金融减贫效应得到较好发挥，对打赢脱贫攻坚战发挥了很大作用，但脱贫地区依然需要持续性金融服务，特别是广大西部地区原来是脱贫攻坚的主战场，更加需要金融减贫继续发挥作用。我国金融减贫"永远在路上"，当前应该以推进乡村振兴和共同富裕为指引，促进普惠金融高质量发展，实现可持续性金融减贫。

第二，全面推进乡村振兴时期，可持续性金融减贫有利于实现共同富裕，运用规范分析、定量分析和调查研究法，得出以下两点研究结论。

（1）脱贫攻坚与乡村振兴二者方向一致，内容互融，但二者在内涵、运行机制、对金融服务需求等方面存在差异，资金衔接是脱贫攻坚与乡村振兴有效衔接的基础，金融减贫要以脱贫攻坚以后的金融需求为导向实施供给侧改革，有效融入农村金融服务乡村振兴的大潮中。

（2）可持续性金融减贫服务要实现"四个方面"的转变：服务重点从"针对性"到"整体性"转变，减贫手段从"特惠性"到"普惠性"转变，作用期限从"短期性"到"长期性"转变，减贫目标从"福利性"到"效率性"转变。要总结金融减贫经验，也要反思金融减贫"偏差"，结合全面推进乡村振兴的新形势、新需求，为实现共同富裕提供可持续性资金支持。

第三，运用逻辑演绎、数理分析和规范分析法，本书提出可持续性金融减贫的理论框架，得出以下三点研究结论。

（1）可持续性金融减贫应该在普惠金融发展的整体框架下进行，实现"持久性"减贫而不是"临时性"减贫，"原因"减贫而不是"症状"减贫，要遵循普惠金融发展基本原则，不仅要实现金融机构财务可持续性，更要构建长效化的市场运行机制。

（2）提出实现可持续性金融减贫的四个要素：正确的减贫理念是前提，内在能力提升是基础，普惠金融服务是内容，融资增信是保障。具备了较好的前提和基础，通过适当的内容，加上相应的保障，才能有效实现可持续性金融减贫目标。但这四个方面并非绝对的"先后发生"，而是应该与具体金融减贫内容融合在一起才能发挥作用，单独哪一方面的要素都无法真正实现可持续性金融减贫。"普惠金融服务是内容"是核心，普惠金融发展为全面推进乡村振兴和实现共同富裕提供可持续性金融服务，都需要相应的理念创新、能力提升和保障措施等。

（3）可持续性金融减贫要考虑我国"三农"工作重心向乡村振兴转移的

整体趋势，要通过政府与市场协同发力，供给与需求双向协调，在总体目标上为共同富裕服务。从具体目标来说，可持续性金融减贫要在时间上提供"持续性"服务，在效应上提供"持续性"服务，在金融机构发展上实现财务"可持续"，在普惠金融发展上实现机制"可持续"。

第四，运用规范分析、调查研究和实证研究法，研究可持续性金融减贫的具体内容，得出以下三点研究结论。

（1）扶贫小额信贷是在扶贫贴息贷款基础上的创新，属于"特惠型"小额信贷，是脱贫攻坚时期金融减贫的生动体现，坚持和完善扶贫小额信贷是实现可持续性金融减贫的重要内容。运用倾向得分匹配模型（PSM）研究发现，我国小额信贷对于提高农户收入有显著影响。但小额信贷在实施过程中贷款标准和政策初衷"落地"难，不利于实现可持续性金融减贫。在乡村振兴时期，需要处理好小额信贷"存量"与"增量"问题，要把"特惠"扶贫小额信贷引到以市场力量为主的小额信贷道路上来，在政策层面进一步优化，实现小额信贷"双线"融合。

（2）政策性金融与减贫开发在理论思想上存在一致性，服务乡村振兴是政策性金融的持久性任务。我国政策性减贫贷款纳入地方财政预算，地方政府债务压力大，地方融资平台转型缓慢制约政策性金融投入，地方政府购买服务的还款模式存在"合规性"风险，政策性金融机构自身资金来源期限错配，资金成本压力大。应该坚持以"政策"为基础、以"市场"为主导、以"客户"为中心、以"合规"为底线、以"创新"为动力，实现政策性金融减贫的可持续性。

（3）在基础性金融服务方面，应该建设服务乡村振兴的普惠金融服务点、金融信息采集点、金融知识教育点、金融电商融合点，将基础金融服务站融入普惠金融发展之中，通过政府、金融机构和全社会共同努力，明确目标定位，增强自我发展能力，融入数字金融元素，完善政策支持和激励措施。

第五，运用规范分析、调查研究法，研究如何完善金融减贫中的融资增信机制，得出以下三点研究结论。

（1）实现可持续性金融减贫离不开长效化融资增信机制，乡村振兴时期政府需要在融资增信方面继续发挥作用，加大制度创新，增加可用于抵押、担保的渠道，完善农村信用环境，运用"财政＋金融"属性的工具增强客户信用评级，发挥"四两拨千斤"的杠杆效应。

（2）我国已经形成"农村信用体系建设""政府＋银行＋担保""政府＋银行＋保险"等代表性的融资增信模式，融资增信的可持续性需进一步加强，融资增信过于依赖政府的力量，农村信用体系建设基本都是依靠政府推动，融资增信作用发挥的前期条件有待完善，农户、农业经营主体力量发挥不够。融资增信需要财政投入设立风险补偿基金，也需要利息补贴和税收减免，这容易造成财政压力，缺乏市场化可持续的资金投入机制。

（3）在全面推进乡村振兴和共同富裕的新阶段，"普惠金融＋社区治理"可以成为融资增信的新思路，该思路结合我国建设服务型政府，实现国家治理体系和治理能力现代化的背景，以农村信用建设为主要内容，把普惠金融服务与社区公共服务结合起来，能够有效解决融资增信中的"信用"难点问题，促进普惠金融高质量发展，支持推进乡村振兴和共同富裕。全面推进乡村振兴需要农业信贷担保发挥更大的融资增信作用，需要有效处理农业信贷担保的政策性定位与盈利之间的矛盾，提升服务效能，完善风险控制机制。

第二节 政策建议

可持续性金融减贫不是单靠某一个类型金融机构能完成的，应该在普惠金融高质量发展的大视域下进行，既要在"存量"上做文章，也要在"增量"上创新突破。可持续性金融减贫也不是"另起炉灶"，而是要在已有金融减贫基础上"补短板"，补上乡村振兴时期所需要的"新元素"，要让所有人特别是低收入人群一同分享经济、社会发展成果，从而实现共同富裕。

一、加强金融减贫"可持续性"的理念和思想教育

由于我国过去对于金融减贫存在一些认识上的偏差甚至错误观念，因此，可持续性金融减贫首先需要加强金融减贫理念和思想教育。

（1）正确理解金融减贫的本质，树立金融减贫可持续性的理念。贫困问题是相对的，会一直存在，要改变过去在思想认识上的偏差，无论在哪个时期，为实体经济服务都是金融的本职，金融作用于实体经济的机理和条件是一样的。充分认识金融减贫应该为低收入群体提供可持续性金融服务，金融减贫不是纯粹的市场行为，而要体现为一种社会责任，需要尊重市场机制的作用，也需要政府行为的有效、规范介入，政府、市场力量要有效配合，不能为了政府意志违背市场运行规律。

（2）在全社会普及金融教育，提高居民的金融素养，要认识到金融能够帮助改变落后面貌，有利于实现乡村振兴和共同富裕，脱贫攻坚以后需要金融减贫继续发挥作用，但金融减贫不能搞全覆盖，金融减贫作用的发挥也是有条件的，搞清楚金融、财政的作用边界，应该由财政解决的事情就不应该采取金融手段。要加强农村居民的金融教育，让他们认识到改变错误思想认识的重要性，树立"诚信为本"的理念意识，加强自我学习，提升金融素养，增强自我增信意识和能力，尽可能通过自己的努力成为合格的金融服务对象。

（3）金融机构要以乡村振兴目标为指引，树立可持续发展的综合金融服务理念，坚持感情为先、服务为基、盈利可靠，将"人本主义"嵌入金融服务，形成服务社区的情怀，从过去单纯的金融服务向现代综合服务生态提升。金融服务要融入农村基层治理，把融入社区治理作为农村市场精耕细作的一项长期坚持的工作，真正扎根农村，把客户走访、服务营销、信用评价这些短期投入较大，但有利于长期可持续发展的基础性工作做好，加强与地方政府的沟通联系，但不依赖地方政府。

二、协调发挥不同金融形式在可持续性金融减贫中的作用

全面推进乡村振兴和实现共同富裕是一个较长时期的过程，任务艰巨、复杂，随着农业、农村现代化的发展，将产生多样化、新业态的金融需求。不同形式的金融机构有差异化的金融服务机制，也拥有各自的比较优势，协调发挥多层次、多元化金融形式的作用，才能更好地实现可持续性金融减贫。

（1）在国家层面建立金融服务乡村振兴和共同富裕的协调机制，加强金融需求和供给信息的沟通，鼓励金融机构开展合作。引导金融机构明确自身定位，找准服务点，发挥各自的比较优势，让金融机构在政策上达成共识，避免无序竞争和金融资源浪费。政策性金融重点发挥在推进乡村振兴中的基础性作用，大银行要重点发挥资金规模优势，支持农村产业规模化，实现产业融合发展，中小型金融机构侧重发挥机制优势，提升农村居民内在能力。

（2）政策性金融要按照市场运作、保本微利和财务可持续的原则，重点在促进脱贫地区产业兴旺发展、生态文明和美丽乡村建设等方面发挥作用，重点支持农业产业化经营和产业链延伸以及一二三产业融合发展，加大对于搬迁安置区产业发展、配套基础设施和公共服务完善方面的投入。要加强政策性金融与财政资金协同配合，构建合规化、市场化的新型政银关系。要加强对国家整体经济形势的研判，在政策的前瞻性方面多下功夫，努力实现原有政府购买服务信贷模式的转型升级，实现信贷由高速增长向高质量发展转变。

（3）要接续推进小额信贷高质量发展，妥善处理好小额信贷"存量"与后续"增量"问题，把"特惠"模式的扶贫小额信贷引导到以市场力量为主的小额信贷道路上来。乡村振兴时期，要扩大小额信贷的发放主体，鼓励小额贷款公司、NGO小额信贷组织发放小额信贷，让它们与体制内金融机构一样享受小额信贷支持政策。要创新发展规范化的农村合作金融，发展合作社内部资金互助，打造生产、供销和信用合作一体的专业合作体系，探索合作金融与乡村合作治理协同。

（4）加强基础金融服务建设，在已有基础上，将基础金融服务站点建设融入乡村振兴中去，构建利益补偿机制，在财政补贴、资金投入等方面给予支持，建立完善、科学的考核机制，不能单纯以经济效益衡量站点的作用。加快农村"数字乡村"建设，处理好"数字＋基础金融服务站点"与移动支付之间的关系，提高金融服务的价值和便利性，惠及农村广大民众。实现村级金融服务站、助农取款点和电商平台"三站"融合共建，实现功能融合与升级，避免站点分散和功能重复，实现基础金融服务站点可持续发展。

三、加强可持续性金融减贫所需的人力资本建设

通过可持续性金融减贫服务乡村振兴，无论从需求层面还是供给层面来看，都离不开"人"的作用，不仅要求金融服务对象具有相应的个人内在能力，也要求金融机构和服务部门具有相应的金融服务和管理人才。

（1）加强创业技能培训，提升创业技能，让服务对象掌握农业生产新型技术，能够根据个人优势、地方特色来选择创业方向和类型，合理评估自身负债能力，避免过度负债，正确认识市场风险。有关部门要做好创业支持，切实提升农业技能培训效果，引导开展创业类型选择，营造良好的市场环境，大力促进农业社会化服务组织发展，构建大市场与农户之间稳定的利益联结机制。要在政策上鼓励金融机构参与构建农户与大企业利益联结机制，金融机构对切实履行利益联结协议的企业在金融服务上提供便利和优惠。

（2）处理好农户能力提升与规模经营的关系，提升农户创业能力并非所有农户都应该去开展"作坊式"经营，创业能力的提升不是自己全部包干，而是要与外界多联系。乡村振兴视角下的农户要主动融入农业现代化"大潮"，避免"单打独斗"。在与合作社、龙头企业合作中提升自我能力，特别是在合作中强化市场信息、技术获取能力，实现农户与"大市场"有机衔接。通过发展市场信息、农业技术和销售服务等现代农业社会化服务组织，为农户创业提供社会化服务，也要降低农户农业社会化服务的"购买"成本，让农户真正享受农业生产的福利，避免出现"精英俘虏"。

（3）加强金融减贫各环节的人才培养。推进乡村振兴不仅需要农村致富带头人、农技管理和推广人员等专业技术型人才，也需要知农、懂农、爱农的金融管理、服务型人才。加强对农业信贷担保业务人才培养，充实县市级担保机构办事处或者分公司的人才队伍，简化业务流程，提高基层担保机构的自主权，使政策性农业担保的服务对象逐渐扩展到单个的农户层面，解决农户贷款担保难的问题。要大力培养普惠金融与社区治理融合所需要的人才，确保农村采集信息真实性和准确性的第一道关口，加强农村金融教育的各方面投入，从农村内部把村干部、农村有志青年培养为普惠金融和社区治理所

需要的专业人才。基层政府和金融机构可以相互派驻工作人员进行挂职锻炼或者进行定期的人才交流，培养一批懂农业、爱农民、熟悉农村经济的基层治理和金融服务队伍。地方金融监管部门、人民银行以及各金融机构要相互协调，加大对普惠金融融入社区治理所需专业人才的培养和输送力度。

四、政府为可持续性金融减贫做好支撑保障

实现可持续性金融减贫离不开政府的作用，政府应该重点发挥对金融机构的激励和引导作用，在融资增信和风险补偿等方面发挥支撑保障作用。

（1）优化信用机制建设，解决金融减贫中的"信用"难点问题。顺应乡村振兴战略和推进国家治理体系和治理能力现代化的要求，采取"普惠金融＋社区治理"新思路，通过"政银"合力，构建"互信"机制，加强二者对信用建设的共性认识，降低二者的协调成本，发挥各自优势，利用政府和金融机构各自掌握的信息资源，实现资源共享，构建包括政治、文化、生态和社会等信息在内的完备的农村信用数据库，降低农村信息搜集难度大、成本高问题。借助金融科技的力量，增加农户的"无形资产"价值，充分发挥金融科技在农村征信和信用管理方面的作用。将金融业务嵌入社会民生，增强全社会对金融机构的了解和信任程度，减少客户道德风险，推进农村信用体系建设。构建失信惩戒机制，全社会要对失信者进行联合惩戒，制止漠视银行债权的心态和行为，构建良好的金融生态。

（2）完善担保机制建设，解决金融减贫中的"后顾之忧"。农业信贷担保机制建设是实现金融减贫可持续性的保障，要坚守农业信贷担保政策性职能定位，理顺国家、省和县市级农业信贷担保的职能定位，完善内部治理，加强风险防范。农业信贷担保机构要坚持市场化运作，提高自身造血功能，在努力扩展客户覆盖面，提供优质服务基础上降低运营成本和风险成本。围绕全面推进乡村振兴，根据新业态、新形式的金融服务需求，加强自身创新，提高服务效率。通过"政府＋金融机构＋担保机构"的深度合作，加强农担机构与地方政府的合作，落实国家税收优惠政策，对担保费和履行代偿义务进行补助，通过政府"牵线搭桥"加强建立金融机构与担保机构长期战略合

作，积极引入农业保险、期货等金融工具，探索多方风险分担措施。

（3）继续完善财政补贴和风险补偿政策。改变小额信贷的财政全额贴息政策，由农户承担部分利息，培养农户的金融意识。将单纯的利息全补改为利息奖励政策，缓解财政压力，增加贴息政策的可持续性。各级财政将风险补偿资金纳入年度预算，中央财政提高在经济落后或者财政困难地区的负担比例。简化风险补偿程序，确保补偿真正落实。拓宽补偿资金来源渠道，增强风险补偿政策可持续性。要明确风险补偿适用范围，强化银行主体责任，避免道德风险。

参 考 文 献

[1] 爱德华·肖．经济发展中的金融深化（中译本）［M］．上海：上海三联书店，1988．

[2] 白钦先，高霞．普惠金融发展的思考［J］．中国金融，2016（3）：45－47．

[3] 白钦先，张坤．再论普惠金融及其本质特征［J］．广东财经大学学报，2017（3）：39－44．

[4] 贝多广，张锐．包容性增长背景下的普惠金融发展战略［J］．经济理论与经济管理，2017（2）：5－12．

[5] 贝多广．包容·健康·负责任：中国普惠金融发展报告（2019）［M］．北京：中国金融出版社，2019．

[6] 贝多广．攻坚最后一公里：中国普惠金融发展报告（2018）［M］．北京：中国金融出版社，2018．

[7] 贝多广．普惠金融国家发展战略：中国普惠金融发展报告（2016）［M］．北京：经济管理出版社，2017．

[8] 蔡军．金融精准扶贫存在哪些问题［J］．人民论坛，2019（18）：96－97．

[9] 蔡四平，李莉．农村普惠金融发展空间差异与集聚效应［J］．财经理论与实践，2018（3）：24－30．

[10] 蔡洋萍．湘鄂豫中部三省农村普惠金融发展评价分析［J］．农业技术经济，2015（2）：42－49．

[11] 曹凤岐．充分发挥中小银行服务农村金融的作用［J］．人民论坛，2011，341（27）：64－65．

［12］曹平辉．金融精准扶贫政策传导效率分析［N］．金融时报，2018 - 3 - 5.

［13］陈放．农村非正规金融借贷的顺周期性与地方政府逆周期监管研究［J］．现代经济探讨，2018（10）：110 - 117.

［14］陈建伟，陈银娥．普惠金融助推精准脱贫的理论与政策思考［J］．当代经济研究，2017，261（5）：85 - 90.

［15］陈银娥，孙琼徐，文赟．中国普惠金融发展的分布动态与空间趋同研究［J］．金融经济学研究，2015（6）：72 - 81.

［16］陈雨露，马勇．农户信用与收入的基本框架及其差异化解释［J］．改革，2009（4）：84 - 90.

［17］陈元．政府与市场之间［M］．北京：中信出版社，2012：59.

［18］程惠霞，张琦．十八大以来我国金融减贫政策与实践探索：经验、挑战与优化［M］．北京：经济日报出版社，2021.

［19］董晓林，杨小丽，胡睿．经济欠发达地区农户信贷约束与农信社小额信贷——基于对江苏睢宁县的农户调查［J］．南京农业大学学报（社会科学版），2010，10（2）：27 - 34.

［20］杜金富，张红地．关于进一步加大我国金融支持精准扶贫力度的研究［J］．上海金融，2019（5）：71 - 77.

［21］杜莉，潘晓健．普惠金融、金融服务均衡化与区域经济发展——基于中国省际面板数据模型的研究［J］．吉林大学社会科学学报，2017（5）：37 - 44，203.

［22］杜强，潘怡．普惠金融对我国地区经济发展的影响研究——基于省际面板数据的实证分析［J］．经济问题探索，2016（3）：178 - 184.

［23］杜晓山，刘文璞．从小额信贷到普惠金融——中国小额信贷发展二十五周年回顾与展望纪念文集［M］．北京：中国社会科学出版社，2018.

［24］杜晓山．小额信贷的发展与普惠性金融体系框架［J］．中国农村经济，2006（8）：70 - 73，78.

［25］杜晓山．中国村镇银行发展报告（2017）［M］．北京：中国社会科学出版社，2017.

［26］范雪纯，夏咏．普惠金融：民族地区精准扶贫的有力支撑［J］．人民论坛，2019（7）：66－67．

［27］方莹，袁晓玲，房玲．普惠金融视角下精准扶贫政策效果的实证研究——基于 GMM 模型［J］．统计与信息论坛，2018（2）：149－156．

［28］付莎，王军．中国普惠金融发展对经济增长的影响——基于省际面板数据的实证研究［J］．云南财经大学学报，2018（3）：56－65．

［29］高建平，曹占涛．普惠金融的本质与可持续发展研究［J］．金融监管研究，2014（8）：1－8．

［30］高强．脱贫攻坚与乡村振兴有机衔接的逻辑关系及政策安排［J］．南京农业大学学报（社会科学版），2019（5）：15－23．

［31］高远东，温涛，王小华．中国财政金融支农政策减贫效应的空间计量研究［J］．经济科学，2013（1）：36－46．

［32］龚霖丹，刘相龙，骆劲颖．银行精准扶贫效率评价及影响因素研究——以福建南平为例［J］．金融监管研究，2017（1）：97－110．

［33］巩艳红，薛倩．普惠金融发展对相对贫困的影响分析［J］．统计与决策，2021（11）：160－163．

［34］顾宁，刘扬．我国农村普惠金融发展的微观特征分析［J］．农业技术经济，2018（1）：48－59．

［35］郭峰，王靖一，王芳，等．测度中国数字普惠金融发展：指数编制与空间特征［J］．经济学（季刊），2020，19（4）：1401－1418．

［36］郭利华，葛宇航，李佳珉．民族地区深度贫困问题的金融破解：政策与方向［J］．中央民族大学学报（哲学社会科学版），2018（6）：118－125．

［37］郭利华，毛宁，吴本健．多维贫困视角下金融减贫的国际经验比较：机理，政策，实践［J］．华南师范大学学报（社会科学版），2017（4）：26－32．

［38］郭利华．金融减贫：理论、政策与实践［M］．北京：知识产权出版社，2018．

［39］郭利华．以金融减贫推动贫困人口的能力建设［N］．光明日报，2016－11－16．

[40] 郭亚婷. 为乡村振兴提供稳定持续的金融动力 [J]. 人民论坛, 2019 (18): 94 - 95.

[41] 国务院发展研究中心金融研究所. 2015 中国农村金融发展报告 [M]. 北京: 中国发展出版社, 2016.

[42] 国务院发展研究中心金融研究所. 2016 中国农村金融发展报告 [M]. 北京: 中国发展出版社, 2017.

[43] 国务院扶贫开发领导小组办公室开发指导司. 金融助力脱贫攻坚实践成果 [M]. 北京: 中国金融出版社, 2020.

[44] 韩晶, 酒二科. 以产业结构为中介的创新影响中国经济增长的机理 [J]. 经济理论与经济管理, 2018 (6): 51 - 63..

[45] 韩晓宇. 普惠金融的减贫效应——基于中国省级面板数据的实证分析 [J]. 金融评论, 2017 (2): 69 - 82.

[46] 何德旭, 苗文龙. 金融排斥、金融包容与中国普惠金融制度的构建 [J]. 财贸经济, 2015 (3): 5 - 15.

[47] 何广文, 何婧. 农村金融转型发展及乡村振兴金融服务创新研究 [J]. 农村金融研究, 2018 (12): 14 - 18.

[48] 何广文. 小额信贷成功的基本要素何在? [J]. 中国金融, 2008, 637 (7): 76 - 78.

[49] 何宁. 普惠金融发展对我国中小企业融资价格的影响 [J]. 重庆社会科学, 2018 (10): 82 - 92.

[50] 何仁伟. 中国农村贫困形成机理研究进展及贫困问题研究框架构建 [J]. 广西社会科学, 2018, 277 (7): 166 - 176.

[51] 何学松, 孔荣. 普惠金融减缓农村贫困的机理分析与实证检验 [J]. 西北农林科技大学学报 (社会科学版), 2017, 17 (3): 76 - 83.

[52] 洪晓成. 以普惠金融助力脱贫攻坚 [N]. 人民日报, 2016 - 12 - 15.

[53] 胡月, 田志宏. 如何实现乡村的振兴?——基于美国乡村发展政策演变的经验借鉴 [J]. 中国农村经济, 2019 (3): 128 - 144.

[54] 黄承伟, 陆汉文, 刘金海. 微型金融与农村扶贫开发——中国农村微型金融扶贫模式培训与研讨会综述 [J]. 中国农村经济, 2009, 297

（9）：93 – 96.

［55］黄琦，陶建平. 扶贫效率、形态分布与精准优化：秦巴山片区例证［J］. 改革，2016（5）：76 – 88.

［56］黄蕊，周航凯，姜丽佳. 乡村振兴背景下农村金融研究——以浙江省为例［J］. 现代管理科学，2019（6）：73 – 75.

［57］黄颂文. 普惠金融与贫困减缓［M］. 北京：中国经济出版社，2014.

［58］黄燕辉. 普惠金融与城乡收入差距：基于广东省的实证分析［J］. 广东财经大学学报，2018（2）：22 – 31.

［59］姜长云. 关于实施乡村振兴战略的若干重大战略问题探讨［J］. 经济纵横，2019（1）：10 – 18.

［60］蒋远胜，徐光顺. 乡村振兴战略下的中国农村金融改革——制度变迁、现实需求与未来方向［J］. 西南民族大学学报（人文社会科学版），2019（8）：47 – 56.

［61］焦瑾璞，陈瑾. 建设中国普惠金融体系——提供全民享受现代金融服务的机会和途径［M］. 北京：中国金融出版社，2010.

［62］焦瑾璞，黄亭亭，汪天都，张韶华，王瑱. 中国普惠金融发展进程及实证研究［J］. 上海金融，2015（4）：12 – 22.

［63］焦瑾璞. 构建普惠金融体系的重要性［J］. 中国金融，2010（10）：12 – 13.

［64］李宝庆. 精准扶贫背景下的金融减贫及其绩效评价研究［M］. 北京：中国金融出版社，2017.

［65］李飞，杨德勇. 金融减贫理论的中国实践研究［M］. 北京：中国经济出版社，2020.

［66］李建军，韩珣. 普惠金融、收入分配和贫困减缓——推进效率和公平的政策框架选择［J］. 金融研究，2019（3）：129 – 148.

［67］李建军，李俊成. 普惠金融与创业："授人以鱼"还是"授人以渔"？［J］. 金融研究，2020（1）：69 – 87.

［68］李建伟. 普惠金融发展与城乡收入分配失衡调整——基于空间计

量模型的实证研究 [J]. 国际金融研究, 2017 (10): 14 - 23.

[69] 李涛, 徐翔, 孙硕. 普惠金融与经济增长 [J]. 金融研究, 2016 (4): 1 - 16.

[70] 李万峰. 普惠金融与脱贫攻坚 [J]. 中国金融, 2016 (18): 66 - 67.

[71] 李伟, 冯泉. 金融精准扶贫效率实证分析——以山东省为例 [J]. 调研世界, 2018 (4): 39 - 44.

[72] 李扬. "金融服务实体经济" 辨 [J]. 经济研究, 2017 (6): 4 - 16.

[73] 林建, 廖杉杉. 民族地区财政金融政策的反贫困效应研究 [J]. 中国人口·资源与环境, 2014 (9): 110 - 117.

[74] 刘华珂. 普惠金融对农村减贫的效应研究 [J]. 金融与经济, 2021 (5): 84 - 91.

[75] 刘培林, 钱滔, 黄先海, 董雪兵. 共同富裕的内涵、实现路径与测度方法 [J]. 管理世界, 2021 (8): 48 - 62.

[76] 刘玉丽, 马正兵. 乡村振兴中农民转型的普惠金融支持及其福利效应 [J]. 西南民族大学学报 (社会科学版), 2019 (6): 163 - 175.

[77] 卢盼盼, 张长全. 中国普惠金融的减贫效应 [J]. 宏观经济研究, 2017 (8): 33 - 43.

[78] 陆汉文. 我国扶贫形势的结构性变化与治理体系创新 [J]. 中共党史研究, 2015 (12): 12 - 15.

[79] 罗荷花, 骆伽利. 多维视角下普惠金融对农村减贫的影响研究 [J]. 当代经济管理, 2019, 41 (3): 80 - 88.

[80] 罗煜, 贝多广. 金融减贫的三个误区 [J]. 中国金融, 2016 (22): 20 - 21.

[81] 马九杰, 沈杰. 中国农村金融排斥态势与金融普惠策略分析 [J]. 农村金融研究, 2010 (5): 5 - 10.

[82] 马九杰, 吴本健, 周向阳. 农村金融欠发展的表现、成因与普惠金融体系构建 [J]. 理论探讨, 2013, 171 (2): 74 - 78.

[83] 马彧菲, 杜朝运. 普惠金融指数测度及减贫效应研究 [J]. 经济与管理研究, 2017 (5): 45 - 53.

［84］孟飞．普惠金融生态及其优化［J］．上海经济研究，2009（6）：88－92．

［85］穆争社．农村普惠金融供给侧结构性改革［M］．北京：中国金融出版社，2018．

［86］宁爱照，杜晓山．新时期的中国金融扶贫［J］．中国金融，2013，766（16）：80－81．

［87］潘功胜．金融精准扶贫：政策、实践和经验［M］．北京：中国金融出版社，2019．

［88］潘晓健，杜莉．以供给侧结构性改革推动我国农村普惠金融纵深发展［J］．经济纵横，2017（2）：23－27．

［89］彭建刚，李关政．我国金融发展与二元经济结构内在关系实证分析［J］．金融研究，2006（4）：90－100．

［90］邱海平．共同富裕的科学内涵与实现途径［J］．政治经济学评论，2016（4）：21－26．

［91］邵汉华，王凯月．普惠金融的减贫效应及作用机制——基于跨国面板数据的实证分析［J］．金融经济学研究，2017（6）：65－74．

［92］申云，陈劭莉．财政扶贫与金融减贫效率比较研究［J］．农村金融研究，2020（1）：27－36．

［93］施其武．防范扶贫小额贷款走偏［J］．中国金融，2017（20）：101．

［94］世界银行，中国人民银行．全球视野下的中国普惠金融：实践、经验与挑战［M］．北京：中国金融出版社，2019．

［95］苏任刚，赵湘莲，胡香香．普惠金融能成为促进中国产业结构优化升级的新动能吗？——基于互联网发展的机制分析［J］．技术经济，2020，39（4）：39－52．

［96］粟勤，孟娜娜．县域普惠金融发展的实际操作：由豫省兰考生发［J］．改革，2018（1）：149－159．

［97］谈勇贤，郭颂．普惠金融与精准扶贫政策合力推进农村经济发展研究［J］．理论探讨，2017（6）：99－103．

[98] 谭昶, 吴海涛, 黄大湖. 产业结构, 空间溢出与农村减贫 [J]. 华中农业大学学报 (社会科学版), 2019 (2): 8-17.

[99] 谭燕芝, 彭千芮. 普惠金融发展与贫困减缓: 直接影响与空间溢出效应 [J]. 当代财经, 2018 (3): 56-67.

[100] 汪三贵, 冯紫曦. 脱贫攻坚与乡村振兴有机衔接: 逻辑关系、内涵与重点内容 [J]. 南京农业大学学报 (社会科学版), 2019 (5).

[101] 汪三贵. 在发展中战胜贫困——对中国30年大规模减贫经验的总结与评价 [J]. 管理世界, 2001 (9): 78-88.

[102] 汪亚楠, 徐枫, 郑乐凯. 数字金融能驱动城市创新吗? [J]. 证券市场导报, 2020 (7): 9-19.

[103] 王国良, 褚利民. 微型金融与农村扶贫开发 [M]. 北京: 中国财政经济出版社, 2009.

[104] 王海净, 刘虹雨, 徐丽艳. 河北省金融支持易地搬迁移民可持续生计长效机制研究 [J]. 现代商贸工业, 2020, 41 (15): 17-18.

[105] 王汉杰, 温涛, 韩佳丽. 贫困地区政府主导的农贷资源注入能够有效减贫吗? ——基于连片特困地区微观农户调查 [J]. 经济科学, 2019 (1): 108-119.

[106] 王建华. 新型农业经营主体融资增信: 制度优化与绩效提升 [J]. 南方金融, 2017 (4): 90-98.

[107] 王琳, 李珂珂. 我国金融减贫的长效机制构建研究 [J]. 学习与探索, 2020 (2): 138-143.

[108] 王宁. 金融减贫理论与实践创新研究 [M]. 北京: 人民出版社, 2018.

[109] 王茜. 普惠金融与精准扶贫的政策含义及着力点 [J]. 金融发展评论, 2016 (4): 42-45.

[110] 王曙光, 郭欣. 农村合作金融制度变迁的调研分析 [J]. 财经科学, 2006 (6): 89-94.

[111] 王曙光, 王东宾. 双重二元金融结构、农户信贷需求与农村金融改革——基于11省14县市的田野调查 [J]. 财贸经济, 2011 (5): 38-44, 136.

［112］王小华．普惠金融体系构建与农村反贫困战略协同研究［M］．北京：科学出版社，2020．

［113］王彦，田志宏．如何实施金融服务乡村振兴——基于日本金融支农政策演变的经验借鉴［J］．2020（5）：117－125．

［114］王颖，曾康霖．论普惠：普惠金融的经济伦理本质与史学简析［J］．金融研究，2016（2）：37－52．

［115］王志刚，朱佳，于滨铜．乡村振兴战略下新型农业支持保护政策体系研究［J］．财经问题研究，2019（10）：103－112．

［116］温茜茜．普惠金融对城乡收入差距的影响研究［J］．宏观经济研究，2017（7）：49－57．

［117］温涛，刘达．农村金融减贫：逻辑、实践与机制创新［J］．社会科学战线，2019（2）：65－71．

［118］温涛，冉光和，熊德平．中国金融发展与农民收入增长［J］．经济研究，2005（9）：30－43．

［119］吴海涛，陈强．精准扶贫政策与农村低保制度的有效衔接机制［J］．农业经济问题，2019（7）：47－55．

［120］吴华，王留根．精准扶贫特惠金融理论与实践［M］．北京：中国金融出版社，2020．

［121］吴华．扶贫小额信贷：破解贫困人口贷款难题的中国实践［M］．北京：当代世界出版社，2020．

［122］吴卫星，张旭阳，吴锟．金融素养与家庭储蓄率——基于理财规划与借贷约束的解释［J］．金融研究，2021（8）：119－137．

［123］武丽娟，徐璋勇．我国农村普惠金融的减贫增收效应研究——基于4023户农户微观数据的断点回归［J］．南方经济，2018（5）：104－127．

［124］谢玉梅，齐琦，赵海蕾．基于综合险的银保合作模式［J］．农业经济问题，2015（5）：84－90．

［125］星焱．改革开放40年中国金融减贫工具的演化［J］．四川师范大学学报（社会科学版），2018（6）：36－44．

［126］熊学萍．农户金融信用度及其征信制度指向研究——基于湖北省

561 个农户数据 [J]. 农业经济问题, 2009 (8): 64 –70.

[127] 徐玮, 谢玉梅. 扶贫小额贷款模式与贫困户贷款可得性: 理论分析与实证检验 [J]. 农业经济问题, 2019 (2): 108 –116.

[128] 徐忠. 中国的根基 [M]. 北京: 中信出版集团, 2020.

[129] 晏海运. 中国普惠金融发展研究 [D]. 北京: 中共中央党校博士学位论文, 2013.

[130] 杨晶. 乡村振兴金融政策着力点探析 [J]. 农业经济, 2019 (8): 98 –99.

[131] 杨婷怡, 罗剑朝. 农户参与农村产权抵押融资意愿及其影响因素实证分析——以陕西高陵县和宁夏同心县 919 个样本农户为例 [J]. 中国农村经济, 2014, 352 (4): 42 –57.

[132] 杨皖宁. 乡村振兴战略下中国农村金融立法的完善 [J]. 北京理工大学学报 (社会科学版), 2019 (4): 155 –161.

[133] 姚耀军. 金融发展与城乡收入差距关系的经验分析 [J]. 财经研究, 2005 (2): 49 –59.

[134] 叶剑平, 丰雷, 蒋妍, 罗伊·普罗斯特曼, 朱可亮. 2008 年中国农村土地使用权调查研究——17 省份调查结果及政策建议 [J]. 管理世界, 2010 (1): 64 –73.

[135] 尹志超, 彭嫦燕, 里昂安吉拉. 中国家庭普惠金融的发展及影响 [J]. 管理世界, 2019 (2): 80 –93.

[136] 于春敏, 孟飞. 农村合作金融组织的发展及对其草根性的规制 [J]. 上海财经大学学报, 2013 (6): 32 –39.

[137] 余福海. 合作治理: 乡村振兴的有效模式 [N]. 北京日报, 2019 –4 –1.

[138] 余洁, 陈宝珍, 韩啸, 任金政. 扶贫小额信贷对贫困户生产性收入的影响——基于地区与收入差异的实证研究 [J]. 金融经济学研究, 2020, 35 (5): 96 –107.

[139] 喻新安, 杨保成. 深度贫困地区金融减贫创新研究 [M]. 北京: 社会科学文献出版社, 2008.

[140] 岳崴, 张强. 银行部门扩张, 资源配置扭曲与经济增长 [J]. 财经研究, 2020 (9): 123 – 137.

[141] 曾福生, 蔡保忠. 以产业兴旺促湖南乡村振兴战略的实现 [J]. 农业现代化研究, 2018 (2): 179 – 184.

[142] 曾刚, 何炜, 李广子, 贺霞. 中国普惠金融创新报告 (2020) [M]. 北京: 社会科学文献出版社, 2020.

[143] 曾康霖, 罗晶. 论普惠制金融 [J]. 西南金融, 2014 (2): 3 – 5.

[144] 张承惠, 潘光伟, 朱进元. 中国农村金融发展报告 (2017 – 2018) [M]. 北京: 中国发展出版社, 2019.

[145] 张承惠, 潘光伟, 朱进元. 中国农村金融发展报告 (2018 – 2019) [M]. 北京: 中国发展出版社, 2020.

[146] 张栋浩, 蒋佳融. 普惠保险如何作用于农村反贫困长效机制建设? ——基于贫困脆弱性的研究 [J]. 保险研究, 2021 (4): 24 – 42.

[147] 张栋浩, 尹志超. 金融普惠、风险应对与农村家庭贫困脆弱性 [J]. 中国农村经济, 2018 (4): 54 – 73.

[148] 张帆. 乡村振兴战略中金融减贫长效机制的构建 [J]. 农业经济, 2019 (10): 75 – 76.

[149] 张弘. 包容性金融发展、产业结构升级与贫困减缓——基于空间溢出与门槛效应的实证分析 [J]. 金融发展研究, 2021 (6): 57 – 64.

[150] 张红宇. 中国农村金融组织体系: 绩效、缺陷与制度创新 [J]. 中国农村观察, 2004 (2): 2 – 11, 80.

[151] 张宏斌. 金融减贫必须可持续 [N]. 金融时报, 2016 – 12 – 8.

[152] 张建波. 关于普惠金融对城乡收入差距影响的门槛效应研究 [J]. 甘肃社会科学, 2018 (1): 146 – 152.

[153] 张洁妍, 陈玉梅. 乡村振兴战略背景下我国农村金融改革路径研究 [J]. 学习与探索, 2018 (12): 156 – 161.

[154] 张立军, 湛泳. 中国农村金融发展对城乡收入差距的影响——基于 1978~2004 年数据的检验 [J]. 中央财经大学学报, 2006 (5): 6 – 8.

[155] 张龙耀, 王梦珺, 刘俊杰. 农民土地承包经营权抵押融资改革分

析 [J]. 农业经济问题, 2015 (2): 70 - 78.

[156] 张三峰, 王非, 贾愚. 信用评级对农户融资渠道选择意愿的影响——基于10省 (区) 农户信贷调查数据的分析 [J]. 中国农村经济, 2013 (7): 72 - 84.

[157] 赵洪丹, 朱显平. 农村金融、财政支农与农村经济发展 [J]. 当代经济科学, 2015 (5): 96 - 108.

[158] 赵健. 普惠金融、农村金融发展与农户贫困减缓: 基于中部六省的经验分析 [J]. 统计与决策, 2020 (21): 11 - 15.

[159] 郑长德. 中国金融发展地区差异的泰尔指数分解及其形成因素分析 [J]. 财经理论与实践, 2008 (4): 7 - 13.

[160] 中国农业银行, 中国金融四十人论坛. 中国农村金融前沿论丛2015 [M]. 北京: 中国经济出版社, 2015.

[161] 中国人民银行农村金融服务研究小组. 中国农村金融服务报告 (2018) [M]. 北京: 中国金融出版社, 2019.

[162] 中国人民银行与世界银行集团. 全球视野下的中国普惠金融: 实践、经验与挑战 [M]. 北京: 中国金融出版社, 2019.

[163] 钟润涛. 中国区域普惠金融发展实测及经济影响研究 [J]. 技术经济与管理研究, 2018 (2): 85 - 89.

[164] 周立, 李萌. 资金互助社这十年——基于吉林四平资金互助社的调查 [J]. 银行家, 2014, 154 (8): 98 - 101.

[165] 周孟亮, 李明贤. 民营银行金融创新研究——基于普惠金融发展的视角 [J]. 社会科学, 2016 (5): 59 - 67.

[166] 周孟亮, 李向伟. 金融减贫中新型农业经营主体融资增信研究 [J]. 理论探索, 2018 (4): 92 - 97, 128.

[167] 周孟亮, 罗荷花. 双重目标下金融减贫的实践偏差与模式创新 [J]. 郑州大学学报 (哲学社会科学版), 2019 (2): 46 - 50, 127.

[168] 周孟亮, 袁玲玲. "后脱贫时代" 扶贫小额信贷风险防范研究 [J]. 四川理工学院学报 (社会科学版), 2019 (5): 88 - 100.

[169] 周孟亮. 包容性增长、贫困与金融减贫模式创新 [J]. 社会科

学，2018（4）：55 – 64.

［170］周孟亮. 农村小型金融组织"适应性"成长模式研究——基于普惠金融视角［M］. 北京：社会科学文献出版社，2016.

［171］周孟亮. 普惠金融与精准扶贫协调的路径创新研究［J］. 南京农业大学学报（社会科学版），2018（2）：149 – 156，162.

［172］周孟亮. 强化金融服务　巩固脱贫成效［N］. 湖南日报，2020 – 03 – 19（005）.

［173］周孟亮. 脱贫攻坚、乡村振兴与金融减贫供给侧改革［J］. 西南民族大学学报（人文社科版），2020（1）：115 – 123.

［174］周孟亮. 我国小额信贷的"双线"融合与政策优化——基于可持续性金融减贫视角［J］. 社会科学，2019（12）：51 – 60.

［175］朱玲. 中国乡村信贷扶贫制度研究（下）［J］. 金融研究，1995（7）：11 – 15.

［176］朱文胜. 精准扶贫与金融创新：从个案研究到一般分析［J］. 西南金融，2017（3）：66 – 72.

［177］朱一鸣，王伟，普惠金融如何实现精准扶贫？［J］. 财经研究，2017（10）：43 – 54.

［178］邹克，倪青山. 普惠金融促进共同富裕：理论、测度与实证［J］. 金融经济学研究，2021（36）：48 – 62.

［179］左常升，李均锋，吴华，冯燕，贾彬，徐晖. 扶贫小额信贷的经典案例［M］. 北京：中国农业出版社，2020.

［180］左停. 脱贫攻坚与乡村振兴有效衔接的现实难题与应对策略［J］. 贵州社会科学，2020（1）：7 – 10.

［181］Akotey J O, Adjasi C K D. Does Microcredit Increase Household Welfare in the Absence of Microinsurance?［J］. World Development, 2016, 77: 380 – 394.

［182］Allen, F, Santomero, Anthony M. The Theory of Financial Intermediation［J］. Journal of Banking and Finance, 1998（21），1461 – 1485.

［183］Arellano M, Bond S. Some Tests of Specification for Panel Data：

Monte Carlo Evidence and an Application to Employment Equations [J]. The Review of Economic Studies, 1991, 58 (2): 277 - 297.

[184] Armendariz B. & J. Morduch. The Economics of Microfinance [M]. Cambridge Mass; MIT Press, 2005.

[185] Banerjee, A V, Besley, T, and Guinnane, T W. Thy Neighbor's Keeper: The Design of a Credit Cooperative with Theory and a Test [J]. Quarterly Journal of Economics, 1994: 491 - 515.

[186] Basu P. Improving Access to Finance for India's Rural Poor [M]. World Bank Publications, 2006.

[187] Bateman M. The Role of Microfinance in Contemporary Rural Development Finance Policy and Practice: Imposing Neoliberalism as Best Practice [J]. Journal of Agrarian Change, 2012 (4).

[188] Beck, T, A. Demirgüç-Kunt and R. Levine. Finance, Inequality and the Poor [J]. Journal of Economic Growth, 2007, 12 (1), 27 - 49.

[189] Beck, T, and Levine, R. Legal Institutions and Financial Development [J]. World Bank Working Paper, No. 3136, 2003.

[190] Beck T, Demirgüç-Kunt A, Levine R. Finance, Inequality and the Poor [J]. Journal of Economic Growth, 2007, 12 (1): 27 - 49.

[191] Becker, G S A Treatise on the Family [M]. Cambridge: Harvard University Press, 1991.

[192] Begoña Gutiérrez-Nieto. Private Funding of Microcredit Schemes: Much Ado about Nothing? [J]. Development in Practice, 2005, 15 (3 - 4): 490 - 501.

[193] Bencivenga, Valerie R, and Bruce D. Smith. Financial Intermediation and Endogenous Growth [J]. Review of Economic Studies, 1991 (58): 195 - 209.

[194] Besley T, Coate S. Group Lending, Repayment Incentives, & Social Collateral [J]. Journal of Development Economics, 1995, 46: 235 - 264.

[195] Blattman C, Ralston L. Generating Employment in Poor and Fragile States: Evidence from Labor Market and Entrepreneurship Programs [J]. Journal

of Sustainability & Economics, 2015, 19 (7): 100 – 152.

[196] Blundell R, Bond S. Initial Conditions and Moment Restrictions in Dynamic Panel Data Models [J]. Journal of Econometrics, 1998, 87 (1): 115 – 143.

[197] Bodie, Z. Merton, R C, Pension Benefit Guarantees in the United States: A Functional Analysis, [M] // R Schmitt, Ed. The Future of Pensions in the United States. Philadelphia, PA, University of Pennsylvania Press, 1993.

[198] Boot, Arnoud W A, and Anjan V. Thakor. Financial System Archtecture [J]. The Review of Financial Studies, 1997 (10): 693 – 733.

[199] Bouman. Rotating and Accumulating Savings and Credit Associations: A Development Perspective [J]. World Development, 1995, 23 (3): 371 – 384.

[200] Bseley, T, Coate, S. Group Lending, Repayment Incentives and Social Collateral [J]. Journal of Development Economics, 1995, 46 (1): 1 – 18.

[201] Carter, M R, and P Olinto. Getting Institutions "Right" for Whom? Credit Constraints and the Impact of Property Rights on the Quantity and Composition of Investment [J]. American Journal of Agricultural Economics, 2003, 85 (1): 173 – 186.

[202] Chakrabarty D K. Banking and Beyond: New Challenges before Indian Financial System [J]. RBI Monthly Bulletin, 2011 (4): 6.

[203] Che Y, Lu Y, Tao Z, et al. The Impact of Income on Democracy Revisited [J]. Journal of Comparative Economics, 2013, 41 (1): 159 – 169.

[204] Chibba M. Financial Inclusion, Poverty Reduction and the Millennium Development Goals [J]. The European Journal of Development Research, 2009 (2): 213 – 230.

[205] Claessens S, Feijen E, Laeven L. Political Connections and Preferential Access to Finance: The Role of Campaign Contributions [J]. Journal of Financial Economics, 2008, 88 (3) .

[206] Clarke G, Cull R, Peria M. Foreign Bank Participation and Access to Credit across Firms in Developing Countries [J]. Journal of Comparative Economics, 2006, 34 (4): 774 – 795.

［207］Cnaan R A, Moodithaya M S, Handy F. Financial Inclusion: Lessons from Rural South India ［J］. Journal of Social Policy, 2012, 41 (1): 183 – 205.

［208］Collier P, Dollar D. Aid Allocation and Poverty Reduction ［J］. European Economic Review, 2002 (8): 46.

［209］Conning J. Outreach, Sustainability, and Leverage in Microfinance Lending: A Contract Design Approach ［J］. Journal of Development Economics, 1999, 60.

［210］Cornée S, Thenet G. Microfinance Industry: Understanding the Positive Link between Social and Financial Performances. Empirical Evidence from the Application of DEA and a Mutivariate Analysis to 28 Peruvian MFIs ［J］. European Workshop on Efficiency and Productivity Analysis, 2007 (6): 8 – 11.

［211］Cuevas, C. Credit Unions in Latin America: Recent Performance and Emerging Challenges ［R］. Sustainable Banking for the Poor. Washington, D. C. 1999.

［212］Dell M. The Persistent Effect TS of Peru's Mining Mita ［J］. Econometrica, 2010, 78 (6): 1863 – 1903.

［213］Demirguc-Kunt, A, Klapper, L, Singer, D. Financial Inclusion and Inclusive Growth: A Review of Recent Empirical Evidence ［J］. World Bank Group Policy Research Working Paper, 2017.

［214］Dinesha P T, Jayasheela, Hans V B. Financial Inclusion and Micro-Finance in India: An Overview ［J］. SSRN Electronic Journal, No 9, 2008.

［215］Donou-Adonsou, F, Sylwester, K. Financial Development and Poverty Reduction in Developing Countries: New Evidence from Banks and Microfinance Institutions ［J］. Review of Development Finance, 2016, 6 (1): 82 – 90.

［216］Dutta, Jayasri, and Sandeep Kapur. Liquidity Preference and Financial Intermediation ［J］. Review of Economics Studies, 1998 (65): 551 – 572.

［217］Field E, and M Torero. Do Property Titles Increase Credit Access Among the Urban Poor? Evidence from a Nationwide Titling Program ［J］. Working Paper, Department of Economics, Harvard University Working Paper, 2006: 1 – 28.

[218] Fry, M J. Money and Capital or Financial Deepening in Economic Development? [J]. Journal of Money, Credit and Banking, 1978, 10 (4): 464 – 475.

[219] Galbis, V. Financial and Economic Growth in Less-Developed Counties: A Theoretical Approach [J]. Journal of Development Sudies, 1977, 13 (2): 58 – 72.

[220] Ghatak M, Guinnane T W. The Economics of Lending with Joint Liability: Theory and Practice [J]. Journal of Development Economics, 1999, 60 (1): 195 – 228.

[221] Ghatak M, Pandey P. Contract Choice in Agriculture with Joint Moral Hazard in Effort and Risk [J]. Journal of Development Economics, 2000 (2): 63.

[222] Ghatak M. Group Lending, Local Information and Peer Selection [J]. Journal of Development Economics, 1999 (60): 27 – 50.

[223] Ghosh P, Mookherjee D, Ray D. Credit Rationing in Developing Countries: An Overview of the Theory [J]. A Reader in Development Economics, 2002 (9): 283 – 301.

[224] Goldsmith, Raymond W. Financial Structure and Development [M]. Yale University Press, 1969.

[225] Goodhart. Financial Regulation: Why, How and Where Now [M]. London and New York: Routedge, 1998 (10): 22 – 24.

[226] Greenwood, Jeremy, and Bruce D Smith. Financial Market in Development and the Development of Financial Market [J]. Journal of Economic Dynamics and Control, 1997 (21): 145 – 181.

[227] Gulli H. Microfinance and Poverty: Questioning the Conventional Wisdom [M]. Washington DC: Inter-American Development Bank, 1998.

[228] Gurley, J G and Shaw, E S. Money in a Theory of Finance [M]. Washington DC: Brookings Institution, 1960.

[229] Harder I, Schwider J, Beyerlein M. Form Assessment of Hollow Cy-

lindrical Specimens［J］. Applied Optics, 2002, 41（1）: 64 – 69.

［230］Helms B. Access for All: Building Inclusive Financial Systems［M］. World Bank Publications, 2006.

［231］Holden, Paul & Prokopenko, Vassili. Financial Development and Poverty Alleviation: Issues and Policy Implications for Developing and Transition Countries［J］. IMF Working Paper, 2001.

［232］Honohan P. Inequality and Poverty［J］. The Journal of Economic Perspectives, 2004, 18（2）: 271 – 272.

［233］Hulme, D, and P Mosley. Finance Against Poverty, Volumes 1 and 2 ［M］. Routledge: London, 1996.

［234］Jensen, E. The Farm Credit System as a Government-Sponsored Enterprise［J］. Review of Agricultural Economics, 2000（22）: 263 – 270.

［235］Johan Rewilak. The Role of Financial Development in Poverty Reduction［J］. Review of Development Finance, 2017, 7（2）: 169 – 176.

［236］Jonathan Conning. Rural Financial Markets in Developing Countries ［J］. Yale University Discussion Papers, 2005.

［237］Joseph E Stiglitz and Andrew Weiss. , Credit Rationing in Markets with Imperfect Information［J］. The American Economic Review, 1981, 71 （3）: 393 – 410.

［238］Joseph Stiglitz. Redefining the Role of the State: What Should It Do? How Should It Do It? And How Should These Decisions Be Made?［J］. World Bank Working Paper, 1998.

［239］Kapur, B K. Alternative Stabilization Policies for Less-Dvevloped Economics［J］. Journal of Political Economy, 1976（84）: 777 – 796.

［240］Kempson, E, Whyley, C. Understanding and Combating Financial Exclusion［J］. Insurance Trends, 1993, 21（9）.

［241］Khatib I A, Ju'Ba A, Kamal N, Hamed N and Massad S. Impact of Housing Conditions on the Health of the People at al-Ama'ri Refugee Camp in the West Bank of Palestine［J］. International Journal of Environmental Health Research, 2004, 13 (4): 315 – 326.

[242] Kiiru J M. Institutional Moral Hazard and Inclusive Finance: When Good is Not So Good [J]. OIDA International Journal of Sustainable Development, 2018, 11 (3).

[243] Kim J H. A Study on the Effect of Financial Inclusion on the Relationship between Income Inequality and Economic Growth [J]. Emerging Markets Finance and Trade, 2016, 52 (2): 498 – 512.

[244] Klapper, L, M. El-Zoghbi, and J. Hess. Achieving the Sustainable Development Goals: The Role of Financial Inclusion [J]. CGAP, 2016.

[245] Kodan A S, Chhikara K S. Role of Scheduled Commercial Banks in Agriculture Credit in India: A Comparative Study of Public and Private Sector Banks in India [J]. Indian Journal of Finance & Economic Management, 2013.

[246] Laffont J J, N'Guessan T. Group Lending with Adverse Selection [J]. European Economic Review, 2000, 44 (4): 773 – 784.

[247] Lapenu C, Zeller M, Meyer R L. The Microfinance Revolution: Implications for the Role of the State [J]. Journal of Alloys & Compounds, 2002, 358 (1 – 2): 297 – 320.

[248] LaPorta, R, Lopez-de-Silanes, F, Shleifer, A, Vishny, R W. Lawand Finance [J]. Journal of Political Economy, 1998, 106: 1113 – 1155.

[249] Leeladhar V. Taking Banking Services to the Common Man-financial Inclusion [J]. Reserve Bank of India Bulletin, No. 1. Jan. 2006

[250] Leibenstein H. Book Reviews: Economic Backwardness and Economic Growth. Studies in the Theory of Economic Development [J]. Population (French Edition), 1957, 126 (1): 1349 – 1350.

[251] Leland, H E, and Pyle D H. Information Asymmetries, Financail Structure and Financial Intermediation [J]. Journal of Finance, 1997, 32.

[252] Levine Ross. Law, Financial and Economic Growth [J]. Journal of Financial Intermediation, 1999: 88 – 35.

[253] Leyshon A, Thrift N. The Restructuring of the U K. Financial Services

Industry in the 1990s: A Reversal of Fortune? [J]. Journal of Rural Studies, 1993, 9 (3).

[254] Lopez, R. Rural Poverty in Latin America [J]. World Bank, Washington, DC, USA, 1997: 227 – 243.

[255] Luzzi G F, Weber S. Measuring the Performance of MFIs: An Application of Factor Analysis [J]. Microfinance and Public Policy, 2007 (1): 153 – 170.

[256] Mahbub Hossain. Credit for Allwviation of Rural Poverty: The Grameen Bank in Bangladesh [J]. International Food Policy Research Report No. 65, 1988, 10.

[257] Maria Sagrario Floro & Debraj Ray. Vertical Links between Formal and Informal Financial Institutions [J]. Review of Development of Economics, 1997, 1 (1): 34 – 56.

[258] Mathieson, Donald J. Financial Reform and Stabilization Policy in Developing Economy [J]. Journal of Development Economics, 1980: 359 – 395.

[259] Mckinnon R. Money and Capital in Economic Development [M]. Washington, D C: Brookings Institution, 1973.

[260] M G Quibria. Microcredit and Poverty Alleviation: Can Microcredit Close the Deal? [J]. United Nations University Working Paper, 2012.

[261] Mitton L. Financial Inclusion in the UK: Review of Policy and Practice [J]. Joseph Rowntree Foundation, 2008.

[262] Montalvo J G, Ravallion M. The Pattern of Growth and Poverty Reduction in China [J]. Journal of Comparative Economics, 2010, 38 (1): 2 – 16.

[263] Nadiya M, Olivares-Polanco F and Ramanan T R. Dangers in Mismanaging the Factors Affecting the Operational Self-Sustainability (OSS) of Indian Microfinance Institutions (MFIs) —An Exploration into Indian Microfinance Crisis [J]. Asian Economic & Financial Review, 2012, 2 (3): 448 – 462.

[264] Navajas S, Schreiner M, Meyer R L. Microcredit and the Poorest of the Poor: Theory and Evidence from Bolivia [J]. World Development, 1998, 28 (2): 333 – 346.

［265］ Nelson, R R. A Theory of the Low-Level Equilibrium Trap in Under-developed Economies ［J］. American Economic Review, 1956, 46: 894 – 908.

［266］ Nikhil Chandra Shil. Microfinance for Poverty Alleviation: A Commercial-ized View ［J］. International Journal of Economics and Finance, 2009, 1 (2) .

［267］ Nurske R. Problems of Capital Formation in Underdeveloped Countries and Patterns of Trade and Development ［M］. New York: Oxford University Press, 1953.

［268］ Park, C – Y, and R. V. Mercado. Financial Inclusion, Poverty, Income Inequality in Developing Asia ［J］. Asian Development Bank Economics Working Paper 426, 2015.

［269］ Park C Y, Mercado R V. Does Financial Inclusion Reduce Poverty and Income Inequality in Developing Asia? Financial Inclusion in Asia ［M］. Palgrave Macmillan, London, 2016: 61 – 92.

［270］ Paxton P. Social Capital and Democracy: An Interdependent Relation-ship ［J］. American Sociological Review, 2002, 67 (2): 254 – 277.

［271］ Rahul Anand, Saurabh Mishra, and Shanaka J. Peiris. Inclusive Growth: Measurement and Determinants ［J］. IMF Working Paper, May 2013.

［272］ Rangarajan C. Report of the Committee on Financial Inclusion ［R］. Ministry of Finance, Government of India, 2008.

［273］ Ravichandran K, Alkhathlan K. Financial Inclusion—A Path Towards India's Future Economic Growth ［M］. Social Science Electronic Publishing, No. 8. Aug. 2009.

［274］ ReganS, Paxton W. Beyond Bank Accounts: Full Financial Inclusion ［J］. Buckingham: Institute for Public Policy Research, 2003.

［275］ Rosenbaum P R, Rubin D B. The Central Role of the Propensity Score in Observational Studies for Causal Effects ［J］. Biometrika, 1983, 70 (1): 41 – 55.

［276］ Rosenstein-Rodan P N. Problems of Industrialisation of Eastern and South-Eastern Europe ［J］. The Economic Journal, 1943.

［277］ Rostow W W. The Stages of Economic Growth: A Non-Communist Manifesto [J]. Journal of the American Statistical Association, 1960, 55 (292).

[278] Sahay M R, Cihak M, N' Diaye M P. Financial Inclusion: Can it Meet Multiple Macroeconomic Goals? [R]. International Monetary Fund, 2015.

[279] Sarma M, Pais J. Financial Inclusion and Development [J]. Journal of International Development, 2011, 23 (5): 613 – 628.

[280] Sarma M. Index of Financial Inclusion [D]. India: Jawaharlal Nehru University, 2010.

[281] Schreft, S L, Smith, B D. The Effects of Open Market Operattions in a Model of Intermediation and Growth [J]. Review of Economic Studies, 1998, 65 (3), 519 – 550.

[282] Schwittay A F. Making Poverty into a Financial Problem: From Global Poverty Lines to Kiva. org [J]. Journal of International Development, 2011 (4).

[283] Shahidur R Khandker, Rashidur R Faruqee. The Impact of Farm Credit in Pakistan [J]. The World Bank Working Paper 2653, 1999.

[284] Shaw Edward. Financial Deepening in Economics Development [M]. New York: Oxford University Press, 1973.

[285] Stiglitz J E. Peer Monitoring and Credit Markets [J]. World Bank Economic Review, 1990 (3): 351 – 366.

[286] Stuart Rutherford. The Poor and Their Money: An Essay about Financial Services for Poor People [J]. Institute for Development Policy and Management University of Manchester Working Paper, 1999.

[287] Subbarao D. Financial Inclusion: Challenges and Opportunities [J]. Reserve Bank of India's Bankers Club, Kolkata, 2009 (9).

[288] Tassel, E V. Group-lending under Asymmetric Information [J]. Journal of Development Economics, 1999 (60): 3 – 25.

[289] Taylor D. Twin Peaks: A Regulatory Structure for the New Century [J]. Center for the Study of Financial Innovation, 1995 (12): 12 – 15.

[290] Timothy Besley and Alec R. Levenson. The Role of Informal Finance in Household Capital Accumulation: Evidence from Taiwan. The Economic Journal,

1996, 106 (434): 39 – 59.

[291] Townsend, P. The International Analysis of Poverty [M]. London: Harvester Wheatsheaf, 1993.

[292] Vighneswara Swamy. Financial Development and Inclusive Growth: Impact of Government Intervention in Prioritised Credit [J]. Zagreb International Review of Economics & Business, 2010, 13 (2): 55 – 72.

[293] Von Pischke, J D. Finance at the Frontier [M]. World Bank, Economic Development Institute. Washington, DC, 1991.